臺灣歷史與文化 研究輯刊

三 編

第 **4** 冊

山海之道
——花東聯絡公路之發展（1874～1982）

吳 東 展 著

花木蘭文化出版社

國家圖書館出版品預行編目資料

山海之道——花東聯絡公路之發展（1874～1982）／吳東展
著 — 初版 — 新北市：花木蘭文化出版社，2013〔民102〕
目 4+220 面；19×26 公分
（臺灣歷史與文化研究輯刊 三編；第 4 冊）
ISBN：978-986-322-466-2（精裝）
1. 公路史　2. 花蓮縣　3. 臺東縣
733.08　　　　　　　　　　　　　　　　102017177

臺灣歷史與文化研究輯刊
三 編 第四 冊　　　　　　　ISBN：978-986-322-466-2

山海之道
——花東聯絡公路之發展（1874～1982）

作　　者　吳東展
總 編 輯　杜潔祥
出　　版　花木蘭文化出版社
發 行 所　花木蘭文化出版社
發 行 人　高小娟
聯絡地址　235 新北市中和區中安街七二號十三樓
　　　　　電話：02-2923-1455／傳真：02-2923-1452
網　　址　http://www.huamulan.tw 信箱 sut81518@gmail.com
印　　刷　普羅文化出版廣告事業
初　　版　2013 年 9 月
定　　價　三編 18 冊（精裝）新臺幣 40,000 元

山海之道

——花東聯絡公路之發展（1874～1982）

吳東展　著

作者簡介

　　吳東展，花蓮人，國立東華大學歷史系民族文化系雙主修，國立台北教育大學台灣文化研究所畢業。先後在多所學校任教歷史科。現繼承家業。

　　自小對於歷史就深感興趣，之後有幸能於大學徜徉在歷史的學海中，並且參與地方文史工作。開始對地方人文感興趣。所以在研究所的修業中，選擇台灣文史作為研究的方向，並以花蓮公路與台十一線作為論文的主題，企圖以草根為觀點，交通為脈絡，認識家鄉的發展過程。

　　感謝花木蘭文化出版社給予機會能將我的論文出版，給更多人認識花東這塊土地的發展，花東需要更多人的投入，讓這塊土地有更好的遠景。

提　　要

　　公路是連結兩地的人工建物。隨著 19 世紀以降東臺灣的漸次開發，連結花東縱谷區域南北聚落的花蓮臺東聯絡公路，也斷斷續續地在人力建設和自然災害的交互之下漸次完成，而藉由探討各種行動者對花東聯絡公路的論述，本研究將可釐清地方人士如何展現東臺灣的價值來符應國家的態度以獲取對公路建設或經營的支持。

　　本論文之研究斷限在 1874 年日軍侵臺開始，從晚清的官方史料重建花東間最初的聯絡路線。1895 年以後，總督府與日本資本家對東臺灣的開發也建立現今花東縱貫公路的雛形，並影響往後東臺灣公路交通的發展，這背後都代表國家力量支持東部發展的因素，與東部獲得國家重視的條件。

　　1945 年後，地方人士的論述則可在《更生報》和《臺灣省議會公報》中窺見東部民眾、地方政府、兩縣籍省議員是如何費盡心思向國家爭取公路建設的通車，及改善工程的完成，並如何經營公路從一級產業發展，到觀光產業的初步過程。本論文進一步了解民眾的需求、國家從忽視到重視東部的因素、地方自主發展的訴求與轉換訴求的過程。

　　1975 年之後，從兩條花東聯絡公路蛻變成現代公路過程，及該公路建構觀光產業的發展，在這兩者發展脈絡的比較中，可以發現地方人士與國家的回應互動下，發現相較公路建設狀況，以觀光作為花東聯絡公路的主要經營理念可以輕易得到國家的積極協助，以觀光主要經營方式，影響到花東兩縣日後的發展。

　　綜合以上所述，本論文認為地方要獲得自主發展的空間，是建立在國家重視其時代價值的機會。戰後，東部地方認知到發展觀光產業，可以輕易得到國家大量外援，所以地方轉為發展觀光來滿足該地繁榮的需求，形成可以自主發展的架勢，並主導日後花東縱谷區域的發展方向。

誌　謝

　　以前在沒有能力選擇大學的時候，東華選擇了我。當我有能力選擇研究所，我放棄了東華。來到台北，選擇台灣文化研究所。要來台北前，家人、老師、同學認爲這是個不明智的選擇，到今天經過了一些事情，一方面證明他們是對的。只是如果我一值呆在花蓮，我會後悔。而且來台北的初衷，眞的是想見見世面，增加自己的社會歷練。到今日，眞的是歷練了一些以前從來沒有經歷過的事情，也讓自己體會到一些道理。當初來到台北前，設定的目標也都達成了。其中最重要的論文研究，絞盡腦汁想了一堆題目，到最後眞得沒想到在外面兜了一圈，結果是做自己家鄉的研究。

　　這篇論文接收到最多的也是來自於家鄉人們的幫助。感謝啓蒙並給予研究方向的李宜憲老師，一路上不停給予珍貴建議的潘繼道老師。本所的指導教授李筱峰老師，讓我百般騷擾下，能夠及時回應，教授論文寫作技巧的方眞眞老師。在口試時，給我思考方向的戴寶村老師、林呈蓉老師。再來是同學部分，寫論文這一年來，不停刺激我思索的宏毅，給予我不少研究資源的欣美，星期二晚上打工的坤季，愛講冷笑話的柏偉、日文指導的家榮，讓我得以完成畢業學分。繪圖技術與打字的雨璇、凱婷，更生日報劉小姐，讓我省去不少整理資料的時間。地方耆老，若不是巧合的遇到李旭寧議員，是沒有辦法完成這篇論文的，邱文政老師熱心提供舊路線的脈絡，讓我得以思考該路線的變遷過程，陳烈旗議員對舊公路社會文化的指點。今天能夠完成論文，非常感謝大家的協助。

　　最後感謝我的父母與三位姐姐。非常感謝你們提供很好的成長環境，對我的不離不棄，成爲最堅強的後盾。讓我能夠專心的衝刺，自己所設下的人

生每項目標。這本論文是到目前為止的成長歷程中，所有心血的結晶，是我最用心的作品，所以可以將此費盡心力的成果獻給你們，爸爸、媽媽、大姐、二姐、三姐，弟弟謝謝你們！

2008 年 5 月於台北

目

次

圖　次

第一章　緒　論

第一節　研究動機與目的

　　筆者家就住在花東縱谷內的北端壽豐鄉。壽豐鄉有兩條主要的道路可以連結到台東縣，一條是台九線花東公路段，沿著花東縱谷內陸往南延伸，俗稱山線。一條台十一線，在東海岸蜿蜒著延伸到台東，俗稱海線。家前是台九線的花東公路段，記得小時候常搭父親的車沿著這條兩線道公路南來北往。上了高中後的 12 米公路擴寬為 30 米，原來狹窄的空間一下子變得開闊，車速變得更快，沿途景緻的感受也不同了。念大學時，自己開車經由台十一線到台東，享受沿途東海岸的景緻與寬大的道路，使人心曠神怡，開到豐濱鄉這一段，沿途是在進行拓寬中的道路工程，到了台東又是整個寬闊的台十一線，景象彷彿與夏威夷般似的山與海的鋪成。公路這樣日常可見且理所當然有的交通設施。直到最近家裏發生了大事，就是家門前面一直未拓寬的台九線即將拓寬成四線道，這條不起眼且習以為常的道路突然有了強烈的存在感。看著縣政府的人員拿著地圖挨家挨戶地通知，爸爸天天跑工程調解委員會捍衛沿線周邊居民的權益，以及鄰居拿著反對拓寬的連署書為自己即將遭受拆除的房子請命。

　　這樣的狀況呈現了現代花東縱谷區域，地方政府、人民對道路擴寬的不同態度，前者屬於贊成道路拓寬；後者屬於反對態度。在 1996 年東海岸的台十一線道路拓寬事件引起了極大的關注，關心的層面不只是地方居民及地方政府，還擴及全台灣的環保人士、專家學者及企業家等人注意。在自然環境

保存及地方經濟發展的正反意見引起相當的爭議。〔註1〕更早在 1950 年代，花東縱谷內的人民對於當時進行花東道路建設是樂觀其成且極力爭取，希望道路建設的路線最好能夠畫到自己家門前。〔註2〕而此時的東海岸沿線的居民也一直希望有條對外聯絡的公路出現。更早之前的日治時代，花東聯絡道路建設，除了能讓汽車通行的便捷外，國家與地方是如何藉由道路交會出花東縱谷的意義？最早晚清時官方只沿著河床及海岸爲後山縱貫路線，〔註3〕這樣的路線是如何走出清代花東縱谷區域的定位？以上綜合三個時代的問題，筆者想追問公路之於人這樣密切的交通設施，不管是建設及經營中，一定充滿了很多國家與地方對於它相關的論述。花東兩縣財政困乏，該地方的公路建設都必須依賴國家經費才得以進行。但在東部及公路發展相關研究中（之後會在下節回顧），前者研究重心在於族群史、政治史、經濟史，缺乏交通史的論述；後者強調硬體建設、法規設置，但缺乏探討區域民眾的論述，是如何影響公路發展的內容。本論文試圖從國家與地方的論述如何影響公路發展這個層面，瞭解台灣東部，這塊一直被認爲是邊陲區域，受國家宰制的空間。是否有取得自主發展的歷史面？自主發展的機制是什麼？三個時代會如何呈現不同自主機制？這是本論文所要探討的主題。

第二節 研究範圍與對象

一、時間斷限

　　本研究觀察花東區域縱貫公路的發展演變，爲了顧及研究主線公路歷史發展的整體性及一貫性。時間定爲 1874 年沈葆禎進行「開山撫番」的政策，開始進行縱谷線的道路設置，結束時間定在 1982 年木瓜溪大橋通車。雖說 1874年以前有原住民及漢人遷入，但他們的活動路線僅在自己的勢力範圍，並無

〔註1〕 不著撰者，〈必要之惡〉，《中時晚報》，第十七版，1996 年 8 月 29 日。

〔註2〕 不著撰者，〈玉里鎮春日一帶民眾，爲爭取花東公路改線，列舉四大優點〉，《更生報》（後改爲《更生日報》以下更生報新聞因找不到作者名，所以不再列不著撰者，特此聲明），第三版，1956 年 10 月 22 日。

〔註3〕 陳英，〈台東誌〉，收錄自《台東州采訪冊》台灣文獻叢刊第 81 種（以下略示如「文叢 81」）（台北：台灣銀行經濟研究室（以下略示「台銀經研室」），1971年），頁 84。

成為縱貫縱谷區域南北的路線，而荷治時期雖有荷蘭人的採金路線，〔註4〕但是這條路線只限於荷蘭時代，並無延續到後期。為顧及歷史發展的完整，不能切割的特性，就不做任何論述。而 1982 年以後，花東兩條聯絡公路繼續在改善中，但是有關公路硬體改善及沿線風景帶的論述大致上跟 1982 年以前差不多，前者如拓寬改直這是公路改善必然的趨勢；後者由風景帶演變為國家風景區，國家的手早已在介入規劃，而國家風景區只是在加以制度化、機構化而已，所以也不做任何的論述。

二、研究區域範圍

　　本研究探討的花東縱谷區域包括花東縱谷區及東海岸。花東縱谷為台灣島平原最後開發的區域，有其歷史發展的特殊性。而東海岸作為對照組，可以比較兩者路線開發過程的不同。其地理區範圍為北至木瓜溪、花蓮溪出海口以南為界，西邊以中央山脈等高線 200 公尺以東為界，東邊則以東海岸臨太平洋以西為界，南邊以台東都市計畫區以北為界。花東縱谷區涵蓋的行政區包括北從花蓮縣的壽豐鄉、鳳林鎮、光復鄉、瑞穗鄉、玉里鎮、富里鄉，到台東縣的池上鄉、關山鎮、鹿野鄉、卑南鄉為止。東海岸涵蓋的行政區則包括北至花蓮縣的壽豐鄉、豐濱鄉，台東縣的長濱鄉、成功鎮、東河鄉。〔註5〕（參見圖 1－1）本文探討的對象針對於台九線花東公路段及台十一線所經過的鄉鎮。花東縱谷區域除了有這兩條主要幹線外，在中央山脈及海岸山脈還有許多的產業道路、橫斷道路、支線，但顧及研究篇幅與時間考量，且會模糊研究焦點，所以不在本研究中討論。以下介紹本研究區域的地理狀況。

〔註 4〕 康培德，《帝國主義與殖民邊陲：花蓮地區原住民十七到十九世紀的歷史變遷》（台北：稻鄉，1999 年），頁 105～117。

〔註 5〕 陳正祥對這個區域以東台縱谷及東台海岸山脈討論。林朝棨則以縱谷地區及東部海岸山脈討論。但顧及本文的一貫性及論述方便，所以將兩個地區統稱為花東縱谷區域，至於名稱上官方將區域定為花東縱谷，在民間上一稱為花東縱谷或台東縱谷，但主流上還是稱之為花東縱谷，所以本文將研究範圍定為花東縱谷區域。參自陳正祥，《台灣地誌》（臺北市：敷明產業地理研究所），1959 年。林朝棨，《台灣省通志稿》，卷一〈土地志・地理篇〉，台北：台灣省文獻委員會編纂，1957 年。
（花東縱谷風景管理處網站，http://www.erv-nsa.gov.tw/，查詢日期：2008.10.8）。（台灣新舊地圖比對——台灣堡圖（1989～1904 年），查詢日期：2008.10.8）。

在氣候上，北回歸線在本區瑞穗的舞鶴附近通過，因此，本區北部屬亞熱帶氣候而南部屬熱帶氣候。氣溫常年很高，平均在 20℃ 以上。夏季很長，達 210 日以上，沒有眞正的多季。本區雨量很豐富，年雨量在 1,500～2,000mm 之間，多集中在夏季。旱季在十二月到一月之間，僅有三十五天。所謂旱季以每候（五天）10mm 爲標準，不足 10mm 爲旱季的開始，超出 10mm 爲旱季的結束。季風對本區的影響也很大：東北季風於每年十月下旬開始，到次年三月下旬終止，爲期約有六個月之久。在這期間東北風盛吹，梯度也很大，又與東北信風合在一起，因此風力更強。且包含水分過多，陰雨的區域與季風的強度成正比。西南季風於五月上旬開始，到九月下旬結束，爲期五個月。在這期間西南風盛吹，因此沒有東北季風的災害，對農業有利。東北季風的雨量不大，雨季甚長；西南季風的雨量大，但雨期爲短。從五月開始到十一月結束，在這一段期間內，常遭颱風的襲擊。它的威力很大，且來時不定，又本區在中央山脈之東，沒有天然的避風屏，若在本區登陸，常造成很大的災害。暴風挾帶大雨，水災風災同時而來。〔註6〕

花東縱谷是一個很明顯的地理單位，兩側山地，中間平原，海拔高度在 500 公尺以下，北起壽豐鄉，南到卑南鄉，〔註7〕 全長 158 公里，面積 138,368 公頃。縱谷地帶，西側爲中央山脈，東側是海岸山脈，中間爲狹窄平原。此一縱谷，由斷層作用所成，最大寬度 12.5 公里（光復附近），最狹處（富里鄉竹田村附近）僅有 4.5 公里。縱谷之中的地勢，大致由西向東傾斜。縱谷西側之山地高度增加急速，在平距一二十公里，高度從 500 公尺升至 3,294 公尺。縱谷東側海岸山脈，長約 135 公里，在瑞穗以東被秀姑巒溪分爲南北兩段。南段高度多在 1,000 公尺左右，東側山麓略有平地。北段海拔多在 500 公尺左右，山坡地直入太平洋中，無沿岸平原可言。縱谷西側，即谷中平地傾斜度爲 22 度，縱谷東側，平均斜度爲 18 度，相對其較緩。

縱谷內的河川爲數眾多，主要有三大流域，從北到南分別爲，北段花蓮溪水主要由木瓜溪、豐坪溪、萬里溪、馬太鞍溪、光復溪，發源自興魯郡山東麓，自大豐村（光復鄉）附近進入平原，至大富村（光復鄉）轉向東北，

〔註6〕 劉斌雄，《秀姑巒阿美族的社會組織》（南港：中研院民族所，1965 年），頁 2。
〔註7〕 以花東縱谷風景管理處所劃定的範圍爲定，範圍劃定包括海端鄉與延平鄉。參自花東縱谷風景管理處網站網頁，http://www.erv-nsa.gov.tw/，查詢日期 2008／10／9。

成為花蓮溪。至東富（光復鄉）附近納入馬太鞍溪，然後又繼續向東北流，流入光復溪、豐坪溪、木瓜溪，轉向北流至花蓮市南郊入海。〔註8〕中段為秀姑巒溪發源於台東縣池上鄉的大坡池，向北流至納入。主要支流有富源溪、紅葉溪、太平溪、卓溪和樂樂溪，東流入台東縱谷後，受海岸山脈阻擋，乃沿縱谷平原向北流，在匯納兩岸諸水後，於瑞穗鄉舞鶴台地前再折轉向東流，並以其巨大侵蝕力橫切海岸山脈，而在豐濱鄉大港口附近流入太平洋。〔註9〕南段卑南溪流域上游為新武呂溪納入支流鹿寮溪、鹿野溪、大崙溪，向南流至台東市進入太平洋。花蓮溪流域形成的沖積扇為木瓜溪沖積扇、豐坪溪沖積扇、萬里溪沖積扇及馬太鞍溪沖積扇。秀姑巒溪流域沖積扇為富源溪沖積扇、紅葉溪沖積扇、太平溪沖積扇、卓溪和樂樂溪沖積扇，秀姑巒溪所形成的河丘為掃叭段丘（位於瑞穗鄉舞鶴村西北方）、三民段丘（位於玉里鎮三民里西方）、打落瑪段丘（位於瑞穗村西北方）、謝得武段丘（位於玉里鎮德武里東北方）、馬久答段丘（位於玉里鎮松浦里麻汝至觀音里一段）、脹脹埔段丘（位於富里鄉富南村三台）。卑南溪流域支流新武呂溪、鹿寮溪、鹿野溪、大崙溪，堆積的河丘為池上段丘（台東縣池上）、白毛察段（位於台東關山新武路溪對岸）、電光丘（位於關山鎮電光里）、鹿野段丘（位於台東鹿野）、卑南山段丘，此段丘高350公尺，也可稱為「卑南山台地」，劍山段（位於卑南鄉利吉村南方）。〔註10〕總體而言，花蓮溪流域與卑南大溪流域之於縱谷西側發育較佳，秀姑巒溪流域之於縱谷西側發育不佳，縱谷平原東側發育較差。〔註11〕（參見附錄圖二）

　　縱谷兩側有成串的沖積扇，縱谷內為大沖積扇，東海岸為小沖積扇。縱谷內為花蓮溪流域及卑南大溪流域沖積扇發育為佳，秀姑巒溪發育最小。一般情況之下，沖積扇常為農田及聚落集中的地區。但是花東縱谷不然，第一個因為沖積扇常為礫石遍布。第二個因素在於沖積扇面河床游移不定，任何一年發生水災，農田與聚落無法生存，縱谷地帶農田與人口之分布，都避開沖積扇正面而退至靠山比較安全之地。

〔註8〕　陳正祥，《台灣地誌》，（臺北市：敷明產業地理研究所，1959年），頁126。

〔註9〕　經濟部水利署第九河川局，http://www.wra09.gov.tw/sucurn.htm，查詢日期：2008／10／4。

〔註10〕　林朝棨等修，《台灣省通志稿》卷一《土地誌‧地理篇》（台北：台灣省文獻委員會編纂，1957年），頁346～349。

〔註11〕　《台灣省通志稿》卷一《土地誌‧地理篇》，頁343。

　　位於花東縱谷東側的海岸山脈長約 150 公里，寬 16.5 公里（新港富里間），南寬北狹，大致呈一細長的楔形山脈。山脈中山稜呈雁排列，走北東──西南方向。爲海岸抬升運動地形。山中河流西短東長，東坡水璉尾（壽豐鄉水璉）、豐濱、高原等河谷盆地發達，所以東西兩側成不對稱。山脈之南部與北部，地形上也有不同。河流呈曲流，南深北淺；山脈東源之海岸接地南部比北部較高也較寬大，有隆起珊瑚礁，隆起岩台，隆起海蝕凹壁等地形。海岸山脈北段大港口、成功一帶有顯著的隆起珊瑚礁，隆起岩台，都蘭及長濱等地爲海岸階地之表面呈延續頗廣之斜面。長濱、成功、都蘭等三地也是海岸山脈上升運動最顯著的地方。海岸山脈中溪流育曲流越發達者，段丘也最爲發達，所分布溪流有水璉溪（位於花蓮鹽寮）、丁字漏溪（位於花蓮縣豐濱鄉）、貓公溪（位於豐濱鄉貓公部落）、秀姑巒溪（位於大港口部落）、馬武窟溪（位於台東泰源），其中以海岸山脈中段及南段的秀姑巒溪、馬武窟溪河丘發育最爲顯著，所以形成較多聚落，交通較爲方便。而海岸山脈北段，海崖逼近海岸，受到強烈波浪打擊侵蝕，因此磯崎（位於花蓮縣豐濱鄉），〔註 12〕以北交通困難，海蝕亦盛，海岸段丘不甚發達，形成多種風貌的海蝕地形。如新社貓公之間有高 60 公尺廣闊的海岸段丘。豐濱村南方兩公里有一海蝕凹壁，石梯坪有顯著的海蝕岩台，秀姑巒溪爲珊瑚礁岩台、烏石鼻爲海蝕礁岩，台東長濱鄉長濱村爲砂丘，富岡附近有長四十到五十公尺的海蝕岩地。形成東海岸特殊的景觀風貌。〔註 13〕

〔註 12〕駱香林（主修），《花蓮縣志》，（卷一：疆域，花蓮縣文獻委員會，1974 年），頁 13。舊名加路路，是曬鹽的地方。

〔註 13〕《台灣省通志稿》卷一《土地誌・地理篇》，頁 181～189。

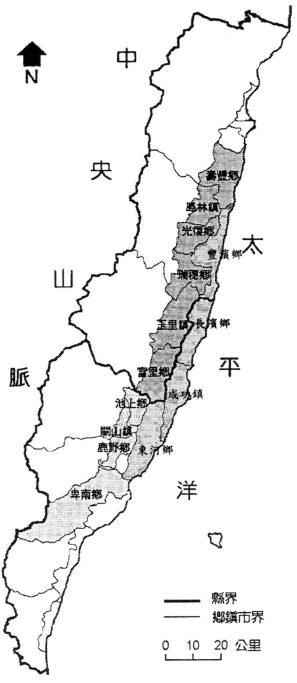

圖 1－1 花東縱谷區域範圍

出處：林朝棨修，《台灣省通志稿》卷一《土地誌‧地理篇》。

備註：灰色為研究範圍

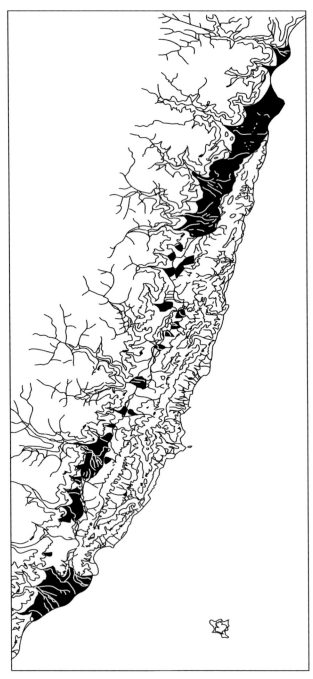

圖 1－2　花東縱谷區域沖積扇

出處：林朝棨修，《台灣省通志稿》卷一《土地誌・地理篇》。

備註：黑色為人口集中的地方。

第三節　研究方法與史料回顧

本研究採用文獻分析法，重建花東縱谷區域路線從 1874 年到 1982 年的路線發展過程。史料方面，在清代部分如羅大春《台灣海防並開山日記》，記載北路開山與經營過程。胡傳《台灣日記與稟啓》記載胡傳在縱谷內巡視的路線與過程。《台東州采訪冊》記載行政路線與使用內容。可以建立完整晚清花東縱谷區域縱貫道路歷史面。

日治部分則引用官方檔案與民間資料。在官方檔案方面，田代安定的《台東殖民地豫察報文》乃作者於 1896 年，對於台灣東部的各種考察，包括人種、地理環境、土地所有權狀況、農牧水產業狀況的詳細實查，及日後進行殖民事業的建議，其中與本研究較相關的有作者的考察路線及建議的糖業事業地點、郵遞路線的鋪設建議，以及地理考察圖。〔註 14〕《花蓮港廳巡視報告》是對於清末日治初期花蓮平原一帶，尤其是針對當地族群關係的報告，其中有談到道路的狀況及架設橋樑的建議。〔註 15〕鹿子木小五郎《台東廳管內視察復命書》，內容詳細介紹東台灣的地理位置與狀況，作者考察的行程路線，以及清代所開的道路一直到日治初期的使用狀況。〔註 16〕總督府出版道路事業相關資料有《重要指定道路改修助成計畫說明書》、《全島國道路線及國庫補助路線鋪裝計畫》，〔註 17〕1929 年後總督府進行全台道路建設計畫的預算、路線圖。以及花蓮港廳與台東廳所出版的地方事業資料，〔註 18〕如《台東廳要覽》，介紹昭和時代台東狀況，其中關於道路的建設狀況。《花蓮港廳勢》介紹關於大正時期花蓮港廳的地理社會產業建設狀況，道路的狀況與建設計畫。〔註 19〕《台東街勢一斑》關於台東街的地理型態、聚落分布、聚落內機

〔註 14〕田代安定，《台東殖民地豫察報文》，台北：台灣總督府民政部殖產課〔1900〕：台北：成文翻印本，1985 年。

〔註 15〕不著撰者，《花蓮港地方巡視報告》，台北：台灣總督府民政部殖產課〔1895〕：台北：成文翻印本，1985 年。

〔註 16〕鹿子木小五郎，《台東廳管內視察復命書》，台北：台灣總督府民政部殖產課〔1895〕：台北：成文翻印本，1985 年。

〔註 17〕臺灣總督府交通局道路港灣課，《全島國道路線及國庫補助路線鋪裝計畫》，1936 年。

〔註 18〕臺灣總督府交通局，《重要指定道路改修助成計畫說明書》，1929 年。

〔註 19〕花蓮港廳編，《花蓮港廳勢》，花蓮港：花蓮港廳〔1921〕：台北：成文翻印本，1985 年。

關、對外交通狀況，其中敘述到昭和初期的道路建設，[註20] 及有關於道路建設的公文。《花蓮港廳要覽》介紹昭和時期花蓮港廳的地理及社會建設狀況，其中的輕便軌道利用情形與道路建設計畫與本論文有關。[註21]

　　民間資料方面，《東部台灣案內》主要由東台灣新報記者筒井太郎撰寫昭和時代對於東部報導的雜誌，其中介紹東部的名勝、歷史沿革、產業狀況、時事評論、道路歷史狀況。《東臺灣研究叢書》主要是由「東台灣研究會」住在花蓮地區的日本人組織而成的學會，對於東部發展的建議以及要求改善交通的期望。毛利之俊《東台灣展望》、橋本白水《東臺灣》記載日本治理台灣初期明治到大正年間，東部的地理產業交通狀況。其中登載居住在花蓮的日本人對於東部觀點，以及大正年間縱谷道路的交通狀況。報紙方面《台灣日日新報》、《東台灣新報》，大量登載有關道路建設的資料。

　　戰後方面，官方資料以公路局出版資料及省議會公報為主。地方資料上以《更生日報》為主，《更生日報》是發刊的時間是 1945 年，是全台灣唯一從戰初期至今的地方報紙，專門報導花蓮、台東的地方新聞，所以這樣的史料可以幫助本研究在於戰後花東道路建設及影響的歷史面重建。以上資料互為引證，希冀能建構出一完整的面貌。

第四節　關於東台灣論文研究回顧

　　本文研究回顧分兩個部分，為與筆者研究主題較有相關的花東縱谷區域研究與道路研究。在花東縱谷區域研究上，關於東台灣研究的文章已不下數十篇，筆者選擇與本研究主題相關的文章討論。筆者分為縱谷整體以及北段、中段、南段三個部分討論。

　　在縱谷整體的研究。最早在 1970 年美國柏克萊（Berkeley）大學 Salter 發表其博士論文《The Geography of Marginality》一文，以邊緣性（marginality）的概念解釋東台縱谷的區域特性及長時期的變遷。邊緣性的指涉傾向於土地開發與聚落形成史的部分，這歸因於日治以前的極少定居，而日治時期殖民政府也僅著力於農業殖民；其次是經濟的邊緣性，在於交通運輸不便致使原

[註20] 台東街役場編，《台東街勢一斑》，台東廳：台東街役場〔1933〕；台北：成文翻印本，1985 年。

[註21] 花蓮港廳編，《花蓮港廳要覽》，花蓮港：花蓮港廳〔1938〕；台北：成文翻印本，1985 年。

料輸入、產品輸出不易，投資報酬率遠低於西部，天災頻仍，更使高額投資血本無歸，降低資本家投資的意願；文化的邊緣性雖不易觀察，諸如教育發展、都市設施、休閒、娛樂、報紙、圖書，皆處於不利的地位。〔註 22〕此篇論述東台灣邊陲性質的歷史成因，歸納出結構性的現象。

　　而後期關於論述東台灣的論文，在一九八零年代出現了兩篇，孟祥瀚《台灣東部之拓墾與發展（1874～1945）》，張永楨《清代台灣後山開發之研究》。孟祥瀚的研究，先從後山發展的自然環境限制，分析開山撫番政策的得失成敗。日治時期官方理番與移民政策的得失，利用大量人口統計資料，分析人口的增加與結構，對農業發展的興起，建構日治中晚期東部的地區市鎮的行政與市場體系。此篇從政策面探究東部地區經濟結構現象。而張永楨，以漢人移墾過程與開山撫番政策為基本架構，去探討原住民和漢人的農耕型態、土地制度與社會制度。側重清代的研究，針對歷史事件對區域開發與族群關係的影響，其他則為自主性、原始性環境壓力的遷移。使得一九八零年代的東台灣歷史研究進入了經濟、族群兩個要素。

　　一九九零年代，關於東台灣的研究，則是邱世宏《花蓮地區人口遷移的時空變遷》，黃玉翎《花東縱谷人口分布的區域變遷》。邱世宏以人口變遷作為其文的主軸，以地理學的空間概念，探討從清代、日治、民國花蓮地區人口移入移出的因素，並且認為是政府政策因素影響為其關鍵。黃玉翎的研究以人口數量在於縱谷地區北中南三個地區的分布作為研究的結構。認為清代以環境因素造成縱谷中段人口分布最多。日治時期因交通開發及經濟發展，北南段與中段人口分布趨於平衡，而戰後因北迴鐵路的建設及產業發展，使得人口重心分布在縱谷北端。

　　一九九零年代關於東台灣的研究著重的部分，邱世宏著重於政策角度。之後黃玉翎則注意到交通、產業兩個面向的交互關係。總之，對於東台灣歷史研究相關論文著重於大結構性的探討，其注意到的分別是東台灣邊陲角色的歷史性因素，接著比較系統的部分談到東台灣的發展方向，以經濟、族群關係，產業與交通交互面向探討。以上是屬於整體區域區域性的論文，下面將討論縱谷北、中、南段三段的研究，看這樣的區域局部性論文是否對於縱谷區域會有深入的頗析。

〔註22〕見於黃玉翎，《花東縱谷人口分布的區域變遷》，國立花蓮師範學院，鄉土文化研究所碩士論文，2002 年。

　　首先是縱谷北端部分，以施雅軒《花蓮平原於中央政策措施下的區域變遷：從清政府到國民政府，1895～1995》，張家菁《一個城市的誕生——花蓮市街的形成與發展》的碩士論文為主。施雅軒回顧清朝、日治、國民政府三個不同政體主權，其所具有的區域定位，以及所下放的政策措施，來探討中央政策如何形塑區域空間。文中特別探討到交通路線對於東部開發的影響，認為花蓮平原發展與清代北路、台東鐵路、北迴鐵路的建設息息相關。另一篇以國家、經濟、交通討論聚落的發展，張家菁以清代、日治、國民政府三朝政權進入花蓮平原如何影響花蓮市區的形成，以及清代的軍事、交通、政治機能，日治在交通政策影響下成為東部第一大城，戰後更成為人口集中化及分擔西部多餘人口的地方。認為聚落機能的演變是長期特定歷史及社會狀況下的演變。以上兩篇研究關注的焦點，在於政治、經濟、交通的大結構議題上探討東台灣北部的局部區域變遷議題。

　　再來是縱谷中段部分，林聖欽《花東縱谷中段的土地開發與聚落發展（1800～1945）》，本文以縱谷中段為研究的區塊，探討縱谷北中南三個重心是如何產生的。作者以政策、族群、土地三者的交互關係做為主軸。清代以秀姑巒溪東西兩岸的土地條件差異、開山撫番政策、族群開發作為討論的主線，認為大庄事件為其成效不彰的結果。日治初期因總督府重心放在西部，秀姑巒地區還是屬於阿美族與平埔族的世界，土地贍養力關係、賀田組開發不彰，造成縱谷中段開發的延遲。後期一直到日治末期外來人口大量增加，資本家的進入與產業開發造成傳統農業的萎縮，阿美族與平埔族淪為被雇傭的角色，使得這個地區逐漸為漢人支配。此研究注意到不同因素的交互關係所構成的歷史發展，提供給筆者相當不錯的思考方向。

　　最後是縱谷南段部分，以何玉雲《池上平原的土地利用與農業經營》，江美瑤《日治時代以來台灣東部移民與族群關係——以關山、鹿野地區為例》為主。何玉雲以歷史角度敘述從清代到民國的池上土地開發過程，清代平埔族沿著較高的地勢開墾，因「封山政策」影響，留下日人可以開墾的土地。而日治時代，因土地環境的限制使得開發的成績極差。戰後西部人口的大量移入及農業政策，突破了環境的限制，使得農業成為池上最大的政策。最後認為土地環境的限制及土地利用的空間特性是自然環境與人為政策長期下的產物。此研究以政策、環境因素來看縱谷南端的發展。而縱谷區域最南端的研究，江美瑤觀察關山及鹿野地區，從清代到民國以來族群在這兩個地區的遷入，及形成的族群關係。

　　以上的論文都關心在區域變遷背景下國家政策影響、經濟、族群、交通各個因素，來探討東台灣的歷史發展，較複雜的就是以以上四種因素交互關係去探討東台灣的區域變遷。但是這些論文都偏向於結構性的因素去探討東台灣的發展因素，卻忽略了在這樣的結構性因素下，較深刻花東居民是如何與國家交互出地方自主發展的論述。所以本研究期盼藉由縱谷區域公路的發展中，能補足這方面的缺失。

　　在於道路研究部分，陳俊《台灣道路發展史》一書大部分採自總督府道路港灣課的出版品，對於日治道路、橋樑的發展有較詳細的琢磨，但有些年代考證有些錯誤，還需加以考證，戰後部分有道路之建設和竣工時間及各項公路相關統計，但缺乏歷史層面的探究。周一士《中華公路史》是把台灣道路發展放在整個中國的發展中討論，而且重視於道路的監理單位發展，所以討論台灣道路的部分，每段街路線皆以蜻蜓點水帶過。論文研究則以蔡龍保《殖民統治之基礎工程——日治時期台灣道路事業之發展（1895～1945）》為主，其文探討日治時期台灣道路的整體政策、建設與汽車事業的發展，以及所使用的道路相關史料。但對象是整體日治時期台灣道路的發展，對於花東縱谷區域的道路發展探討不多，更遑論道路之於縱谷區域的文化、意義問題。但所使用之史料，給筆者可以蒐集的方向，及對於縱谷道路歷史發展的更能完整描述。以上公路研究中，缺乏區域性的研究。而對於戰後公路發展的歷史性研究也不足。筆者認為公路的發展乘載了國家對地方的態度與地方對自己需求的解決，不應只是在探討公路硬體歷史性的發展，而應加入與公路切身有關國家官員與地方民眾的論述交互發展，使得道路研究更為牽涉範圍更廣，探討範圍也更深入。

第二章　花東交通道路的初創

　　爲了重建縱貫公路整體發展過程，於是先在本章研究重心放在 1874 年～ 1945 年的草創時間，其原因在於 1874 年以前東部的歷史狀況，已有前人探討過。

　　〔註 1〕就目前資料而言，較難有新的論述，所以才將主要焦點放在 1874 年至 1945 年間，從這段期間的交通發展狀況，勾勒出戰後時期的公路史脈絡。首先第一節討論清代台灣東部開發的相關文章，最早的是李國祁〈清季臺灣的政治近代化－開山撫番與建省（一八七五～一八九四）〉，認爲 1874 年以後清代軍事武裝開墾東部進行的政治措施，其目的乃將東部內地化。〔註2〕後續的相關討論中，〈晚清後山駐軍與民庄的關聯性〉認爲駐軍的駐紮與民庄的設置有其共生的關係。〔註3〕〈清代開山撫番下的駐軍、移民及聚落〉更指出清代的民庄擴張與駐軍的位置有其密切的關係。〔註4〕而駐軍如何移動的路線問題，更是探討清政府如何經營東部的關鍵。關於這個問題施添福在〈開山與築路——晚清台灣東西部越嶺道路的歷史地理考察〉一文中作了清軍如何開

〔註 1〕潘繼道，《清代後山平埔族移民史》（台北：稻鄉，2001 年）；康培德，《帝國主義與殖民邊陲：花蓮地區原住民十七到十九世紀的歷史變遷》，（台北：稻鄉，1999 年）。

〔註 2〕李國祁，〈清季台灣的政治近代化——開山撫番與建省（一八七五～一八九四）〉，收錄於《中華文化復興月刊》8（12）（臺北：中華文化復興運動推行委員會，1975 年）。

〔註 3〕李宜憲，〈晚清駐軍與民庄的關聯性〉，收錄於《台灣風物》50（3）（台北：台灣風物雜誌社，2000 年）。

〔註 4〕邵偉達，〈清代開山撫番下的駐軍、移民及聚落〉，收錄於吳翎君編，《後山歷史與產業變遷》（花蓮：國立花蓮教育大學鄉土文化學系，2008 年），頁 31～ 63。

關進入東部的路線，描繪出大致的架構，並認為所開闢出來的 13 條路線，〔註5〕因為財政因素，最後還是被迫中斷。〔註6〕筆者想了解的是 1874 年以後的東部交通路線是如何設置的？是否真如上述施添福所言就此被迫中斷了？如果沒有中斷，其中的關鍵因素在哪？

第二節部分，到 1895 年甲午戰爭清朝戰敗後，清日雙方簽訂馬關條約，清朝政府正式將台灣割讓給日本後，台灣正式進入了日治時期，所以筆者想了解 1895 年時日人剛來到花東縱谷區域的交通狀況是如何？目前相關的研究中只有蔡龍保的著作，〔註7〕對最早興建的陸路設施——台東輕便鐵道（以下略示台東輕鐵）的建設與狀況輕描淡寫，主要還是著眼在台東鐵路的建設。為何興建台東輕鐵？建設過程中，對花蓮至台東的縱貫道路路線產生怎樣的影響？後續的經營，呈現出日本台灣總督府在東部怎麼樣的統治觀點？

第三節部分，1926 年以後，總督府為了要促進東部地區的開發，便需要交通網路的完備。道路的建設實為關鍵。在相關的研究上，唯有蔡龍保《殖民統治之基礎工程：日治時期台灣道路之研究》有提到花東公路的相關研究，只是站在整個日治時期台灣公路發展的觀點，花東公路份量實在很小，所以著墨不多。但筆者認為對於東部的歷史發展上，這條公路再加上東海岸公路的發展，是有一定的意義在。在 1926 年以後，花東聯絡道路建設是怎麼樣的過程？背後又隱藏什麼意義？

第一節　帝國接觸與縱貫路線（1874 年～1895 年）

一、後山路線的開闢

1871 年琉球漂民遇上颱風，漂流至南臺灣的八瑤灣，66 名船員闖進排灣

〔註5〕 施添福，〈開山與築路——晚清台灣東西部越嶺道路的歷史地理考察〉，《師大地理研究報告》（30），1999 年，頁 93。這十三條路線分別是赤山・卑南道；楓港・卑南道；射寮・卑南道；三重埔・大陂道；隘寮・新開園道；蘇澳・水尾道；蘇澳・新城道；內山道；三條崙・卑南道；後大埔・卑南道；集集・拔仔道；林圯埔・樸石閣道。

〔註6〕 施添福，〈開山與築路——晚清台灣東西部越嶺道路的歷史地理考察〉，《師大地理研究報告》（30），1999 年。

〔註7〕 蔡龍保，《推動時代的巨輪——日治中期的台灣國有鐵路（1910～1936）》，（台北：台灣古籍出版社，2007 年）。

族高士佛社，因觀念、語言不通，造成衝突，其中 54 人被殺害，倖存的 12 人經由台灣官民的協助於隔年返回琉球。1874 年日本外務省顧問李仙德（Charles W. Le Gendre），以「番地無主論」的立場強調中國政府的政教不及台灣番地，建議日本政府佔領台灣。1874 年內務卿大久保利通提出「台灣番地處分條例」，決定出兵台灣。隨後日軍攻入恆春牡丹社、高士佛社，並且意圖佔領，引起清政府的恐慌，於是派時任福建船政大臣的沈葆楨來台協調。當時日本外務省顧問李仙德要求清政府承認此次出兵的正當性。〔註 8〕這次事件引起清政府對於台灣東部番地的注意，沈葆楨認為此次事件完全因「生番」而起，清朝政府再也無法只治「前山」不治後山。所以奏請朝廷開禁後山，鼓勵移民前往後山開闢。但是後山一向是原住民生活的空間，若驟然允許漢移民入墾，勢必遭到原住民反彈，所以需通暢漢番間的開闢孔道。沈葆楨所謂的開山，並非單只是砍伐草木，而是有計畫的移墾漢民。各路規定平路寬一丈，山蹊闊六尺，沿途築碉堡，屯駐營哨，安撫良番，征討兇番。〔註 9〕從 1874 年，分成北中南三路，南路以赤山（今萬巒）由海防同知袁聞柝負責、〔註 10〕中路以林圯埔（今竹山）由總兵吳光亮主持、〔註 11〕北路以蘇澳為起點，由台灣道夏獻綸，及革職留任的福建陸路提督羅大春負責。〔註 12〕這三條路線分別向花東縱谷區域前進。

〔註 8〕 張勝彥等編著，《台灣開發史》（台北：空大，1996 年），頁 174～180。
〔註 9〕 許雪姬，《滿大人的最後二十年：洋務運動與建省》（台北：自立晚報，1993 年），頁 2。
〔註 10〕 沈葆楨，〈北路中路開山情形摺〉，收錄於《福建台灣奏摺》文叢第 28 種（以下略示「文叢 28」）（台北：台銀研室，1971 年），頁 34。胡傳，〈疆域〉，收錄於文叢 81 種（臺北：台銀研室，1971 年），頁 2。南路主要負責的人為台灣鎮張其光與海防同知袁聞柝共同開鑿，但之後主要負責的地區是內埔、崑崙坳、諸也葛地區，而卑南地區是由袁聞柝負責。
〔註 11〕 不著撰者，〈增台灣各路番地防營〉，收錄於《清朝柔遠記選錄》，台灣文獻叢刊第 126 種（以下略示「文叢 126」）（台北：台銀研室，1971 年），頁 56。中路原由黎兆棠開鑿，但是黎無法平定在開路過程中的原住民問題，所以沈葆楨令吳光亮率粵勇兩營，於 1874 年 8 月 14 日接續黎的工作。
〔註 12〕 羅大春，《台灣海防並開山日記》，台灣文獻叢刊第 308 種（以下略示「文叢 308」）（臺北：台銀研室，1971 年），頁 15。李國祁，〈清季台灣的政治近代化—開山撫番與建省（一八七五～一八九四）〉，收錄於《中華文化復興月刊》8（12）（台北：中華文化復興運動推行委員會，1975 年）。北路工作原由夏獻綸專任，但因其將南調，於是在 1874 年 7 月 7 日，以「開山撫番」事及所部土勇九百二十人、料匠百五十八人交由革職留任陸路提督羅大春督導。次日，乘「福星」輪船行，所以北路主要由羅大春負責。

二、路線的鋪成 [註13]

　　在 1875 年 3 月屬於北路的陳輝煌部隊，離開了奇萊平原，路途中他在木瓜溪上建造木橋及木筏在 13 日抵達了吳全城，是三路中最早抵達花東縱谷區域的。當時吳全城是遍地的沙礫，茅草生長的十分茂盛，但是人煙稀少，而且是屬於「木瓜番」獵場的環境，[註14] 對陳輝煌的部隊造成威脅。[註15] 再加上軍隊都因瘴癘之氣的影響得到瘟疫，所以再此駐紮一段時間，並且淘汰軍隊的老弱殘兵。[註16] 後來 1875 年 7 月羅大春的軍隊沿著木瓜溪、花蓮溪、嗎嗼唵溪的沙灘，經過了大巴籠社（今光復），其路況是十分的平坦，可以容納一台牛車通車。[註17] 之後沿著這條路經過周頭社到達秀姑巒溪北岸，[註18] 完成了後山北路的路線。（見圖 2－2－1）在中路方面，1874 年 07 月 01 日吳光亮的部隊從西部到了東部縱谷地區，先抵達的地方是璞石閣（今玉里鎮），而後將一部分的兵駐紮在水尾。[註19] 範圍大概有一百五十里相當廣闊，而且土地相當的肥沃，適合漢人前來開墾，是整個 1874 年以來開山路線進行的終點，[註20] 爲重要樞紐地區。在交通上，北可控制蘇澳作爲首要關卡，[註21] 以東到大港口至太平洋，以西順著大密納河往南走，[註22] 可到璞石閣再經過大庄、石牌抵達卑南。[註23]

[註13] 本文中所稱的後山路線並不稱爲道路是因爲後山路線大部分都以河床地爲行走的地方，並不符合沈葆禎在開山道路的規定，各路規定平路寬一丈，山蹊闊六尺，所以稱爲路線。

[註14] 居住在木瓜山的原住民，現今屬於太魯閣族。

[註15] 〈北路中路開山情形摺〉，頁 34。

[註16] 《台灣海防並開山日記》，頁 54。

[註17] 吳贊誠，〈番眾悔罪自投現辦撫緝並撤裁營勇摺（會閩督銜）〉，收錄於《吳光祿使閩奏稿選錄》，台灣文獻叢刊第 231 種（以下略示「文叢 231 種」）（臺北：台銀研室，1971 年），頁 25～27。

[註18] 不著撰者，〈台灣撫番開路情形疏〉，收錄於《道咸同光四朝奏議選輯》，台灣文獻叢刊第 288 種（以下略示「文叢 288」）（台北：台銀研室，1971 年），頁 77。

[註19] 從水尾到璞石閣這個地方當時又被稱作秀姑巒。〈台東誌〉，頁 84。

[註20] 不著撰者，〈台灣開山情形〉，收錄自《清季申報台灣紀事輯錄》，台灣文獻叢刊第 247 種（以下略示「文叢 247」）（台北：台銀研室，1971 年），頁 551～553。

[註21] 不著撰者，〈籌商大員移紮台灣後山疏〉，收錄於《道咸同光四朝奏議選輯》，收錄於文叢 288（臺北：台銀研室，1971 年），頁 86～88。

[註22] 胡傳，〈記台灣台東州疆域道里地方情形並書後〉，收錄於《台灣日記與稟啓》，台灣文獻叢刊第 71 種（以下略示「文叢 71」），頁 271。

（見圖2－2－1）可銜接北路、南路，對外與西部的雲林縣、彰化縣，聲氣相通相互連絡，[註24]橫貫台灣東部與西部。[註25]其中在大港口方面，相較於陸運，海運更為重要，[註26]所以要如何從兩面都是山脈的花東縱谷地區，取得與海運的聯絡是必須解決的問題。1876年吳光亮請孫開華率領部隊從水尾沿著秀姑巒溪往東走，（見圖2－2－1）進入東海岸的成廣澳（今成功鎮）地區。駐紮在水母丁要探勘成廣澳適不適合做為船隻停靠的港灣之地時，暴發當地阿綿社與納納社抵抗。[註27]這場戰役是所謂的「阿綿納納社事件」，現在通稱為「大港口事件」。[註28]

　　1877年吳光亮親自前往成廣澳沿岸查看，發現只有郎阿郎港口水勢較深，[註29]可以容納商船數十艘在此停泊，有助於東部對外交通。於是水尾通往東海岸的路線就此成形，也順勢往卑南方向，形成一條水尾經大港口、成廣澳到卑南的東海岸路線。[註30]再加上尚無人煙的大港口以北至花蓮一段，[註31]東海岸整體行徑的由北往南走的路線為：**花蓮港（65）· 貓公社·（8）· 八里環·（12）· 石梯庄·（15）· 大港口· 納納社·（10）· 開傘埔·（5）· 水母丁·（15）· 加早灣·（20）· 彭仔村·（10）· 烏石鼻·（10）· 阿哈姑·（5）· 成廣澳·（2）· 微沙鹿·（13）· 馬老漏·（10）· 莪力社·（5）·**

〔註23〕夏獻綸，〈後山總圖〉，收錄於《台灣輿圖》，台灣文獻叢刊第45種（以下略示「文叢45」）（台北：台銀研室，1971年），台灣銀行經濟研究室，1971年，頁75。

〔註24〕不著撰者，〈台灣開山情形〉，收錄於《清季申報臺灣紀事輯錄》，文叢247，頁551～553。

〔註25〕連橫，〈疆域志〉，收錄於《台灣通史》，台灣文獻叢刊第128種（以下略示「文叢128」）（台北：台銀研室，1971年），頁106～107。

〔註26〕戴寶村，《近代台灣海運發展——戎克船到長榮巨舶》（台北：玉山社，2000年），頁30。

〔註27〕不著撰者，〈孫開華（朱煥明、蘇得勝、章高元）〉，收錄於《清史稿臺灣資料集輯》，台灣文獻叢刊第243種（以下略示「文叢243」）（臺北：台銀研室，1971年），頁868。

〔註28〕李宜憲，《原住民部落重大歷史事件——大港口事件》，台北：原民會，2001年。

〔註29〕《原住民部落重大歷史事件——大港口事件》，台北：原民會，2001年。郎阿郎（馬武窟溪）劉益昌教授指出從考古遺跡來看東部海岸變化甚大，當時此地確實有港口機能。

〔註30〕吳贊誠，〈查勘台灣後山情形並籌應辦事宜摺〉，收錄於《吳光祿使閩奏稿選錄》，文叢231（臺北：台銀研室，1971年），頁10～11。

〔註31〕《台灣日記與稟啓》，頁276。

都律社‧（10）‧小馬武吻‧（3）‧大馬武吻‧（8）‧加里猛甲‧（5）‧八里芒‧（8）‧都巒‧（18）‧基南‧（4）‧猴子山‧（5）‧埤南。〔註32〕（見圖2-1-1）

　　在通往卑南的縱谷南路路線方面，1874年12月袁聞柝抵達卑南，〔註33〕1877年由中路吳光亮隨吳贊誠，視察軍務。〔註34〕兩人從卑南出發經過外屏山後山沿著河流往北走到璞石閣，而路況爲卑南地區，河川與平原平坦，到璞石閣，山勢就變得比較狹窄。〔註35〕大庄（今富里東里村）往北到璞石閣沿大密納河。從擺那擺往北到新開園（今池上錦園村），走新武洛溪（今新武呂溪）。從大陂往北到大庄，順著網綢溪走，〔註36〕至水尾。於是北、中、南三路在後山縱谷地區連成一線。而縱谷路線由北往南走爲：吳全城‧（15）‧象鼻嘴‧（15）‧鹿甲皮‧（12）‧大巴塱‧（18）‧拔子庄‧（15）‧水尾（20）‧迪街‧（10）‧璞石閣‧（12）‧大庄‧（15）‧公埔‧（10）‧大陂‧（5）‧鹿寮‧（10）‧新開園‧（7）‧雷公火社‧（6）‧鹿寮埔。〔註37〕（見圖2-1-1）

〔註32〕《台灣日記與稟啓》，頁271～276。‧（）‧括弧爲兩地距離里數。

〔註33〕沈葆禎，〈南北路開山並擬布置琅𤩝後各情形摺〉，收錄於《道咸同光四朝奏議選輯》，文叢288種（台北：台銀研室，1971年），頁34。

〔註34〕不撰著者，〈籌商大員移紮台灣後山疏〉，收錄於《道咸同光四朝奏議選輯》，文叢288種（臺北：台銀研室，1971年），頁86～88。當時從花蓮港到卑南一帶交由吳光亮負責。

〔註35〕吳贊誠，〈番眾悔罪自投現辦撫綏並撤裁營勇摺（會閩督銜）〉，收錄於《吳光祿使閩奏稿選錄》，文叢231種（台北：台銀研室，1971年），頁25～27。

〔註36〕〈記台灣台東州疆域道里地方情形並書後〉，頁271～275。

〔註37〕《台灣日記與稟啓》，頁275；胡傳，〈疆域〉，收錄於《台東州采訪冊》，文叢81種（台北：台銀研室，1971年）。〈營汛〉，收錄於《台東州采訪冊》，文叢81。〈遞舖〉，收錄於《台東直隸州采訪冊》，文叢81種（臺北：台銀研室，1971年）。

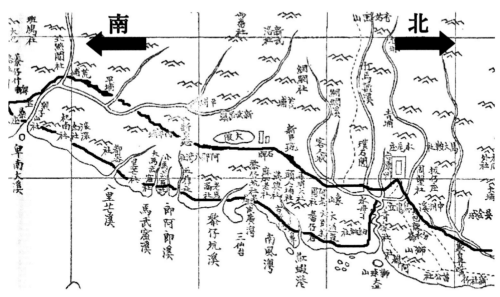

圖2－1－1　台東直隸州圖

出處：胡傳，《台東州采訪冊》。

附註：到後山路線到吳全城以後的路線（見黑線）因要盡量避開木瓜番的攻擊，所以
　　　分佈在花蓮溪、秀姑巒溪兩河的左岸。

　　後山路線的經營，在路線中分佈碉堡保護官兵的行動，防止原住民的攻
擊。〔註38〕之後涂爲霖（Rev. William Thow）牧師在 1886 年 3 月的日記中，
記載前一年（1885 年）到東部地區傳教的經過爲例：

　　十月初六才到寶桑，在寶桑本來要住客棧休息；因爲都沒有空房間，
　　不得已去文營請二副讓我們在營內休息一晚；他准許我們。那晚二
　　副問我要去哪裡，我跟他說要去內平埔及海乾巡視教會，他必沒有
　　阻擋我們。快要在起身因爲遇到雙叉路，松兄要從海邊去蟳廣
　　澳。……。初十再起身，同樣北上進入內平埔，十一日下午到石牌，
　　在那間禮拜堂過兩個禮拜。本來禮拜堂蓋在大坡的村莊，後來石牌
　　位置比較適中，……。十月二十日號在從那裡北上到迪階。那天中
　　午在大庄休息，他們平埔族最早到後山的就是大庄的人，人數也比

[註38] 不撰著者，〈台灣撫番開路情形疏〉，收錄於《道咸同光四朝奏議選輯》，文叢
　　　288（台北：台銀研室，1971 年），頁 76；吳贊誠，〈查勘台灣後山情形並籌
　　　應辦事宜摺〉，收錄於《吳光祿使閩奏稿選錄》，文叢 231，（台北：台銀研室，
　　　1971 年），頁 10～11。但未見在後山路線中碉堡與碉堡之間距離多少或許距
　　　離不定，可能是與後山路線常發生洪水所致。

別處多。那晚無法到迪階，在觀音山庄休息。……。觀音山庄有二
十六戶，只有兩戶還在拜佛。其餘人都降服真主。那個兄弟去迪階
作禮拜，他們自己說，大水的時候渡溪費力，要看今年會不會蓋禮
拜堂在他們本地。第二十五日，就是禮拜二下午渡溪到迪階。〔註39〕

另一則爲宋忠堅（Rev.DuncanFerguson）牧師記載在 1893 年 6 月，所遭遇原住
民的狀況：

正月二十五日我從鯉弄（今關山，即里壠）要回來（指卑南）。在二
十八日早上在山裡我讓生番打到槍。那時候我先走了差不多一百步
而已。生番開一槍打中我的胸腔，再開兩槍沒有打到。〔註40〕

1892 年胡傳擔任全台營務處總巡也循著這條路線視察東部軍務的狀況：〔註41〕

自水尾北至拔子庄，則又泝挖鈴拗溪行。皆無路，行石磧中；溪多
石也。自拔子庄以北達花蓮港，則又順紅巖溪行。亦無路，行沙磧
中；溪多沙也。……。十八日，行十八里至雷公河，又十七里至新
開園，鎮海後軍前營親兵、前、左三哨駐此。午正大雨，至晚不止。
恐河水漲，僅點名而行，俟回來校靶；且有右哨成廣澳者，亦將調
至此點名也。……。二十三日，黎明校閱左營槍靶；能中三槍者只
二人，中二槍者只二十人，統共中三百五十六槍。午初起程，回行
原路，三十里至象鼻嘴，趁水未漲，急渡過木瓜河之險也。〔註42〕

胡傳在巡視軍務的過程中，都必須沿著河床路線在走，在河水暴漲前，還必
須離開河道，才能脫離危險。脫離河道環境後的巡視路況爲：

赴鹿寮埔察看荒地，回宿鹿寮營房。埔在防營北八里，寬廣約五、
六里。昔。爲南北社每歲打鹿之所；草甚茂。營勇往來經此，不得
遺火燒其草；否則，番必索賠鹿價。〔註43〕

就算走到草原，也都必須涉草而行，相當的不方便，如果要燒草開闢出一條
較好走的道路，會遭到原住民的抗議。而且沿線的碉堡隨著駐軍軍力的人數

〔註39〕 廖秋娥，〈從〈台灣府城教會報〉看晚清台灣東部的交通〉，收錄於《2004 台
灣羅馬字國際研討會論文集》，附錄。
〔註40〕 〈從〈台灣府城教會報〉看晚清台灣東部的交通〉。
〔註41〕 《台灣日記與稟啓》，頁 274。
〔註42〕 《台灣日記與稟啓》，頁 18～19。
〔註43〕 胡傳，〈日記（光緒十九年十月初四日迄十二月初一日）〉，收錄於《台灣日記
與稟啓》文叢第 71 種（以下略示「文叢71」），（台北：台銀研室，1971 年），
頁 201。

減少也裁撤掉，剩下的是點與點的駐軍防衛，保護官員遞送公文、巡視兵務等之用，〔註44〕或漢人農民的交通安全。後山平埔族先前在進入該區域時，也是依循這樣的路線移入的。〔註45〕總之，該路線就一直維持到1895年日人領台為止。

在以上論述中，可以知道後山路線的年間使用是從1874年開闢以後直到1895年。但是路線開闢的過程中，如1875年北路陳輝煌部隊在吳全城接觸到「木瓜番」的領域，對部隊造成威脅。1876年中路孫開華部隊從水尾進入東海岸駐紮時，發生「大港口」事件。1892年宋忠堅牧師在南路遭到原住民的攻擊，1893年清軍在鹿寮草原要開闢一條方便通行的道路，還會遭到當地原住民的抗議。到底1874年以後開闢出來的路線，及後續的維持過程中，原住民到底扮演什麼角色？影響的層面到底有多大？

三、影響路線鋪成的在地因素

1875年3月北路陳輝煌部隊在吳全城駐紮時，加禮宛（今應指新城鄉嘉里村）的噶瑪蘭族人鼓動七腳川社準備反抗。〔註46〕羅大春為了解決這個問題，要求各社通事邀請各社的頭目長老到新城送給他們酒以及食物加以招撫。〔註47〕同年沈葆楨等人奏報開路後的狀況：

> 丹馬鄰、木瓜、花蓮水、蓮嗎嗹唵等處沙灘，約開二十餘里，沿途建築碉堡，分布勇營捍衛，而生番之乘間撲碉，伏莽傷人，尚所不免，近來海沙洲、石壁坑等處，皆有報案，均經各營隨時擒捕，以制其兇。此北路近日之情形也。〔註48〕

1876年福建巡撫丁日昌勘查東部時認為：〔註49〕

> 卑南至中路之水尾、璞石閣、大巴塱，共走十八站，始到花蓮港；因北路生番隔絕，仍由南路折回臣營，面述一切。以後山僅有恆春

〔註44〕《台東州采訪冊》，頁1～19。

〔註45〕潘繼道，《清代後山平埔族移民史》，台北：稻鄉，2001年，頁124。

〔註46〕七腳川社應指現今吉安鄉三軍公墓與福州公墓之間山腳下的平原地帶。

〔註47〕羅大春，《台灣海防並開山日記》文叢308，頁54。

〔註48〕沈葆楨，〈台灣撫番開路情形疏〉，收錄於《福建台灣奏摺》文叢81（臺北：台銀研室，1971年），頁76。

〔註49〕沈葆楨，〈北路中路開山情形摺〉，收錄於《福建台灣奏摺》文叢81（臺北：台銀研室，1971年），頁37。

> 一路可通，防軍繞道，行走維艱；每遇換防及採運。……。即至後
> 山之大陂，以通璞石閣、卑南等處。惟查臺灣後山番地，言語難通，
> 煙瘴甚大；必須鄉導，及冬春兩季方好辦理。〔註50〕

丁日昌巡視東部時，從卑南向北走還必須選在河水較稀少的冬春兩季行走，
但是走到新城那一帶的時候，因為太魯閣族原住民的關係，又必須折回。之
後 1877 年新城以北北路盡廢，碉堡兵南移到水尾至吳全城之間。〔註51〕就連
上述所說的大港口到花蓮港那段路沒有人煙的關係，也是因木瓜番的影響。〔註
52〕余饒理先生（George Ede）在 1890 年 2 月有類似的記載：

> 高山番，極山愛殺人，有分好幾族，講兩三種的腔調。低山番，是
> 較不愛殺人，但是很少有穿褲子，有分兩族，講兩種的腔調。可惜！
> 這兩類的人都沒有機會能聽到道理。咱們眾人應該要求上帝來開路
> 讓他們趕緊得知耶穌的愛。……。迪階北邊三四天的路有一個海口
> 叫作花蓮港。我想去那播揚主的道理，但是路是非常危險，因為生
> 番常常出來殺人，如果那時有兄弟情願帶武器帶我去。〔註53〕

對於原住民的問題，夏獻綸認為：

> 木瓜番、丹番、巒番、棍番，俱處高山，社名不一；或撫、或否，
> 尚難悉數。平地之番，稍知耕種；處深山者惟事遊獵，與平地番世
> 仇，兇殘嗜殺。番性大概然也。〔註54〕

1892 年蔣師轍來台撰寫《台灣省通誌》時，也有相同看法。〔註55〕當時清
朝政府將花東縱谷區域的原住民，分為兩類。一類是住在高山內，性格兇
猛，無法教化。第二個以農耕維生，住在山麓地帶，比較好馴服。〔註56〕

〔註50〕 丁日昌，〈到台籌辦開山撫番等事片（十二月十八日）〉，收錄自《台灣關係文
獻集零》文叢第 309 種（臺北：台銀研室，1971 年），頁 123。

〔註51〕 李宜憲，〈大港口事件〉，《東台灣研究》10（台東：東台灣研究會，2005 年），
頁 10～11。

〔註52〕 《台灣日記與稟啓》，頁 276。

〔註53〕 廖秋娥，〈從〈台灣府城教會報〉看晚清台灣東部的交通〉，收錄自《2004 台
灣羅馬字國際研討會論文集》，附錄。

〔註54〕 夏獻綸，〈後山總圖〉，收錄自《台灣輿圖》文叢第 45 種（台北：台銀研室，
1971 年），頁 76。

〔註55〕 蔣師轍，〈光緒十八年閏六月〉，收錄自於《台游日記》，台灣文獻叢刊第 6 種
（臺北：台銀研室，1971 年），頁 117～118。

〔註56〕 不撰著者，〈台灣開山情形〉，收錄於《清季申報台灣紀事輯錄》，台灣文獻叢
刊第 247 種（台北：台銀研室，1971 年），頁 551～553。

而這樣的認知也呈現清政府在鋪設後山路線時，必須面對的族群問題。

四、官方交通策略

　　對於處理原住民問題維持交通路線，依照沈葆楨的策略，沿路設立碉堡，防止較難處理布農族及木瓜番的襲擊，以及招撫平順的平地番。所以在（圖2－1－1）路徑上，按史料進入吳全城以後爲木瓜番的牧場，所以路線分布在河的東岸，做爲防禦的措施，到大陂以後進入平埔族及阿美族較小部落的勢力範圍，又可以做爲清軍與布農族緩衝區，所以路線分布在河的西岸。然而這樣的路線分布似乎還沒有辦法作爲維持後山路線一直持續到1895年穩定運作的理由，那到底關鍵性的因素在哪？後山路線的開闢，除了原住民問題外，西部的漢人也能夠進入東部開墾建立聚落。1875 年中路進入水尾——璞石閣這個路段的時候，吳光亮看到這個地區是相當肥沃，可以做爲行政控制中樞的條件之一。1877 年吳贊誠認爲卑南周圍數百里，有八個原住民的部落，一個漢人的村莊，軍營分別駐紮在幾個地方，兵力比較單薄。所以命令袁聞柝向北對原住民進行招撫教化的工作，必且繼續募集屯丁建築碉堡。〔註57〕同年丁日昌建議設置招墾局，在卑南、秀姑巒等處，招募墾民並且給予農具、耕牛、種子，獎勵開墾。〔註58〕之後陸續有漢人進入開墾，〔註59〕土地雖然肥沃，有利於漢人入墾，也能夠有效支持駐軍的防衛。但後果就是會造成原漢之間的衝突，若要降低原住民對漢人農民的傷害，最有效的方式就是擴大軍隊直接對原住民攻擊。但是對於這點台灣巡撫劉銘傳認爲：

> 查生番深居內山，習於戰鬥，槍法極精，地險無路，草木叢雜。戰陣之事，攻堅最難，仰攻尤難。〔註60〕

〔註57〕 吳贊誠，〈查勘台灣後山情形並籌應辦事宜摺〉，收錄於《吳光祿使閩奏稿選錄》，文叢231（台北：台銀研室，1971 年），頁 10～11。

〔註58〕 伊能嘉矩，《台灣文化志（下）》（東京：刀江書院，1928 年），頁 351。

〔註59〕 邵偉達，〈清代開山撫番下的駐軍、移民及聚落〉，收錄於吳翎君編，《後山歷史與產業變遷》（花蓮：國立花蓮教育大學鄉土文化學系，2008 年），頁 31～63。張家菁，《一個城市的誕生——花蓮市街的形成與發展》，花蓮：花蓮縣文化中心，1996 年。這段時間也發生了 1888 年的「大庄事件」及水尾爆發原漢衝突事件，都與漢人入墾東部有關。

〔註60〕 劉銘傳，〈奏請勤撫番社出力人員應照異常勞績核獎片〉，收錄於《劉壯肅公奏議》，台灣文獻叢刊第 27 種（以下略示「文叢27」）（台北：台銀研室，1971 年），頁 420。

住在深山裡面的原住民，一直就是相當擅長於戰鬥的民族，而且有地利之便，所以劉銘傳要求軍隊去鎮壓高山原住民，政府還需要對這些軍人給予特別獎勵。〔註61〕因爲絕對會造成傷兵敗將。認爲：

> 卑南、水尾、蓮港可墾田園數十萬畝。此皆朝廷威德遠播遐荒，使深山幽谷、穴居野處之倫，響化歸仁，化獉狉而登衽席，實非微臣之愚始願所能及此。惟招撫愈多，經費愈大，今捐輸既截，費絀異常，乃飭各軍仍回防所。〔註62〕

花蓮港至卑南有可耕的土地上萬，有其經濟價值，但是一旦擴大耕作的土地，駐軍人數（參見表2-1-1）也會增加，經費也會增加，勢必又會在再引發另一波的原漢衝突，就算清軍能夠打到原住民所居住的深山部落裡，但是礙於財政的關係，〔註63〕各軍隊還是要回到自己駐防的地方。所以只要能夠讓清政府的威德，使原住民知道就好，願意臣服的就臣撫。及怪乎沈葆楨在進行開山事業一開始，就告知南路理番同知：「該同知既以理番爲名，當以撫番爲事」。〔註64〕對原住民行安撫的工作就好了。若採武力鎮壓之策，1885年台灣道劉璈與副將潘高陞，到南路率芒、董底兩番社與七家山社內進行武力鎮壓就遭到革職懲處，劉銘傳之後還需安頓這些受難原住民。〔註65〕1887年統帶鎮海後軍副將張兆連對造成北路交通中斷的太魯閣番社，也只是帶三營隊伍紮駐山口，聲言開砲攻勦，用威嚇的方式要求臣服於清政府。〔註66〕對於高山的原住民，清政府是如此的軟化甚至畏懼。所以開山撫番事業中越嶺道路

〔註61〕 劉銘傳，〈各路生番歸化請獎員紳摺〉，收錄於《劉壯肅公奏議》，文叢27（台北：台銀研室，1971年），頁217。

〔註62〕 劉銘傳，〈道員攻勦已撫番社請旨懲辦副將摺〉，收錄於《劉壯肅公奏議》，文叢27（台北：台銀研室，1971年），頁434。

〔註63〕 《台灣日記與稟啓》，頁271。關於財政問題，胡傳認爲「然由前山陸路勞師鑿險，冒瘴深入，扼要設防，勦番、撫番，招民開荒，不遺餘力，已二十年，糜餉已數百萬，而兵猶不能撤，歲費尚需十餘萬金。始設廳，繼改州，悉以內地之治治之。而至今民不加多，地不加廣，如耕石田，徒費財力。且將成爲漏厄，無所底止。」可想見開山撫番事業對清廷財政負擔之重。

〔註64〕 沈葆楨，〈請改駐南北路同知片〉，收錄於《福建台灣奏摺》，文叢28（台北：台銀研室，1971年），頁60。

〔註65〕 〈道員攻勦已撫番社請旨懲辦副將摺〉，頁434。

〔註66〕 劉銘傳，〈奏台灣各路生番歸化並開山招撫情形疏（光緒十三年）〉，收錄於《劉銘傳撫臺前後檔案》，台灣文獻叢刊第276種（台北：台銀研室，1971年），頁265。

的部分，因財政、環境及高山原住民的關係旋即荒廢，只留下花東縱谷區域
路線的部分。

表2-1-1　晚清後山軍力表

駐紮地點	駐紮單位	人數（約）
吳全城	鎮海後軍左營左哨五、六、七、八隊	80
象鼻嘴	鎮海後軍左營前哨五、六、七、八隊。	80
鹿階鼻（原鹿甲皮）	鎮海後軍左營前哨二、三、四隊。	60
大巴塱	鎮海後軍左營前哨一隊	20
拔子莊	屯軍前哨	120
水尾	鎮海後軍中營右哨	150
璞石閣	鎮海後軍前營後哨五、六、七、八隊	80
新開園	鎮海後軍前營中、前、左三哨	450
大陂、鹿寮	鎮海後軍前營後哨一、二、三、四隊	80
成廣澳	鎮海後軍前營右哨	150

出處：胡傳，〈營汛〉，《台東州采訪冊》，文叢第81種，頁15～17。李宜憲，〈清代後山
　　　駐兵初探〉，收錄自《台灣風物》（50）1，台北縣板橋市：台灣風物雜誌社，2000
　　　年。

備註：1893年花東縱谷區域清軍駐紮總兵力至約1200人。已由沈葆楨1874年的八千人
　　　減至1200人，雖1877年前後水尾、大庄事件有增加軍隊，基本上軍隊人數還是
　　　呈現銳減的趨勢。

　　既然對於原住民持安撫態度就好，為何還要在通往後山13條路線中獨留
後山縱貫路線。除了較符合能降低成本的因素外，對清政府而言，維持路線
與安撫原住民有何關係，其中目的是什麼？這個問題或許可以從開山撫番政
策背景及清政府如何經營東部來思考，1877年丁日昌看到東部族群狀況後認
為：

> 數十年前，有漢人泛海至彼，為番婦贅夫，後人陸續往墾，番亦安
> 之。因其未入版圖，無從查詰。職道初慮漢奸在彼招納亡命，或勾
> 引外夷潛踞，使人往覘。〔註67〕

〔註67〕丁日昌，〈台灣道原稟〉，收錄於《台案彙錄壬集》，台灣文獻叢刊第277種（台
　　　　北：台銀研室，1971年），頁163～164。

聞秀孤巒既設有教堂一處，外人用意日深，番情反復日甚。茲囑吳
光亮到地後，即廣設義學，威惠兼施，無論生熟各番，但能引之略
就範圍，即爲豫籌教養，不必深責瑕疵，致生枝節。〔註68〕

按史料，東部交通的不順暢是原住民造成的。丁日昌竟把外國人進入東部的問題看得比處理當地原住民的問題還要嚴重。原因可從 1884 年清法戰爭後的後山布防工作可看出端倪。1890 年時任閩浙總督的勒方錡注意在後山地區的軍隊駐防工作。在前後山交界之蘇澳地方駐一營，後山由北往南自花蓮港至象鼻嘴諸處分駐一營，又往南自中溪洲至大港諸處分駐一營，又往南自璞石閣至成廣澳諸處分駐一營，又再往南自卑南至牡丹灣等處分駐一營；此後山道北暨南全境。對於這樣的重新編排，他認爲在後山駐紮軍營的目的並非在於撫番，而在協助海難船隻的事宜，以杜絕外患。〔註69〕而且撫番工作雖不能有效的控制高山原住民，也不能讓平地的原住民成爲清軍的生力軍，但是只要能讓平地原住民不跟外國人勾結，增加清朝政府的麻煩，甚至還可以調動一部分後山的軍力移動到前山彌補前山的軍力不足，實在是一舉數得。〔註70〕

清政府在後山開路過程中，路線開鑿及貨物流通受到嚴重的阻礙，在道路經濟功能不彰的狀況下，清政府還願意派軍隊進行開路的工作，而且當時軍用的花費還是令當時官員最苦惱的問題。〔註71〕所以從官方角度而言，這條路線的意義不是經濟功能，而是政治性的功能較大。依照這個方向，回到道路事業的最初背景──開山撫番，藉由路線的維持，而彰顯清政府在東部的主權是最終目的，即沈葆楨認爲：

人第知今日開山之爲撫番，固不知今日撫番之實以防海也；人第知
預籌防海之關繫臺灣安危，而不知預籌防海之關繫南、北洋全局也。

〔註72〕

〔註68〕不撰著者，〈籌商大員移紮台灣後山疏〉，收錄於《道咸同光四朝奏議選輯》，文叢288，（台北：台銀研室，1971 年），頁86～88。

〔註69〕勒方錡，〈福建巡撫勒方錡奏台灣海口營務民番情形摺〉，收錄於《清光緒朝中日交涉史料選輯》，台灣文獻叢刊第210種（以下略示「文叢210」），（台北：台灣銀行經濟研究室，1971 年），頁61。

〔註70〕勒方錡，〈福建巡撫勒方錡密陳撫馭台灣番社片〉，收錄於《清光緒朝中日交涉史料選輯》，文叢210，頁64。

〔註71〕沈葆楨者，〈會籌全台大局疏〉，收錄於《道咸同光四朝奏議選輯》，文叢288，頁76。

〔註72〕〈會籌全台大局疏〉，頁73。

按上述史料可以得知，晚清對東部原住民統治政策須置於整體外防策略下，對當時清政府狀況而言，作為彰顯主權目的用的花東縱貫路線相關設置內容，已經是最適宜的作法，如此也才能勉力維持至 1895 年結束對台灣的統治權為止。自始花東民眾有一條有南北向的縱貫路線，而這條路線，也為 1896 年後，日人進入東台灣初期所使用的路線。

第二節　東台拓墾與台東輕便鐵道（1895 年～1915 年）

一、總督府在花東縱谷區域的扮演角色

　　1895 年台灣割讓給日本，1896 年日本政令才真正及於東部，日本官方對東部地區的經營主要是以經濟開發為主要目的，並使日人獨佔該地利益。官方將東部土地所有權轉移給日籍資本家，藉助日資的各種企業型態進行各項資源的開發，並建立日本移民村，企圖使整個東部地區成為日人在台灣的殖民基地。〔註 73〕

　　其經濟政策過程轉變為，1895 年～1905 年這段時間，總督府對東部開發委由私營企業所主導，在西部進行資源調查事業的同時。在東部方面，因原住民還不受控制，所以還未進行相關調查工作。1910 年設立官營移民村後才開始進行資源調查。至 1914 年治理原住民問題成效漸著，原住民反抗的頻率大減，總督府才漸有餘力重視東部開發問題。1920 年中葉以降，由於總督府的南進政策受挫，台灣島內資源開發乃成為殖民政府的施政方針。於是 1925 年以後繼續進行東部資源開發，而且總督府也在官民積極要求下，開始興築相關交通基礎建設，以促進資源開發及備戰需求，然而 1895 年～1926 年這段時間，國家的角色仍是被動的。1937 年中日戰爭爆發，總督府對於東部資源開發不但由被動轉為主動，甚至計畫以花蓮港作為東部工業化的基地。殖民政府極力引進日本大企業至東部投資，並招攬台灣西部移民到東部墾荒。隨著戰時東部資源開發之迫切須要，國家對於東部發展的干預也越來越強。〔註 74〕在這樣國家對東部態度的演變下，花東縱貫道路基礎是如何作用出來的？以下將來討論這個問題。

〔註 73〕孟祥瀚，《台灣東部之拓墾與發展（1874～1945）》，國立台灣師範大學歷史研究所碩士論文，1988 年，頁 129～130。

〔註 74〕林玉茹，〈國家在東台灣歷史上的角色〉，收錄於《殖民地的邊區——東台灣的政治經濟發展》（台北：遠流，2007 年），頁 77～83。

二、1895 年～1907 年的花東聯絡道路狀況

　　1896 年 5 月 25 日，日本軍從卑南登陸經過里壠、雷公火、新開園、鹿寮、台東鼻，在這些地方對清軍劉德杓反抗部隊進行鎮壓行動及招撫沿路的原住民。同年 8 月台灣總督府技師田代安定也在相同的地方進行調查，〔註 75〕他的調查路線為：

> 以吳全城做起點沿著溪邊抵達水尾，又經過璞石閣、新開園、務錄臺的路線，到達北勢溝社，到達卑南新街。又北上經過卑南溪出海口走成廣澳，經大港口到花蓮港再到新城。再進入木瓜番社、拔仔庄、新開園等各高山番社調查。這次調查從奇萊平原開始走的是中央山脈及海岸山脈之間，花費二十日，進入卑南平原再走海岸線往北走。〔註 76〕

田代安定主要還是以河床路及東海岸為調查的路線。他在調查過程中提到其路況為：

> 台東內的道路，在中央山脈及海岸山脈之間，狹長的原野上僅能用牛車往返，而且這條道路十分的難走，中間有許多的河川溪流，而且礫石灘長達數里。花蓮港到卑南之間長達四十多里路不是很平整，貨物搬運不方便。花蓮、水尾、卑南三大河川橫貫其間，支脈成網狀。晴天時河川細緩。行人需要過河涉水。雨天時，河川暴漲阻礙通行的道路。想要快速通行的旅客都必須要滯留在當地人家，必須等到溪水變小才得以通行。但是在平常日子涉水過河的人常常有溺死的事情。我在巡視的途中就聽到了不少這樣的消息。所以這條道路的實施修築，可以去除郵務、交通、軍隊、警察的隨機應變、靈敏行動的障礙，而且對於殖民事業的擴張，道路開鑿是當務之急的。〔註 77〕

田代安定指出來以河床做為道路對行政上的不便，及對於行人生命安全的負面影響，與道路修築對於殖民事業發展的重要性。1897 年伊能嘉矩奉台灣總

　〔註 75〕鹿子木小五郎，《台東廳管內視察復命書》，台北：台灣總督府民政部殖產課〔1895〕；台北：成文翻印本，1985 年，頁 134。

　〔註 76〕田代安定，《台東殖民地豫察報文》，台北：台灣總督府民政部殖產課〔1900〕；台北：成文翻印本，1985 年，頁 2～4。

　〔註 77〕《台東殖民地豫察報文》，頁 107。

督府指派進行台灣調查的時候，於同年 11 月抵達了台灣東部，對於考察路線與情況有下列記載：

> 十日僱用牛車從卑南社出發，因爲卑南溪溪水高漲無法渡涉，改走經由檳榔樹格社的另一條路，到北絲鬮社，然後涉鹿野溪到達鹿寮社。十一日經過大埔尾社、雷公火社、里壠庄，到達新開園。十二日早晨從新開園到大陂庄，經過新庄再到大庄。日幕暮時分再從大庄出發想要趕往璞石閣，但不久天就黑了，不得已只好返回大庄。十三日，再度從大庄出發，渡過秀姑巒溪的急流兩次才抵達璞石閣。再僱用牛車向前行，不久緊貼著秀姑巒溪走，終於抵達北邊的水尾庄。十四日，再從水尾庄（瑞穗）抵達拔仔庄（瑞穗鄉富源）。在這裡我們吃過午飯後，繼續到達 Amis 的太巴塑社。今天乘 Amis 的竹轎出發，大巴塑社的二十五名蕃人護衛前呼後擁似的隨行，據說是因爲大巴塑社附近常有山蕃（布農族）出沒，不斷有行旅受害。從這裡經過無人的荒野，涉渡數條大小不同的溪流，入夜才抵達花蓮港。〔註78〕

作爲主管台灣東部的台東廳在 1895～1907 年以河床路線作爲台東廳對於轄內的行政路線，〔註79〕如警察、稅收、戶政的路線相同，主要經過河床路線爲主。〔註80〕以其中的郵遞事務爲例：

> 自臺東至花蓮港間，有四十里，若是平地，則一日或二日半可抵。然宿泊鹿寮、新開園、璞石閣、拔仔庄、六階尾等五處，必須在六日間，方能到著。加以遞送夫，不論内地人、本島人，未慣風土，結果多罹病氣，減卻遞送力，至速亦須六日以下。若以該地之蕃人，……，然後以在住之警察，執行郵便吏員之職務。將使該地蕃人，更送諸隣蕃社。如是，則臺東、花蓮港間，四日可達。
> 〔註81〕

〔註78〕 伊能嘉矩，楊南郡譯，《台灣踏查日記》（台北：遠流，1996 年），頁 310～321。

〔註79〕 花蓮網，http://www.hoalian.com，查詢日期：2009 年 4 月 1 日。台東廳從 1895 年到 1909 年，管轄的地方包括現在的花蓮縣與台東縣。自 1909 年以後花蓮港從原來支廳獨立爲花蓮港廳。

〔註80〕 臺東廳編，《臺東廳報》，1895～1907 年。

〔註81〕 不撰著人，〈蕃人之郵便夫〉，《台灣日日新報・漢文版》，第 2630 號，第八版，1906 年 3 月 26 日。（以下《台灣日日新報・漢文版》因都找不到作者姓名，所以就不列「不撰著人」特此聲明。）

以上的史料都強調河川的險峻及對行人造成的不便，並指出花蓮與台東南北兩端交通需要花相當長的時間，對於官員進行東部調查事業造成阻礙。基本上當時河面寬幅到底爲何？而行人及牛車的主要行徑狀況路線爲何？

> 從台東廳的行政中心所在地卑南往北出發的話，從卑南大溪開始分兩條河道，較寬者河面約 1 公里，較窄者約 0.2 公里。在卑南大溪的左岸，附近有個叫作利基利基的地方，距河流約 0.6 公里。利基利基上有約 15 公里長的丘陵橫貫，至里壠約 45 公里。而在里壠約 2 公里的地方，有無數小河。里壠距新開園約 22 公里，新開園至公埔約 15 公里。公埔約 12 公里東北方有一片森林。由公埔至大庄約 23 公里。中間會經過有螺仔溪河面寬約 1 公里，阿眉溪河寬約 1 公里。這兩條支流，從東而來與秀姑巒幹流交會再往北約 4 公里，有清水溪，向東流長度約 4 公里。再前進約 7 公里至璞石閣。這些由河床所形成的道路，都會因爲流水所破壞。一旦降雨，河水汎濫，加上橋樑未造者多，旅客會因爲涉溪遇到水勢高漲慘遭溺死。而這些被稱之爲國家道路的路線，〔註82〕就是從卑南而到卑南溪、秀姑巒溪、花蓮溪之流域。而海岸的道路部分需要沿著海岸而行。但是這個地方海潮洶湧，常常會掀天而來，越過海岸打在壁上。行人必須因爲要躲避海浪而伏壁而行。有危險的地方非常多，都是因爲還沒開闢的關係。〔註83〕

按上述史料，清楚了解日本的官員還是使用清代已有的河床路線。這樣廣大的河寬在非降雨期的時候，行人可以直接涉溪而過，或者走附近比較高地勢的地方才得以通過，但是在降雨期中必須繞道而行，或者停留在當地聚落，若冒險通過則會喪命。在東海岸行走還需不時躲避風浪的侵襲。所以這樣的狀況直接影響到總督府對於東部地區的開發。當時總督府要如何解決這樣的交通困境？以下將試圖解決這個問題。

〔註82〕 維基百科，http://ja.wikipedia.org/，關鍵字：國道，查詢日期：2009 年 2 月 26 日。日本的國道，以 1876 年太正官達第 60 號跟縣道、里道一同規範爲起源。這個時候的國道全部都由東京日本橋爲起點，分成一等國道、二等國道、三等國道三種。寬度分別規定是大約 12.7 公尺、10.8 公尺、9 公尺。一等國道是從東京日本橋銜接各大港口及機場。二等國道是東京與伊勢神宮。以及東京、大阪、京都各府司令部軍團銜接。三等國道是東京與各縣廳所在地，各府與各軍團銜接的道路。

〔註83〕 〈談瀛〉，《台灣日日新報・漢文版》，第 2658 號，第八版，1907 年 4 月 27 日。

三、1908 年建設台東輕便鐵路的契機

1908 年花東連絡交通出現重大的變革，1 月時通信局長鹿子木小五郎奉命到台東地方作調查：

> 十二日從花蓮港街到奇萊平原的臨勇線視察七腳川社。十三日上午
> 十時搭乘台車從花蓮港出發，下午一點到達吳全城賀田組農場視察
> 移民的狀況，在此停留一夜，路程有四里。〔註84〕十四日上午八點
> 從吳全城經過溪口，下午四點到達馬太鞍，在此住宿一夜，路程八
> 里。十五日上午七點馬太鞍出發，經過拔仔庄，下午三點到達水尾，
> 住宿一夜，路程八里。十六日七點水尾出發，經秀姑巒溪下游到達
> 大港口及姑仔律；下午四點到達三間屋，在此停留一晚，里程十五
> 里十八站。十七日，上午八點從三間屋出發，經過石寧埔，下午三
> 點到達成廣澳住宿一夜。里程十里十二站。十八日上午六點從成廣
> 澳出發，麻老漏經過都歷及馬武窟、都鑾，同時停留一夜，里程十
> 里十站。十九日上午八點都鑾出發，經過加路蘭，下午三點到達卑
> 南街。里程四里二十四站。……。二十四日，從卑南出發到鹿寮、
> 里壠；下午到達新開園，在此停留一夜，里程十三里。二十五日，
> 上午七點從新開園出，發經過公埔、大庄，下午四點到達璞石閣，
> 在此住宿一夜，里程七里二十站。二十六日上午八點璞石閣出發到
> 針塑，經過迪佳，下午四點又回到璞石閣。〔註85〕

在他調查的路線上，大致上是一樣的。除了在縱谷北部的路線上，從一開始
的吳全城走河床地一路往南，改成吳全城到溪口間的方向。雖然無法知道詳
細的路線過程，但是可以知道的是路線已經往山麓地帶靠近。改變原因可能
是與賀田金三郎的拓殖事業有關。1899 年 9 月 22 日實業家賀田金三郎向總督
府提出開發台東廳管內卑南、吳全城、成廣澳、璞石閣四個地區的「官有林
野豫約賣渡願」，同年 11 月 16 日獲得許可，其中吳全城區便包括了溪口。〔註
86〕當時賀田組為了將開採的資源往外送出，在吳全城到花蓮港之間架設輕便

〔註84〕蔡龍保，《殖民統治之基礎工程──日治時期台灣道路事業發展之研究（1895
　　　　～1945）》，國立台灣師範大學歷史系專刊（33），（台北：國立台灣師範大學，
　　　　2008 年），頁 226。1 里＝3.9273 公里。
〔註85〕鹿子木小五郎，《台東廳管內視察復命書》，台北：台灣總督府民政部殖產課
　　　　〔1895〕；台北：成文翻印本，1985 年，頁 13～14。
〔註86〕台灣總督府公文類纂，1903 年永久保存。

鐵路，〔註87〕但是其他地方還是需要用雙腳行動。〔註88〕1905 年鹿子木小五郎調查台東地方認爲：

> 台東五十里平原由原住民居住，而且人口稀少，今天還保存著太古時代的模樣，山嶺險峻對外交通不便，所以較少人來人往的狀況。這個地方沃野千里，都是荊棘草莽，又有瘴癘之氣充斥著，是個很容易讓人生病的地方。如果移民來此的人，必須將多餘的勞力從事草原的開墾，將荊棘除掉改成良田，生病的狀況就會減少，原住民也比較不敢騷擾。要將台東開發，當務之急就是要把人給移住過來，而把人移住過來之前，交通設施的整頓是首要的。〔註89〕

鹿子木小五郎指的移民，就是將日本人移入，他的理由在於中國歷史上，漢人都有辦法將征服者給同化掉，甚至使征服者失掉自己的語言。在國際情勢來看，殖民地的人民對於殖民者是深感敵意的，身爲殖民者的日本人需要有所防備。再加上台灣島內的武裝反抗事件頻仍，所以需要增加日本人移民數量，使之成爲一個聚落。使漢人不敢懷有異志，也益於同化原住民。更重要的是，一旦有事，足以自守。〔註90〕而這樣的殖民基地要設在哪裡，當時許多關心台灣殖民政策的人士認爲，台灣西部已經被漢人開墾到所剩無幾，島內只有東部可以提供大量移殖的內地人。〔註91〕這樣的概念也呼應，1895 年台灣總督府第一任民政局長水野遵於 9 月 18 日向樺山總督提出一份施政報告，相當清楚勾勒出經營台灣殖產事業的一些基本構想：

〔註87〕 周宗賢，〈淡水輕便鐵道考〉，收錄自《淡江史學》14，2003 年 12 月，頁 351。輕便鐵道，意思是「輕便線鐵道」，之後稱爲「手押輕便線」，最後再稱爲「手押軌道」，一般俗稱爲「台車線」。這種輕便鐵道，乃日本佔領台灣之初，爲軍需與運輸而鋪設之軍用軌道輕便鐵道的設備，一般爲架設 12 磅重的軌道，軌距在 18 吋至 20 吋，軌道的車輛名叫「台車」，因似桌子倒置的平台，故而稱之。載貨用的台車又分爲「平車」與「斗車」兩種，載客用的平車則在平台上裝置固定的板凳，以便旅客乘坐。台車之下裝設四個鐵輪，由一人或二人推動，可乘坐四人或載三、四百斤之貨物，時速約十公里，平坦路或上坡須推動，下坡時推者可乘坐其上。

〔註88〕 〈臺東近狀（一）〉，《台灣日日新報・漢文版》，第 2892 號，第四版，1907 年 12 月 22 日。

〔註89〕 《台東廳管內視察復命書》，頁 72～73。

〔註90〕 《台東廳管內視察復命書》，頁 50～65。

〔註91〕 施添福，〈日本殖民主義下的東部台灣——第二台灣的論述〉，收錄於《台灣社會經濟史國際學術研討會——慶祝王世慶先生七五華誕》，台灣大學歷史系，2003 年，頁 6。

　　台灣土地肥沃、物產豐富，既開發之土地僅為幾分而已，遺利尚多，
　　尤其東部番地為然。〔註92〕對於蕃民之撫育，林野放領、礦山畫界
　　等等，擬定辦法，移住內地人，以興未開之利，此為經營台灣之急
　　務。〔註93〕

依照上述的概念來看，所以若要經營東部，便須將日本人移入到東部，在此
之前健全交通設施。鹿子木小五郎所指的交通設施，是指輕便鐵路（以下稱
台東輕鐵）。並且認為在路線上需要盡量避開河道與原住民，而且建設的成本
需小於當地開發後的利益，在比較肥沃的地方建設路線，也可減輕水災與原
住民破壞後的損失。〔註94〕依照花東縱谷的區域特性，若是避開河道便需要
沿著山麓地帶進行建設，但就要面對原住民的攻擊。兩者的問題擇其一，河
川氾濫的自然問題需要長時間及大量資金的投入；而原住民的問題，強力的
武裝鎮壓，便可短時間且有效的解決，也較符合當時總督府財政短缺的狀況。
選擇後者方便開採山林資源，可以獲得較多的人力，以開發台東。所以建設
台東輕鐵於山麓地帶，就必須要治理好原住民，這樣才能使物資往蘇澳方便
輸出，使台東地區有個光明的未來。〔註95〕當時總督府是如何處理原住民與
台東輕鐵建設的關係？以下將試圖解決這個問題。

四、花東縱谷原住民與台東輕鐵的建設

　　在治理原住民的事業上，在 1899 年因總督府將大部分軍力投入在西部鎮
壓漢人反抗，所以時任台東廳長相良長綱採取「安撫政策」，不干涉原住民的
傳統生業型態，卻造成了太魯閣族人武力的增加。1904 年恆春廳長森尾茂助
兼任台東廳長後，對於原住民改採以「取締」的措施。一方面允許日資企業
賀田組興辦樟腦事業，其開採區域為月眉、流仔皮山、木瓜山、七腳川山、
巴林妹軟山、六十石山、中城庄、客人城、卓溪山，1906 年擴大到北至太魯
閣，南至璞石閣的迪佳。另一方面，1905 年 6 月 5 日警察本署長所公佈的「有
關台東廳內槍彈供應取締方法」，目的在於藉由逐漸控管到全面禁止原住民的

〔註92〕底線部分為筆者畫上。
〔註93〕水野遵，陳錦榮譯，〈台灣行政一斑〉，《日本據台初期重要檔案》（台中：台
　　　　灣省文獻委員會，1996 年），頁 127。
〔註94〕《臺東廳管內視察復命書》，頁 105～107。
〔註95〕〈東臺發展〉，《台灣日日新報・漢文版》，第 3059 號，第四版，1908 年 11
　　　　月 11 日。

槍械，〔註96〕影響到原住民生存權及文化權。1907 年因賀田組的樟腦事業與太魯閣族原住民發生衝突，導致發生「維李事件」，其範圍包括了太魯閣、巴都蘭、木瓜群等聚落，事件發生時，派入大量軍警鎮壓太魯閣族人，也加派巡邏警力維持花蓮至璞石閣的道路安全。〔註97〕

1908 年太魯閣群遭海軍軍艦砲擊後，自覺住在沿海地帶有危險，而撤退至木瓜溪流域找耕地。森尾茂助認為必須利用住於木瓜溪上游之巴都蘭社人抵制他們南下，因為該社人雖然屬於太魯閣群，近來卻不相親睦，而逐漸相信總督府。總督府警務局在銅文蘭蕃務官吏駐在所（在木瓜社內）沿木瓜溪至牟義路溪河流地點附近設置隘勇線。5 月 21 日開工，並於 6 月 12 日完成長度約 2 公里之維李隘勇線。〔註98〕1909 年臺東廳花蓮港支廳轄內屬於南勢群之七腳川社人因被剝削，而聯合巴都蘭群、木瓜社反抗，爆發了「七腳川事件」。〔註99〕襲擊附近隘勇線及警察官吏派出所。總督府認為軍隊與警察隊不可長期居住該地，於是決定設施自維李隘勇線南端經七腳川、木瓜溪渡過銅文蘭至鯉魚山後面沿至荖溪、哥阿歪社，然後沿著山嶺至鯉魚尾，長達約 22 公里之巴督蘭隘勇線，並全部架設通電鐵絲網。而於 12 月 16 日開工，1910 年 2 月 17 日完成。〔註100〕並且移機關砲兩門於溪口駐在所附近。〔註101〕

於是從木瓜溪、鯉魚山背後、鯉魚尾至溪口山麓一帶，建立警戒網及隘勇線的建立，限制縱谷北部原住民的活動範圍，並展開對於台東廳轄內原住民槍枝彈藥的沒收，影響原住民生業及達到有效的控制，並藉此保護台東輕鐵的安全及增加輕鐵建設的人力，之後武力鎮壓原住民的行動還在持續進行。到 1915 年再從花蓮港廳轄內秀姑巒溪右岸至台東廳北絲鬮溪左岸設置長達 23 里的通電鐵絲網，以限制高山原住民活動範圍，並保護東部交通的安全。

〔註96〕 藤井志津枝，《理蕃——日治時期台灣總督府理蕃政策》（台北：文英堂，1997 年），頁 200～207。

〔註97〕 台灣總督府警察本署編，陳金田譯，《日據時期原住民行政志稿（原名：理蕃志稿）（以下略示「理蕃志稿」）·第一卷》（南投：省文獻會，1997 年），頁 630～637。

〔註98〕 《理蕃志稿·第一卷》，頁 513～514。

〔註99〕 也因「七腳川」事件臺東廳轄內花蓮港支廳，於 1910 年升格為花蓮港廳。《理蕃志稿·第一卷》，頁 576。

〔註100〕 《理蕃志稿·第一卷》，頁 540。

〔註101〕 〈蕃界近情各隊作業〉，《台灣日日新報·漢文版》，第 2735 號，第八版，1909 年 02 月 04 日。

〔註 102〕所以從 1908 年～1915 年一連串總督府對花東縱谷原住民的武力鎮壓行動，奠定了花蓮至台東道路路線可以沿著山麓地帶，南北縱貫的基礎，逐漸脫離以河床路線爲主的年代。

當時交通政策受到「鐵路萬能」觀念的影響，重點在於鐵路的興築，道路事業則被忽略，〔註 103〕但是鐵路需要花的成本、時間及金額，無法符合官方所要求東台灣拓殖的急迫性。〔註 104〕而輕鐵的成本與建設時間，均符合快速跟節省的要求，而且一個區段完成後就可以開通。〔註 105〕被當時視爲由道路轉爲鐵路交通方式的過渡，也被視爲花蓮港與卑南之間重要的交通動脈。〔註 106〕臺東輕鐵是從花蓮港爲起點，到卑南街爲終點，總長約四十里。〔註 107〕總策劃單位爲民政局，工程單位爲土木局，完成的輕鐵區段交由所屬台東廳管理，〔註 108〕在 1910 年 4 月 26 日將台東輕鐵交由正在進行台東鐵路工程的鐵道部花蓮港出張所管理。〔註 109〕建設輕鐵的工人爲原住民，每名工資二十錢。〔註 110〕工程計畫爲，在 1908 年由卑南街、花蓮港起南北兩端開始動工，鋪設總軌間 2 尺線路。以南北物產交界的璞石閣爲終點，建築路線材料則用附近山區的森林資源，〔註 111〕有溪流的地方則架橋，離水面一丈。〔註 112〕工程總預算爲 425 萬圓。〔註 113〕

〔註 102〕台灣總督府警察本署編，陳金田譯，《日據時期原住民行政志稿（原名：理蕃志稿）‧第二卷（上）》（南投：省文獻會，1997 年），頁 45。

〔註 103〕蔡龍保，《殖民統治之基礎工程——日治時期台灣道路事業發展之研究（1895～1945）》，國立台灣師範大學歷史系專刊（33），（台北：國立台灣師範大學，2008 年），14～15 頁。

〔註 104〕〈就台東鐵道而言〉，《台灣日日新報‧漢文版》，第 2965 號，第四版，1908 年 03 月 21 日。

〔註 105〕〈台東輕鐵速竣〉，《台灣日日新報‧漢文版》，第 3790 號，第八版，1910 年 09 月 04 日。

〔註 106〕〈台東輕鐵全通期〉，《台灣日日新報‧漢文版》，第 3433 號，第四版，1909 年 10 月 07 日。

〔註 107〕〈東台發展〉，《台灣日日新報‧漢文版》，第 3059 號，第八版，1908 年 11 月 11 日。

〔註 108〕台灣總督府鐵道部編，《台灣總督府鐵道部第十一年報》，1909 年，頁 165。

〔註 109〕台灣總督府鐵道部編，《臺灣總督府鐵道部第十二年報》，1910 年，頁 54。

〔註 110〕〈台東輕鐵〉，《台灣日日新報‧漢文版》，第 3316 號，第八版，1909 年 05 月 21 日。

〔註 111〕〈東台發展〉，《台灣日日新報‧漢文版》，第 3059 號，第四版，1908 年 11 月 11 日。璞石閣以北重稻爲主，以南種蔗爲主。

〔註 112〕〈台東輕鐵〉，《台灣日日新報‧漢文版》，第 3790 號，第八版，1908 年 11 月 12 日。

　　詳細工程狀況為，在北段工程方面，民政局以地方稅支付 13 萬元，於 1908 年 7 月購買賀田組在 1906 年所鋪設花蓮港到吳全城的鐵軌 12 磅軌條 60 里分，長度為 8 里 9 分，軌間 1 尺 7 寸半軌條。〔註 114〕1908 年 11 月屬於南端部分的工程，由卑南為起點開始動工。〔註 115〕以卑南的東海岸靠船的地方到鹿寮溪右岸，再由北絲鬮社，開鑿山腹，〔註 116〕架橋至鹿草社，在中間北絲鬮溪上架設北絲鬮橋。〔註 117〕10 月行經鹿寮庄至里壠庄。〔註 118〕

　　同時北段吳全城到馬太鞍之間 18 里的工程建設，分別依照吳全城溪口、溪口鳳林、馬太鞍間三個工程區依序動工，並依序設置工程營業所。吳全城溪口之間 7 里 1 分的工程於 1909 年 10 月 10 月動工，因地勢平坦，需要架橋的地方較少，而且枕木及橋樑中的木材，可以在附近平地森林中採伐，比較方便便宜，所以工程的進行較為迅速。但約雇的工人相繼得到風熱病，加上原住民的狀況不穩定，影響到木材提供狀況，完成日期是 1910 年 1 月。溪口到鳳林間距離 5 里 6 分，在 1910 年 1 月 11 日動工，此區間有支亞干溪在其中，且地勢較平坦，架橋工程較困難。〔註 119〕於 1910 年 2 月 20 日全部完成。鳳林到馬太鞍間 5 里 3 分，於 1909 年 2 月 13 日動工。動工後連日降雨，橋樑用的木材狀況不佳，加上鐵的價格上漲，工程一時沒辦法進行。後來經過磋商，完成的時間是在 1910 年 3 月 31 號竣工。〔註 120〕（見圖 2－2－1、圖 2－2－2）

〔註 113〕〈就台東鐵道而言〉，《台灣日日新報‧漢文版》，第 2817 號，第四版，1907 年 09 月 21 日。

〔註 114〕台灣總督府鐵道部編，《臺灣總督府鐵道部第十一年報》，1909 年，頁 163。

〔註 115〕〈台東輕鐵〉，《台灣日日新報‧漢文版》，第 3790 號，第四版，1908 年 11 月 12 日。

〔註 116〕〈台東輕鐵全通期〉，《台灣日日新報‧漢文版》，第 3433 號，第八版，1909 年 10 月 07 日。

〔註 117〕〈卑南輕鐵〉，《台灣日日新報‧漢文版》，第 2318 號，第四版，1908 年 01 月 23 日。

〔註 118〕〈台東輕鐵全通期〉，《台灣日日新報‧漢文版》，第 3433 號，第八版，1909 年 10 月 07 日。

〔註 119〕當時輕鐵架橋部分還是有不同的單位承包，如：木瓜溪橋以鐵道部負責，七腳川溪由臺東拓殖部負責，但一般架橋還是以土木部為主。

〔註 120〕台灣總督府鐵道部編，《台灣總督府鐵道部第十一年報》，1909 年，頁 165～166。

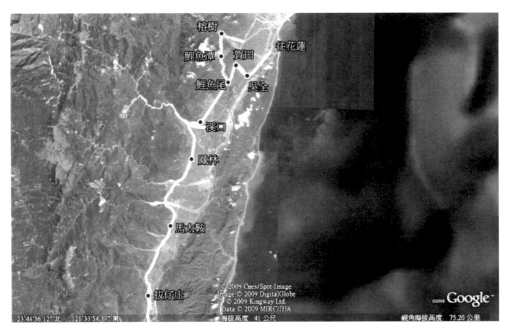

圖 2－2－1　1911 年台東輕鐵路徑重建圖（北段）

出處：Google Earth。（以下圖片含有 Google 字樣，來源皆為 Google Earth，故不再特
　　　別列出處，特此聲明。）

備註：榕樹到鯉魚尾的灰線為鎮壓原住民的巴都蘭防線，白線為台東輕鐵。

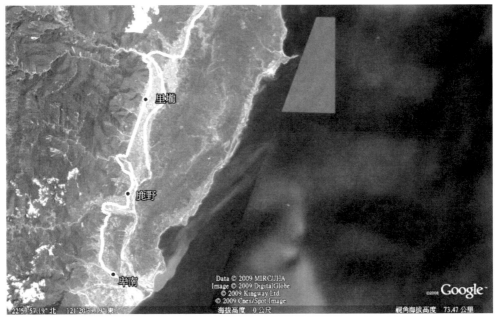

圖 2－2－2　1911 年台東輕鐵路徑重建圖（南段）

　　1910 年線路鋪設工程北部的馬太鞍璞石閣間 28 里 5 分，加上南部里壠璞石閣間 25 里 2 分，合計 53 里 7 分。於 1909 年底，卑南里壠間 26 里 8 分已經完成。〔註 121〕而其他工程區段也在 1911 年 5 月 14 日前已經完成，剩下迪佳璞石閣段於 1911 年 5 月 15 日完成。〔註 122〕同年在卑南設立輕便鐵道事務所。〔註 123〕維護工程，全線分為鯉魚尾、璞石閣及璞石閣卑南兩區，配置兩名維護技師，〔註 124〕其中，由各區場長負責保護及維修路線，〔註 125〕實際工程由臨時僱約的原住民負責，加上支廳及沿道警察官吏派出所，辦理保線及其他車站相關事務。〔註 126〕（見圖 2－2－3）台東輕鐵從 1908 年開始興建到 1911 年竣工，暫時提供墾殖東部交通便利的管道，這條路線沿著山麓地帶以避免洪水破壞，必須經過河流時，選擇兩端最近的地方，架設橋樑，以節省經費，這條路線成為了花東公路的前身，其施工原則，也為該路日後建設的原則。〔註 127〕1909 年開始建設的台東鐵路也與台東輕鐵平行，更影響到大部份花東聚落日後以此路線為重心向外擴張（關於聚落發展情形留至下節討論）。當時他們是怎麼去經營這條台東輕鐵，而在過程中呈現出日本台灣總督府在東部怎麼樣的統治觀點？以下將呈現此觀點。

〔註 121〕臺灣總督府鐵道部編，《台灣總督府鐵道部第十二年報》，1910 年，頁 52。

〔註 122〕台灣總督府鐵道部編，《台灣總督府鐵道部第十三年報》，1911 年，頁 68 ～70。

〔註 123〕台灣總督府鐵道部編，《台灣總督府鐵道部第十三年報》，1911 年，頁 71。

〔註 124〕台灣總督府鐵道部編，《台灣總督府鐵道部第十三年報》，1911 年，頁 72。

〔註 125〕臺灣總督府鐵道部編，《台灣總督府鐵道部第十二年報》，1910 年，頁 52 ～53。

〔註 126〕〈台東輕鐵〉，《台灣日日新報・漢文版》，第 3812 號，第四版，1908 年 11 月 14 日。

〔註 127〕花蓮港廳庶務課，《花蓮港廳大正十三年管內概況及事務概要》，1916 年，頁 220～222；〈花東公路工程，今年六月底可完工，和鐵路平行與橫貫公路啣接〉，《民聲日報》，3 版，1958 年 1 月 20 日。

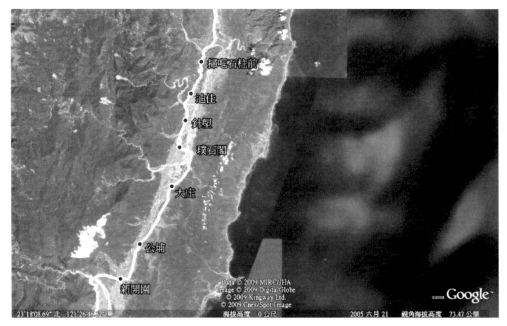

圖 2－2－3　1911 年台東輕鐵路徑重建圖（中段）

五、台東輕鐵的經營

　　運輸經營事業，輕鐵有其立即營運的目標，所以區段若完成，即便開始投入營運，以符合總督府開發東部政策的急切性，企圖吸引日本實業家到東部發展。[註128] 在 1910 年 3 月 1 日花蓮港至鳳林輕鐵完成後就開始運作，[註129]（參見表 2－2－1）設置茅草搭蓋的簡易車站。隔年更換破舊的茅草屋，在卑南及璞石閣改建宿舍各三棟。北絲鬮、哆吧哆吧、新七腳川、里壠、新開園、公埔、水尾、鳳林設立車站兼宿舍各一棟。[註130]又在 1910 年 3 月 1 日花蓮港至鳳林間租用台車開始營業。其經營方式為，因當時這條路線通過的地方人煙稀少，從事的產業程度低落，所以以租用台車的方式來經營，台車後面的押夫由租用者選定，而租金以貨物客運的需求來去付給。此契約內容由台東拓殖部原修次郎編成，[註131] 與三等里

〔註128〕〈東台發展〉，《台灣日日新報‧漢文版》，第 3059 號，第四版，1908 年 11 月 11 日。

〔註129〕台灣總督府鐵道部編，《臺灣總督府鐵道部第十一年報》，1909 年，頁 165～166。

〔註130〕台灣總督府鐵道部編，《台灣總督府鐵道部第十三年報》，1911 年，頁 71。

〔註131〕台灣總督府鐵道部編，《臺灣總督府鐵道部第十一年報》，1909 年，頁 166。

壠郵便局局長井本修次簽訂契約，包下輕鐵相關租用台車及人力供給的業務契約，〔註132〕並由鐵道部收取臺車使用費。〔註133〕而契約內容主要在於規定台車使用方式及金額，台車一台一日價定金八十錢。每台坐客4人，貨物重量五百斤以下。而其裝貨定高3尺5寸，長3尺6寸，寬3尺5寸以下，但非有特別事故，夜間不准使用臺車。設驛長於花蓮港車站，負責一切事務，而台車使用狀況，另外由承包人負擔。〔註134〕於1910年2月28日締結合約隔日開始營業。營業開始後狀況是因賀田組開墾事業花蓮港至吳全城旅客貨物輸送甚多，花蓮港及吳全城以外，一日只有一兩台郵遞業務的臺車在走。〔註135〕

　　1910年10月賀田組因東部拓墾事業無法展開，與時任鹽水港株式會社社長的荒井泰治合作，以資本金三百萬創立台東拓殖合資會社，承繼了賀田組開墾、畜牧、製腦事業。1912年改組為台東拓殖製糖株式會社，之後經營規模不斷擴大，除了原有的原住民外，也招募日本移民、台灣西部客家人前來拓墾。〔註136〕此舉使得台東輕鐵運輸事業經營內容增多，加上全

〔註132〕陳怡芹，《日治時期台灣郵政事業之研究（1895～1945）》，國立中央大學歷史研究所碩士論文，1998年。黃得峰編譯，《台灣總督府公文類纂郵政史料編彙（明治三十五年到明治三十八年）》，南投：國史館台灣文獻館，2005年。曹潛，《中華郵政台灣編》，交通部郵政總局，1981年，頁186～188。關於郵政業務上，1895年日本殖民政府來台便先因應暫時需要，設置野戰郵便局負責公文、郵件及快遞的業務，1896年改為普通郵便承繼野戰郵便業務。1898年因應政府財政短缺，創立三等局制度，已定額經費委託自屬機關的官吏辦理郵政業務。1905年也因政府財政短缺之因，在鐵道部所屬各車站設立郵便出張所。1911年8月15日「台灣總督府通信官制」郵便局分為一等、二等、三等，彼此不相隸屬，必無差異。三等郵便局長以額訂金費辦理三等局業務，局長只有津貼並無俸給，與一般公務員有差別，屬於特別官吏，稱之為特定郵便局長。1898年7月三等郵便及電信局長採用規則的不成文任用資格，需年滿二十歲以上之男子、有相當資產者、有相當學識才幹者、具有通信事業經驗者，自行聘僱員工，從事內勤業務，指定三等局制度實施定額金費，採包辦制。井本修造之前擔任南部內地人組合的團長，又能擔任三等郵便局長，據以上史料推論，他應是有相當財力的人士。

〔註133〕台灣總督府鐵道部編，《台灣總督府鐵道部第十五年報》，1914年，頁72。

〔註134〕〈輕鐵開業〉，《台灣日日新報·漢文版》，第3552號，第五版，1910年03月03日。

〔註135〕臺灣總督府鐵道部編，《臺灣總督府鐵道部第十一年報》，1909年，頁166～167。

〔註136〕施添福，〈日治時代台灣東部的熱帶栽培業和區域發展〉，《台灣史研究百年回顧與專題研討會》抽印本，1995年，頁14～19。

線貫通，使得當年總收入增加，在 1910 年的收入總額 7,076 圓 16 錢，而 1911 年收入爲 15,384 圓 35 錢，業績成長了幾乎近一倍之多。〔註 137〕金額數字的增加，也代表日資企業對於台東輕鐵的需求日漸加深，而且加上台東輕鐵包攬業務的特殊規則，可以使得日資企業利上加利。在 1914 年初花蓮港廳與台東廳人民要求承攬台東輕鐵業務，之後由花蓮港港民會出面與鐵道部要求包攬輕鐵業務，〔註 138〕鐵道部在與卑南內地人團體及兩廳地方政府的磋商後，鐵道部解除與井本修造的合約，於 1914 年 12 月 21 日改與花蓮港港民會訂下新契約，台東鐵道包攬權交給花蓮港港民會，鐵道部負責軌道修繕事宜，在台東鐵道未開通以前每年再交一千五百圓給卑南內地人團體。〔註 139〕

　　各線營運時間及哩程如下表：

〔註 137〕臺灣總督府鐵道部編，《臺灣總督府鐵道部第十三年報》，1911 年，頁 69。

〔註 138〕薛化元 2009.01.04 上課筆記；〈花蓮港民會改選〉，《台灣日日新報》，第 5722 號，第五版，1916 年 06 月 20 日。日治初期由在台日人組成的地方團體，成員由地方廳指定，會長由其成員選舉而成，對地方公共建設具有建議的權利。組織運作資金由成員集資運作。

〔註 139〕台灣總督府鐵道部編，《台灣總督府鐵道部第十五年報》，1914 年，頁 72～76。〈臺東輕鐵問題〉，《台灣日日新報》，第 5041 號，第三版，1914 年 10 月 07 日。

表 2－2－1　日治時代臺東輕鐵手推臺車的營業里程及其開業、停業年月

區　間		哩程	累計	哩程	開業年月	廢業年月
			由北而南	由南而北		
海岸	－花蓮港	2.0	2.0	110.4	1911.04.01	1912.02.29
花蓮港	－荳蘭	1.8	3.8	108.4	1910.03.01	1910.12.15
荳蘭	－吳全城	7.1	10.9	106.6	1910.03.01	1910.12.15
吳全城	－鯉魚尾	3.0	13.9	99.5	1910.03.01	1910.12.15
鯉魚尾	－溪口	4.1	18.0	96.5	1910.03.01	1911.07.14
溪口	－鳳林	5.6	23.6	92.4	1910.03.01	1911.06.15
鳳林	－馬太鞍	5.3	28.9	86.8	1910.05.01	1913.11.20
馬太鞍	－拔仔	7.5	36.4	81.5	1910.07.01	1914.03.08
拔仔	－水尾	6.4	42.8	74.0	1910.09.01	1915.01.26
水尾	－迪佳	7.6	50.4	67.6	1911.04.01	1917.05.17
迪佳	－針塱	3.3	53.7	60.0	1911.05.15	1917.05.17
針塱	－璞石閣	3.7	57.4	56.7	1911.05.15	1917.05.17
璞石閣	－大庄	6.0	63.6	53.0	1911.04.01	1924.05.01
大庄	－頭人埔	3.2	66.6	47.0	1911.01.15	1924.12.25
頭人埔	－公埔	4.6	71.2	43.8	1911.04.15	1926.12.20

出處：施添福主編，《關山鎮志·交通篇》，（台東縣關山鎮：台東縣關山鎮公所，2001）
　　，頁 358。

備註：廢業指停業的意思。

　　台東輕鐵路線為：吳全城（壽豐鄉志學一帶）、賀田（志學）、鯉魚尾（壽
豐）、溪口、鳳林、馬太鞍（光復）、拔子庄（瑞穗鄉富源）、水尾（瑞穗）、
迪佳（玉里鎮三民里）、大庄（富里鄉東里村）、公埔（富里）、新開園（池上）、
里壠（關山）、卑南。[註140]　（見圖 2－2－4）

────────────

[註140]　〈臺東輕鐵沿革及現狀〉，《台灣日日新報·漢文版》，第 5082 號，第五版，
　　　　1910 年 12 月 16 日；〈台東輕鐵近狀〉，《台灣日日新報》，1909 年 12 月 15
　　　　日；駱香林（主修），《花蓮縣志》，卷一：疆域，花蓮縣文獻委員會，1974
　　　　年，頁 9～13；張家菁，《一個城市的誕生──花蓮市街的形成與發展》，頁
　　　　48。

表2－2－2　日治時代臺東輕鐵手推臺車線的營業者及路線

營業者	營業時期	業主或會社所在地	線路	哩程(哩)	軌距(呎)	車數(臺)
鐵道部	1910.06.01-1915.03.14	臺北	花蓮港海岸－卑南海岸	110.4	2	
花蓮港港民會	1915.03.14-1915.03.31	花蓮港	拔仔－卑南	73.5	2	350
花蓮港港民會	1915.04.01-1916.03.31	花蓮港	新水尾－卑南	67.6	2	350
丸田治太郎	1916.04.01-1917.03.31	卑南	新水尾－卑南	67.6	2	321
丸田治太郎	1917.04.01-1918.03.31	卑南	璞石閣－卑南	53.7	2	324
丸田治太郎	1918.04.01-1919.03.31	卑南	璞石閣－卑南	53.7	2	324
丸田治太郎	1919.04.01-1920.03.31	卑南	璞石閣－北絲鬮	43.7	2	184
			新街－北卑南社			
丸田治太郎	1921.04.01-1921.03.31	卑南	玉里－里壠	25.5	2	53
			新町－卑南海岸	0.6	2	
丸田治太郎	1921.04.01-1922.03.31	卑南	玉里－里壠	25.5	2	53
			新町－卑南海岸	0.6	2	
丸田治太郎	1922.04.01-1923.03.31	卑南	玉里－里壠	25.5	2	51
加藤格昌	1923.04.01-1924.03.31	卑南	玉里－里壠	25.5	2	34
加藤格昌	1924.04.14-1926.03.31	卑南	頭人埔－池上	8.8	2	22
加藤格昌	1925.04.01-1926.03.31	卑南	頭人埔－池上	8.8	2	22

出處：施添福主編，《關山鎮志・交通篇》，(台東縣關山鎮：台東縣關山鎮公所，2001
　　年)，頁359。

　　原來花蓮至卑南的路程需要四至五日的時間，至台東輕鐵完成後，只需
要三日半的時間就可以到達。〔註141〕除了帶來了經濟效益，台東輕鐵在軍事
國防上也有幫助，〔註142〕如1914年再次發生「太魯閣事件」，日軍便利用吉
野到木瓜溪間的輕便鐵路，運送軍隊。〔註143〕看得出當時開發東部的急迫性
及財政的缺乏，每作完一段區域，便立即開通，由當地士紳承包台東輕鐵業
務，以減輕政府財政的負擔，也滿足了日資在東部開墾時需要將物資送出的
需求，及完成鎮壓原住民軍事任務的功能。最後台東輕鐵是如何退出花東交
通要角？

〔註141〕〈臺東輕鐵現況〉，《台灣日日新報・漢文版》，第5076號，第四版，1910年
　　　　12月01日。
〔註142〕〈臺東輕鐵沿革及現狀〉，《台灣日日新報・漢文版》，第5082號，第五版，
　　　　1910年12月16日。
〔註143〕《理蕃志稿・第二卷（上）》，頁375。

六、台東輕鐵的困難與終結

　　因爲花東縱谷區域的地理環境及族群關係，後續的維護問題還是接踵而來。在地理環境上，因氣候關係，每年都會在降雨期的時候，爆發水災，規模至少在三～四回，小者造成局部性的破壞，大者造成整個交通的中斷，後續的維護與修復工作及動線上的更動，都與降雨期的水災有關。〔註144〕也會影響到台東輕鐵的收益情形，在1914年收入爲6,472元61錢，比營運之初當年度金額還要少。〔註145〕而減少之因除了自然災害中斷外，也包括因台東鐵路建設之故，而拆除輕鐵的狀況。

　　在族群關係上，雖有平地的原住民及部分的高山原住民參與輕鐵的建設工作，〔註146〕還是有陸續有四千多名高山原住民會去破壞派出所及腦寮，而且在當時東部唯一交通台東輕鐵上橫行，總督府警務局在1915年從花蓮港廳轄內秀姑巒溪右岸至台東廳北絲鬮溪左岸設置長達23里的通電鐵絲網，以限制高山原住民活動範圍，並保護東部交通的安全。〔註147〕而且有原住民不堪推台車這種低廉苦悶的工作，常常不去推車，〔註148〕甚至發生衝突事件數起，如1913年3月23日臺東縣里壠地方老吧老吧臺車停車站，於中午有六臺臺車駛向新七腳川站，車上搭載璞石閣守備隊二名士兵、一名巡查、一名巡查補，以及三名內地人，途中於「スノヌソスノ（永康）」警戒所南方約200公尺處，遭出草布農人襲擊。該地撤除警戒後，三月以

〔註144〕臺灣總督府鐵道部編，《台灣總督府鐵道部年報第十一年報至第十二年報》，台灣總督府鐵道部，1909～1910年；《台灣總督府鐵道部年報第十三年報至第十四年報》，台灣總督府鐵道部，1911～1912年；《台灣總督府鐵道部年報第十五年報至第十六年報》，台灣總督府鐵道部，1913～1914年；《台灣總督府鐵道部年報第十七年報至第十八年報》，1915～1916年；《台灣總督府鐵道部年報第十九年報至第二十年報》，1917～1918年；《台灣總督府鐵道部年報第二十一年報至第二十二年報》，1919～1920年；《台灣總督府鐵道部年報第二十三年報至第二十四年報》，1921～1922年；《台灣總督府鐵道部年報第二十五年報至第二十六年報》，1923～1924年；《台灣總督府鐵道部年報第二十七年報至第二十八年報》，1925～1926年，臺灣總督府鐵道部。

〔註145〕台灣總督府鐵道部編，《台灣總督府鐵道部年報第十五年報至第十六年報》，台灣總督府鐵道部，1913～1914年，頁73。

〔註146〕〈臺東輕鐵〉，《台灣日日新報・漢文版》，第3316號，第八版，1909年05月21日。

〔註147〕《理蕃志稿・第二卷（上）》，頁45。

〔註148〕臺灣總督府鐵道部第十一年報，1909年，頁166～167。

來已發生二次，為圖交通安全，臺車乃採互相連結定時發車，以及前後臺車由巡查坐鎮的方式行駛。1913 年 5 月 4 日臺東廳呂家社壯丁二十三名，襲擊新武路社，男一名、女二名遭到馘首，其他二名受傷。起因於 3 月 24、25 日，和呂家社具有親緣關係的太巴六九社，有二名壯丁突然行蹤不明，其後傳聞係被高山布農人殺害，乃於四日清晨，乘徵調服役擔任里壠臺車後押之便，二十餘名集體棄臺車攜帶銃器進行復仇，以致交通杜絕，軌道部經營陷入困境。1913 年 5 月中旬平地阿美人服役擔任臺車後押車夫，頻遭高山布農人殺害，不僅造成平地人憎恨高山人，同時亦怨恨官廳強徵服役擔任後押車夫。鹿寮社頭目甚至聯絡各社頭目，要求官廳發返 1911 年 3 月被收繳的銃器，若官廳不允則不惜動武，後因馬蘭社頭目反動而作罷。臺東廳長能勢靖一乃向總督府理蕃當局提出下列建議：甲、貸給平地社人若干銃器及彈藥，使其具有侵入山地反擊的能力；乙、派遣警察官駐守平地要衝，保護農耕、牧畜和交通；丙、實施討伐。〔註 149〕

　　而後續的「理蕃」事業一直到 1915 年以前，在璞石閣支廳轄內之秀姑巒溪右岸起，至臺東廳界之間架設複線式通電鐵絲網，並在要衝地點設警戒所分遣所，加以嚴密防備。因此，導致原住民迂迴山中遠路，出沒於無鐵絲網設備之秀姑巒溪以北。於是台東廳自秀姑巒溪左岸起至拔仔庄之十六公里之間延伸鐵絲網；在分遣所之間再增設二處分遣所；自拔仔庄起至馬太鞍溪之間新設三處分遣所，以使原住民在這一帶無懈可擊。1 月 19 日起著手築寮工程，於同月 27 日以警部為首的 236 名人員組成搜索作業隊，費時二十四天完成工程。花蓮港廳鳳林支廳轄內鐵絲網防線架設於 1915 年，與近鄰之玉里支廳轄區連接，目的在於封鎖高山原住民，防止他們破壞東部的唯一交通機關——台東鐵路。〔註 150〕

　　雖然 1911 年台東輕鐵全面開通，但是所謂開通的部分是在溪口到卑南這個段落，溪口以北至花蓮港區段，因其過渡性任務已經完成，由 1909 年開始建設由花蓮港往南開始興建的台東鐵路分段開通而取代。1922 年鐵道部收買台東拓殖株式會社之台東關山鐵道，併入台東鐵路。台東鐵路繼續

〔註 149〕施添福，《關山鎮志‧交通篇》，（台東縣關山鎮：關山鎮公所，2001 年），頁 352。台灣總督府警察本署編，陳金田譯，《日據時期原住民行政志稿（原名：理蕃志稿）》‧第二卷（上）（南投：省文獻會，1997 年），頁 647。
〔註 150〕台灣總督府警察本署編，吳萬煌譯，《日據時期原住民行政志稿（原名：理蕃志稿）》‧第三卷（南投：省文獻會，1997 年），頁 262。

由關山及瑞穗興建往玉里銜接，則同樣區段的輕鐵就會被拆掉，到 1926 年 3 月 27 日台東鐵路於玉里站舉行開通典禮，〔註 151〕同年就沒有相關台東輕鐵的記錄了。〔註 152〕但其路線成爲 1926 年以後建立的花蓮港台東道路所依循的路線。

〔註 151〕蔡龍保，《推動時代的巨輪——日治中期的台灣國有鐵路（1910～1936年）》，（台北：台灣古籍出版社，2007 年），頁 13～25。1910 年 2 月 1 日台東線鐵道工程花蓮港至鯉魚尾（壽豐）間開工，12 月 12 日通車。同年 11 月 15 日花蓮港火車站開工隔年的 2 月 17 日完工。本年度鐵道部花蓮港出張所廳舍落成。1911 年 3 月 30 日溪口火車站竣工。4 月 1 日鯉魚尾（壽豐）至鳳林間鐵道開工。4 月 5 日鯉魚尾（壽豐）火車站開工，同年 5 月 18 日完工。5 月 10 日鳳林至馬太鞍（光復）間鐵道開工，1913 年 11 月 20 日竣工。5 月 10 日知亞干溪（壽豐溪）及北清水溪鐵橋開工，隔年 6 月 21 日竣工。9 月 10 日鳳林火車站開工，次年 1 月 25 日完工。1913 年 11 月 20 日鳳林至馬太鞍（光復）間鐵路通車。1914 年 4 月 16 日馬太鞍鐵橋開工，次年 3 月 2 日竣工。5 月 1 日馬蘭鉤溪（富源溪）鐵橋開工，次年 2 月 28 日完工。5 月 1 日掃叭溪鐵橋開工，1917 年 3 月 31 日完工。6 月 15 日開鑿東線鐵路掃叭隧道，1916 年 10 月 18 日完工。1915 年 1 月 26 日拔仔庄（富源）至水尾（瑞穗）通車。1917 年 5 月 15 日水尾（瑞穗）至璞石閣（玉里）鐵道竣工，花蓮港至璞石閣間火車已完全暢通。1925 年 3 月玉里關山鐵道竣工。

〔註 152〕台灣總督府鐵道部編，《台灣總督府鐵道部年報第十五年報至第十六年報》，台灣總督府鐵道部，1913～1914 年。《台灣總督府鐵道部年報第十七年報至第十八年報》，1915～1916 年；《台灣總督府鐵道部年報第十九年報至第二十年報》，1917～1918 年；《台灣總督府鐵道部年報第二十一年報至第二十二年報》，1919～1920 年；《台灣總督府鐵道部年報第二十三年報至第二十四年報》，1921～1922 年；《台灣總督府鐵道部年報第二十五年報至第二十六年報》，1923～1924 年；《台灣總督府鐵道部年報第二十七年報至第二十八年報》，1925～1926 年。

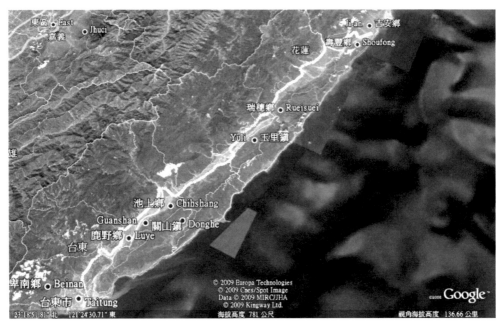

圖 2－2－5　1911 年台東輕鐵路線重建全圖

第三節　汽車引進與花東聯絡道路的初成
（1926 年～1945 年）

一、建設汽車道路的背景

　　1911 年台東輕鐵全面開通，但其運輸功能被 1909 年開始建設的台東鐵路漸漸取代。花東鐵路的調查可以回溯到 1898 年鐵道隊長山根武亮對東海岸及東西橫貫線的調查。其後，民政局長後藤新平於 1905 年，臨時台灣鐵道敷設（後改組為「鐵道部」）技師長長谷川謹介於 1907 年 1 月、7 月先後向總督府提出台灣東部線（非僅台東線）的線路、鋪設計畫。〔註 153〕同年開始進行測量工作。花東鐵路的興築分為兩期：第一期工程花蓮港‧璞石閣路段，是從 1909 年開工，1917 年 10 月底完工。第二期工程璞石閣‧台東路段，只興築璞石閣‧里壠間的新線，里壠‧台東則收購台東開拓會社所築的私設鐵路。工程始於 1921 年，1926年隨著公埔‧池上間路段的完成，花蓮港到台東間 173 公里的東部鐵路前後經歷

〔註 153〕《推動時代的巨輪──日治中期的台灣國有鐵路（1910～1936 年）》，頁 14～15。

17 年，終告完成。隨著花東鐵路的發展，1920 年為東部引進了台北州和新竹州的人口，外來移民的拓墾需求為影響東部發展的重要因素。花蓮港廳的人口與市鎮發展，沿著花東鐵路為主軸發展，花蓮港廳的 18 個街庄就有 15 個的發展在鐵路沿線上，也帶動了糖業、林業等產業的發展，影響程度比台東廳大。〔註 154〕而台東廳方面因聚落發展較早，聚落地點以產業發展的因素為主，如台東廳最北的池上的新開園村、池上村、萬安村、福文村，皆以農業開墾為主而發展起來。〔註 155〕而且鐵路的路線需要穿過已經發展的聚落中間，所以使聚落開始遷移到鐵路較遠的地方，〔註 156〕到 1926 年以後才開始逐漸影響池上以南地區的聚落發展。〔註 157〕但是同年台灣進入汽車交通興起的「道路全面改良時代」。所謂「道路改良」，即是建立一條汽車可以通行的道路。〔註 158〕花蓮港廳、台東廳在 1925 年、1926 年分別有汽車出現。〔註 159〕相較造價高昂、危險，對旅客搭乘不便的鐵路交通，汽車尤其在小宗運輸及短程運輸上，大勝火車。〔註 160〕而在海運方面，一直從清末到陸路交通建設未及完備前，沿岸航運在東海岸扮演極重要的角色。〔註 161〕是東海岸沿岸居民對外聯絡，及外人出入東部的重要交通方式。〔註 162〕但對於東海岸的海運環境而言，1877 年吳光亮進入此地時認為這裡的航海環境：

> 親往成廣澳沿岸察看，祇有郎阿郎港口水勢較深，溪底無石；擬遣熟悉工程之員覆加確勘，如能開挖深通，可泊本地商船百數十隻，於地方甚有便益。成廣澳並無港口，且有礁石；秀孤鑾大港口則巨石蔽塞，

〔註 154〕蔡龍保，〈日治時期花東鐵路的興築與花蓮港廳的發展（1895～1936 年）〉，收錄於《台灣人文》8，2001 年，頁 95～113。

〔註 155〕何玉雲，《池上平原的土地利用與經營》，國立台灣師範大學地理學系碩士論文，1996 年，頁 28～42。

〔註 156〕江美瑤，《日治時代以來台灣東部移民與族群關係——以關山、鹿野地區為例》，國立台灣師範大學地理學系碩士論文，1997 年，頁 27～45。

〔註 157〕蔡龍保，〈日治時期花東鐵路的興築與花蓮港廳的發展（1895～1936 年）〉，收錄於《台灣人文》8，頁 107。

〔註 158〕蔡龍保，《殖民統治之基礎工程：日治時期台灣道路之研究》，台灣師範大學歷史系專刊（9），2007 年，頁 163。

〔註 159〕蔡龍保，《殖民統治之基礎工程：日治時期台灣道路之研究》，頁 156～158。

〔註 160〕林文龍，《日治時期台灣陸路交通建設之研究》，國立中央大學歷史研究所碩士論文，2004 年，頁 83～81。

〔註 161〕戴寶村，《近代台灣的海運發展：從戎克船到長榮巨舶》（台北：玉山社，2000 年），頁 199。

〔註 162〕《近代台灣的海運發展：從戎克船到長榮巨舶》，頁 224。

港門口狹水急，船隻更難出入。至輪船交夏後，罕能駛往。惟冬、春
兩季風色微和，可以暫就海面停輪；裝卸入貨，亦不宜久。〔註163〕

1892 年來到東海岸的蔣師轍則認為：

成廣澳（南風灣水深二十餘丈，西南風可泊巨艇）可泊輪船（按圖，
秀孤鸞大港水深十丈，西南風可泊大舟，說不之及，殆輪船不可近邪），
而皆風汛靡常，沙礁紛錯，往還匪易民船更不能以時至也。〔註164〕

日治以後，1908 年的《台灣日日新報》登載著東海岸航運的狀況：

方此隆冬北風凜冽之秋。本島東海岸之航路。不無困難之感焉。而
台東卑南花蓮港等。其困難之狀，由令人不堪。近東海岸一帶，風
波險惡，幾南航行。如摩須丸沿海定期船，不能寄航於卑南，因而
物品短缺，價格日騰，妨礙生計也。〔註165〕

東海岸如此不便的海運交通，所以使得總督府若要刺激東部沿岸的經濟繁
榮，也需要建設沿岸的陸路交通。整體而言，總督府為了要促進東部地區的
開發，便需要交通網路的完備。道路的建設實為關鍵。在 1926 年以後，花東
聯絡道路建設是怎麼樣的過程？背後又隱藏什麼意義？

二、花東聯絡道路的任務

1911 年以後，在國家認為東部經濟效益還不高的時候，東部日資企業家對
於東部發展是具有主導地位的一群人。這些企業家透過媒體與地方廳聯手操控著
地方產業的發展方向，〔註166〕由下而上向台灣總督府請願地方建設。在 1926 年
和 1936 年兩次東台灣開發風潮，均扮演一定角色。在總督府努力塑造東部為日
本人新故鄉，使該地日資企業家建議更貼近地方，為東部建設發展不遺餘力。1937
年中日戰爭爆發後，總督府全力開發殖民地資源，而東台灣也拜戰爭之賜，因國
防戰略地位提高，受到殖民政府重視，招攬大型企業進入東部拓殖，1938 年便有
大量企業進入東部以能大量開墾東部資源，提供戰爭需求，能在該區域獲取利

〔註163〕不撰著人，〈臺灣撫番開路情形疏〉，收錄於《道咸同光四朝奏議選輯》，文叢
　　　　288，（台北：台銀研室，1971 年），頁 11。

〔註164〕《臺游日記》，頁 117～118。

〔註165〕〈東岸航路〉，《台灣日日新報・漢文版》，第 3177 號，第二版，1908 年 12
　　　　月 3 日。

〔註166〕「東台灣研究會」及「東台灣新報社」。

潤。〔註167〕所以當時企業家認為「移出臺東廳之產物，是臺東廳的命運」〔註168〕。台東地區的經濟命脈就是在於將資源輸出，此點說出了台東經濟發展的重點，除了資源開採外，更重要的就是如何將資源輸出。而在當時台東地區陸運輸出功能狀況不佳的時候，海運成為了主要的輸出方式，而台東地區如何由內陸輸往海外，中間路線的銜接方式，就是主要日治時期花東縱谷區域的道路交通功能，也為日資企業家建議的地方建設內容之一。

在道路政策及發展背景上，1898 年台灣道路政策規劃確定，由台灣總督府計畫委託地方政府執行，地方政府再將實際執行狀況報告給總督府，由府方認可道路計畫及確定建設方式，進行工程。〔註169〕勞力來源，來自地方民眾利用農閒時間修建道路。〔註170〕並以支廳為單位組成道路協進會，〔註171〕利用道路品評的方式，評定支廳道路的好壞，再給予各區不同的獎賞，也可間接促進地方居民的凝聚力。〔註172〕1920 年代台灣汽車運輸業的發達，帶動道路改良為汽車道路的事業發展。〔註173〕1930 年總督府訂定「道路費國庫補助規程」、「道路構造規程」。前者以國庫補助道路修改計畫，後者的設計標準是以汽車能夠通行為考量，做為日治時期道路建設的標準。〔註174〕其中道路開鑿及小河川道路由地方廳決定執行，大、中河川橋樑部分則由總督府道路港灣課負責。〔註175〕1931 年花蓮港築港的計畫開始進行及蘇澳花蓮港汽車道的完工，刺激東部經濟產業活動，使臺灣東西部緊密相連，所以開始計畫分成區段逐步興建縱貫線道路。〔註176〕

〔註167〕 參見林玉茹，〈殖民地邊區的企業〉，收錄於《殖民地的邊區──東台灣政治經濟變遷》，頁 246～257。

〔註168〕 〈東臺發展〉，《台灣日日新報・漢文版》，第 3156 號，第二版，1908 年 11 月 11 日。

〔註169〕 蔡龍保，《殖民統治之基礎工程：日治時期台灣道路之研究》，頁 33～34。

〔註170〕 《殖民統治之基礎工程：日治時期台灣道路之研究》，頁 156～158。

〔註171〕 〈道路協會成る〉，《臺灣日日新報》，第 14046 號，第五版，1939 年 4 月 25 日。

〔註172〕 〈道路品評會あす晴れの表彰式〉，《台灣日日新報》，第 14326 號，第五版，1940 年 2 月 1 日。

〔註173〕 蔡龍保，《殖民統治之基礎工程：日治時期台灣道路之研究》，頁 156～158。

〔註174〕 蔡龍保，《殖民統治之基礎工程：日治時期台灣道路之研究》，頁 156～158。

〔註175〕 〈花蓮港紀念道路農閒期利用〉，《台灣日日新報》，第 11542 號，第八版，1932 年 5 月 28 日。

〔註176〕 花蓮港廳庶務課，《〔昭和五年〕花蓮港廳管內概況及事務概要》，1931 年，頁 194～195。

三、花東聯絡道路的初步建設

對於花東聯絡道路的探討，筆者分為縱谷線道路及東海岸線道路兩條道路探討，因為這兩條道路有其不同的發展模式。首先探討較早發展的東海岸道路，日治時期稱為馬太鞍台東道；其次則是縱谷線線道路，日治時期稱為花蓮港台東道。

1. 東海岸公路

1906 年卑南地區的原住民由官方安排到台北地區觀光，看到自行車飛馳，感到相當的驚奇，於是成廣澳支廳廳長便動員原住民將沿著自然地形山腳、海邊、溪底行進的羊腸道路，[註177] 由卑南為起點開始進行道路的修築，興建一條可以讓自行車走的道路。[註178] 1910 年為了建設台東廳的對外交通徵用沿線阿美族原住民，但原住民不堪長久以來勞力的剝削，在開鑿成廣澳廳內的道路時，爆發「成廣澳事件」，同年被鎮壓下來。[註179] 1911 年台東廳開始計劃將物資輸送到麻荖漏港（1921 年改為新港，今成功），規劃從卑南到麻荖漏港的汽車道路。1912 年完成修建花蓮港廳馬太鞍到大港口之間的道路，並在各溪流間架設竹橋銜接道路，但這種道路只能給行人或者腳踏車行走。[註180] 1916 年台灣總督府土木局開始計畫興建馬太鞍（1937 年改為上大和，今光復）台東道（以下稱為新港線），全長 141 公里，[註181] 從原本牛馬、自行車的道路修建為汽車道路。[註182] 1917 年開始拓寬卑南到馬太鞍之間的道路為 12 尺，至 1919 年已經完成了成廣澳道路部分。[註183] 1920 年 8 月新港開始有定期船靠港，物資運輸開始增加，利用這條道路的旅客也增加了。[註

〔註177〕筒井太郎，《東部台灣案內》，1932 年，頁 213。

〔註178〕〈東部台灣之土木〉，《台灣日日新報‧漢文版》，第 14256 號，第四版，1911 年 7 月 27 日；〈花蓮港通信〉，《台灣日日新報‧漢文版》，第 4213 號，第四版，1911 年 6 月 25 日。

〔註179〕《理蕃志稿‧第二卷（上）》，頁 232～233。

〔註180〕〈花蓮港近信（一日）廳長管內巡視〉，《台灣日日新報‧漢文版》，第 4345 號，第五版，1912 年 7 月 5 日。

〔註181〕臺灣總督府土木部，《臺灣總督府土木事業概要》，1916 年 3 月。

〔註182〕花蓮港廳庶務課，《花蓮港廳大正十三年管內概況及事務概要》，1916 年，頁 220～222。

〔註183〕〈臺東成廣澳道路〉，《台灣日日新報‧漢文版》，第 6790 號，第五版，1919 年 2 月 21 日。

〔註184〕《東部台灣案內》，頁 215。

184〕1921 年末新港線因原有竹橋在雨季的時候會被摧毀，需花費大量勞力復原，所以台東廳請求總督府認可，利用特別預算，完成寬度 18 尺可以讓汽車通行的道路橋樑。〔註 185〕1922 年對新港線繼續進行橋樑架設及修繕工作。〔註 186〕1923 年將卑南溪竹橋改建爲卑南大溪鐵線橋。〔註 187〕

　　1927 年新港漁港工程開始進行調查工作。〔註 188〕新港線汽車交通的僅通新港、都巒 8 里間。〔註 189〕1928 年度以預算金額四萬五千圓進行新港線的工程。在新港支廳下都巒及加路蘭在 14 個地方架設鋼筋水泥鐵橋工程。同年 8 月 18 日動工，至 1929 年 3 月 30 日完工，新港卑南大溪左岸間汽車自始可以通行。〔註 190〕1929 年總督府花蓮港台東廳道路列爲國道，由國庫補助興建。馬太鞍台東道路則編入指定道路，〔註 191〕（參見圖 2－3－1）由地方政府完

〔註 185〕《東部台灣案內》，頁 214。

〔註 186〕台灣總督府成績事務提要。

〔註 187〕〈卑南溪架設鐵線橋〉，《台灣日日新報‧漢文版》，第 9463 號，第五版，1911 年 9 月 6 日。

〔註 188〕王良行、王河盛、蕭明治合撰，《成功鎮誌政事篇》，臺東縣成功鎮：臺東縣成功鎮公所，2001 年，頁 72。自 1932 年新港漁港完工，1934 年設置魚市場，1938 年設立造船廠。

〔註 189〕台東廳庶務課，《〔昭和二年〕臺東廳管內概況及事務概要》，1928 年，頁 29 ～30。

〔註 190〕台東廳庶務課，《〔昭和三年〕臺東廳管內概況及事務概要》，1929 年，頁 107。

〔註 191〕陳俊，《台灣道路發展史》（台北：交通部公路局，1987 年），頁 262～263。
地方指定道路在 1926 年 4 月編入指定到路條件如下

1. 由臺北市至各州廳所在地，或樞要港口要津的路線。

2. 具有軍事及警察上目的之路線。

3. 由州廳所在地，至其鄰接州廳所在地路線。

4. 由州廳所在地，至州廳內郡市役所，或支廳所在地之路線。

5. 由郡市役所或支廳所在地，至鄰接郡「市役所，或支廳所在地之路線。

6. 由州廳所在地，至州廳內樞要地、港口要津，或鐵路停車站之路線。

7. 由州廳內主要地，至與之有密切關係的樞要地、港津，或鐵路停車站之路線。

8. 由州廳內樞要港津，至與之有密切關係樞要地，或鐵路停車站之路線。

9. 由州廳內樞要鐵道停車站，至與之有密切關係樞要地，或港津之路線。

10. 連接數鄉鎮之重要幹線，且至與其沿線地方具有密切關係樞要地、港津，或鐵道停車站之路線。

11. 由樞要港津，或鐵道停車站，至與之具密切關係指定道路之連接路線。

12. 爲開發地方之需要，且將來符合前述各項條件的路線。

全負責的財政支出。〔註192〕對花蓮港臺東已經有18里的海岸道路，及北段花蓮港廳經過水璉尾、加路蘭、新社、貓公、大港口連結台東廳的海岸道路，進行路線調查。〔註193〕1931年新港線除了卑南大溪以外，台東新港間全部完成，負擔費用是四十二萬五千七百四十圓，勞力達到120萬人次。1931年開鑿成廣澳轄內以北約一公里寬三間至四間半的道路，〔註194〕總費用五萬圓。〔註195〕使得新港到台東廳界間道路已經完成，但是汽車通行的迂迴假橋，〔註196〕在雨季時會交通中斷。在1931年以一個橋樑一萬兩千元的經費分配下，1932年逐次完成以後，〔註197〕新港線增加經過新港，通往花蓮港廳下馬太鞍的重要產業道路。

〔註192〕花蓮港廳庶務課，《〔昭和四年〕花蓮港廳管內概況及事務概要》，1930年，頁107～109。

〔註193〕花蓮港廳庶務課，《〔昭和四年〕花蓮港廳管內概況及事務概要》，1930年，頁189～190。

〔註194〕蔡龍保，《殖民統治之基礎工程——日治時期台灣道路事業發展之研究（1895～1945年）》，國立台灣師範大學歷史系專刊（33），（台北：國立台灣師範大學，2008年），頁226。一間＝1.8公尺。

〔註195〕不撰著者，〈臺東至花蓮境界路新港以北架設橋樑三仙臺勝景爲東岸名所〉，《臺灣日日新報》，第12369號，第五版，1933年10月5號。（以下《臺灣日日新報》因找不到作者姓名，所以不再列「不撰著者」，特此聲明）

〔註196〕〈花蓮港台東連絡縱貫道路建設〉，《臺灣日日新報》，第四版，第11241號，1931年7月29日。所謂的假橋是木橋及混凝土橋，不太能夠承受大水的侵蝕。

〔註197〕《東部台灣案內》，頁212～216。

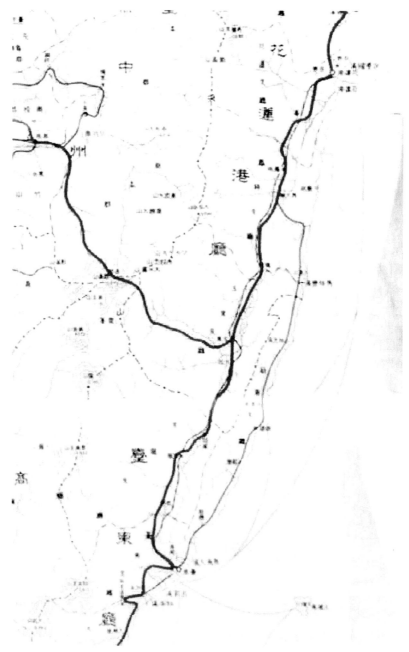

圖 2－3－1　花蓮港台東道圖

出處：台東總督府交通局道路港灣課，〈台灣道路網〉，收錄自《第六十四回帝國會議
　　　說明資料——台灣道路港灣概況》。

備註：粗體直線爲花蓮港台東道列爲國道，細體直線爲馬太鞍台東道列爲指定道路。

　　花蓮港廳方面，規畫花蓮港台東海岸道路預定路線，由花蓮港廳至水
璉尾（今鹽寮）6 里，加路蘭、新社到貓公 6 里，1932 年從大港口渡過秀
姑巒溪到台東廳科阿克駐在所（樟原附近）約 6 里。水璉尾到台東廳界 12
里區間，由原住民負責拓寬，路寬 2 間，開鑿完成後可通行汽車。〔註 198〕
1935 年花蓮港廳海岸路線調查完成，決定以維馬坦到貓公的路線作為聯絡
道路（馬太鞍到豐濱的路線），〔註 199〕並編列貓公到太巴塱（馬太鞍附近，
屬於今光復鄉）間建設汽車可以通行的道路，加強花蓮港廳與台東廳之間
的聯絡。〔註 200〕

　　在台東廳方面，台東新港經馬太鞍通往台東馬太鞍道路兩線。台東廳
內長度 24 里內，台東新港間卑南溪除了橋樑外道路已完成。新港以北至花
蓮港廳界除了橋樑外道路也完成。自始卑南溪左岸經新港至加走灣（今長
濱）有公共汽車運行。1932 年台東廳內新港線內，剩下卑南溪橋樑（後改
為台東大橋）在同年 11 月動工，工程費用 39 萬圓。〔註 201〕新港線在 1933
年 1 月 9 日一同興建新港五座橋樑，在 4 月 20 日完工。成廣澳第一號橋於
同年 1 月 6 日動工，其他三座橋樑，在 1 月 9 日動工，於 4 月 25 日完工。
〔註 202〕成廣澳第一號橋路面裝設，在 1 月 15 日動工，於 3 月 25 日完工。
〔註 203〕1933 年 11 月中在新港以北於基納富加溪（今宜灣溪）架設橋樑，
在 12 月竣工，之後汽車開始通行，而且經過三仙台並架橋，而且這帶海岸
線風景獨特，所以台東廳列為東海岸的風景區之一。〔註 204〕1934 年 3 月台
東商會會長拜訪台東廳長，希望在加路蘭（今台東富岡）架設可以讓汽車

〔註 198〕 〈臺東花蓮港間海岸道路明年著手全部十六里自動車可通〉，《臺灣日日新
　　　　　報》，第 11090 號，第四版，1931 年 2 月 27 日。

〔註 199〕 〈臺東花蓮港連絡道路將著手業鑿〉，《臺灣日日新報》，第 12871 號，第八版，
　　　　　1935 年 1 月 28 號。

〔註 200〕 〈臺東花蓮港連絡道路將著手業鑿〉，《臺灣日日新報》，第 12871 號，第八版，
　　　　　1935 年 1 月 28 號。

〔註 201〕 台東廳庶務課，《〔昭和七年〕臺東廳管內概況及事務概要》，1932 年，頁 32
　　　　　～33。

〔註 202〕 台東廳庶務課，《〔昭和八年〕臺東廳管內概況及事務概要》，1933 年，頁 133
　　　　　～136。

〔註 203〕 台東廳庶務課，《〔昭和八年〕臺東廳管內概況及事務概要》，1933 年，頁 133
　　　　　～136。

〔註 204〕 〈臺東至花蓮境界路新港以北架設橋梁三仙臺勝景為東岸名所〉，《臺灣日日
　　　　　新報》，第 12396 號，第八版，1933 年 10 月 5 號。

通行的道路。〔註 205〕新港線在台東廳內長度 24 里，除了橋樑道路部分已經完成。6 月 4 日費時一年多興建的卑南溪橋，在日資企業家歷年來的爭取及歷屆總督的關切下，〔註 206〕長度 490 米，寬度 4 米 80，工程費 36 萬圓，名爲台東大橋，號稱爲東亞第一的鐵吊索橋舉行通車儀式，宣告完成。〔註 207〕一掃卑南溪兩岸一直以來用徒步來聯繫的不便，交通時間縮短了一個小時多。〔註 208〕台東到新港之間 15 里汽車可以通行，新港以北到台東廳界 14 里，道路已經完成，但是橋樑尚未架設完成。〔註 209〕於是新港線橋樑架設工程，逐次往北架設橋樑。在 1933 年 1 月 6 日動工，1934 年 5 月 25 日完成成廣澳第一號橋工程。〔註 210〕新港漁港開港後，卑南大溪架橋完成，從新港到台東間交通已經全然大備，其機能也能發揮。同年新港線繼續往北架設橋樑，成廣澳 9 座橋樑，石寧埔 4 座橋樑於在 1 月 18 日動工，在 9 月 2 日完工。〔註 211〕

　　1936 年花蓮港廳進行馬太鞍台東道太巴塱貓公間，馬太鞍台東到貓公廳界改建工程，新港線橋樑架設工程修建貓公到大港口之間的道路，擴張 7 米。〔註 212〕在橋樑架設工程方面，於 1935 年 1 月 7 日及 9 日分別動工石寧埔及加走灣部分，在 1936 年 9 月 30 日完成石寧埔 7 座橋樑，加走灣 8 座橋樑。於 1935 年 9 月 23 日動工，1936 年 4 月 20 日完成加走灣 10 座橋樑及三間屋部份 1 座橋樑。又再 1936 年 3 月 1 日動工，同年 3 月 31 日完

〔註 205〕〈臺東商友會訪問廳長擴大道路〉，《臺灣日日新報》，第 12270 號，第四版，1934 年 3 月 29 號。

〔註 206〕田村貞省，〈東部台灣に於けろ栽培企業（二）〉，收錄於《東台灣研究》（3）2，1932 年 7 月 8 日，頁 18。

〔註 207〕〈臺東大橋初渡式街民開祝宴〉，《臺灣日日新報》，第 12276 號，第四版，1934 年 6 月 7 日。

〔註 208〕台東廳庶務課，《〔昭和八年〕臺東廳管內概況及事務概要》，1933 年，頁 33～34。

〔註 209〕〈花東間紀念路大體完成廳長試乘自動車〉，《臺灣日日新報》，第 12168 號，第八版，1934 年 9 月 8 號。

〔註 210〕台東廳庶務課，《〔昭和九年〕臺東廳管內概況及事務概要》，1935 年，頁 137。

〔註 211〕台東廳庶務課，《〔昭和十年〕臺東廳管內概況及事務概要》，1936 年，頁 34～35。

〔註 212〕〈臺東花蓮港兩廳連絡道路著手改修按兩年間全部完成〉，《臺灣日日新報》，第 12952 號，第十二版，1936 年 4 月 19 號。

成三間屋第二座橋樑。〔註213〕1937 年在台東馬太鞍間道路編列改建預算共 991,300 圓，計畫完成三間屋馬太鞍間道路，並拓寬全線道路為六米混凝土 瀝青的道路。〔註214〕1938 年新港線橋樑道路往北繼續擴張架設橋樑工程，於 1937 年 12 月 26 日動工，在 1938 年 6 月 30 日完成三間屋 9 座橋樑及最後樟原 7 座橋樑。〔註215〕於是新港線從台東經樟原道台東廳界段的汽車道路完成。花蓮港廳則對廳內的新港線，進行暗渠架設、假橋架設、災後重建及路面改修的工作。〔註216〕1942 年在台東廳內，汽車可以行駛的地方從台東經新港至最北端的樟原。〔註217〕（見圖 2－3－2）1943 年新港線部分從上大和到大港口的道路也還在開鑿中，〔註218〕至 1945 年未能成一條汽車道路。

〔註213〕台東廳庶務課，《〔昭和十一年〕臺東廳管內概況及事務概要》，1937 年，頁 149～150。

〔註214〕台灣總督府道路港灣課，《補助道路鋪裝計畫縱貫道路鋪裝計畫花蓮港臺東道架設計劃》，1937 年。

〔註215〕台東廳庶務課，《〔昭和十二年〕臺東廳管內概況及事務概要》，1938 年，頁 142～143。

〔註216〕花蓮港廳庶務課，《〔昭和十三年〕花蓮港廳管內概況及事務概要》，1939 年，頁 224。

〔註217〕《臺灣乘合自動車運賃表》，臺灣旅行案內社，1942 年。

〔註218〕森巍，《花蓮港廳案內》，花蓮市：花蓮港廳產業獎勵館，1943 年。

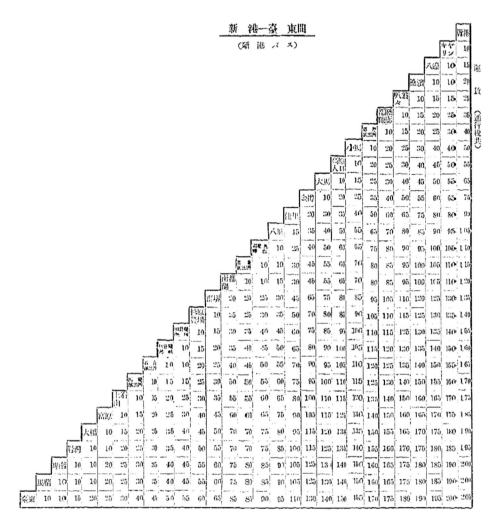

圖 2－3－2　新港到台東公車票價表

出處：臺灣旅行案內社，《〔昭和十七年〕臺灣乘合自動車運賃表》，頁 79。

2. 花蓮港台東道

　　1916 年台灣總督府土木局開始計畫興建花蓮港至台東的聯絡道路。〔註 219〕
分別為花蓮港台東道（以下稱為縱貫線），全長 175 公里，〔註 220〕使用原來台東

〔註 219〕蔡龍保，《殖民統治之基礎工程——日治時期台灣道路事業發展之研究（1895
　　　　　～1945）》，國立台灣師範大學歷史系專刊（33），（台北：國立台灣師範大學，
　　　　　2008 年），頁 226.1 里＝3.9273 公里。
〔註 220〕《富里鎮誌》，頁 952。

廳時代的所鋪設輕便軌道路跡。〔註221〕1924 年花蓮港廳爲了銜接蘇澳‧花蓮港道交通運輸工作，開始進行廳內道路的改建，即對於原有道路的改建與遇到河床過多的路線做調整，並且開始計畫從花蓮港廳到台東廳的聯絡道路設計。當時居住在花蓮台東的日人企業家認爲，台東鐵道交通有其侷限性必須汽車道路作爲互補，但東部開發的比西部來得遲滯，汽車道路相較於西部，所呈現的是幾乎沒有的狀態，因此不斷的提出建設可以通行汽車的道路意見，並認爲汽車道路的建設與河川的整治是需要一起並行的，〔註222〕因爲開發東部首先就是要交通建設的完備。〔註223〕1926 年 12 月 25 日，天皇往生，是日後，改元昭和元年。爲了紀念昭和天皇登基，縱貫線又稱爲「御大典紀念道路」（又被稱爲中仙道或中山道）。〔註224〕在建設工程發展上，1927 年縱貫線汽車交通僅台東、北絲鬮（今初鹿）間四里半部分。1928 年花蓮港台東道橋樑暗渠建設工程，花蓮港廳縱貫道路已經全部測量完成。工程實施辦法是除了需使用較多費用的大河川橋樑工程外，先分割區段再依照順序完成各年度小河川、橋樑、暗渠建設。1929 年總督府花蓮港台東廳道路列爲國道，由國庫補助興建。起點爲花蓮港廳美崙山（今國軍英雄館位置），南至台東街。同時臺東經里壠通往花蓮港道路，也開始編列預算，在北絲鬮溪及鹿寮溪橋樑架設。〔註225〕

表 2－3－1　御大典紀念道路事業計畫表

路　　名	測量費用（圓）	摘　　要
花蓮港台東道	1,125	廳地方費
花蓮港台東道御大典紀念工程	1,710	勞力廳民負擔
各支廳既成道路橋樑費	15,000	廳地方費

出處：花蓮港廳庶務課，《昭和四年花蓮港廳管内概況及事務概要》，1930 年，頁 107
　　　～109。

〔註221〕花蓮港廳庶務課，《花蓮港廳大正十三年管内概況及事務概要》，1916 年，頁
　　　　220～222。

〔註222〕佐佐英彦，〈東台灣開拓問題〉，收錄於《東台灣研究》（3），1926 年 5 月 31
　　　　日，頁 12。

〔註223〕相賀照鄉，〈東部台灣の交通に就で〉，收錄於《東台灣研究》（2），1925 年 5
　　　　月 31 日，頁 6。

〔註224〕王良行、王河盛、蕭明治合撰，《成功鎮誌政事篇》（臺東縣成功鎮：臺東縣
　　　　成功鎮公所，2001 年），頁 72。自 1932 年新港漁港完工，1934 年設置魚市
　　　　場，1938 年設立造船廠。

〔註225〕台東廳庶務課，《〔昭和四年〕臺東廳管内概況及事務概要》，1930 年，頁 123。

　　同年9月以後開始進行縱貫線道路建設，在1929年10月各支廳一起進行工程。各支廳實施的工法由廳土木科指導，各支廳在工程上方法會有所不同且分攤負責各自管轄的地區，但寬度都需達到四間半。1930年已經有三分之一的道路在施工中，但茅草茂盛汽車無法駛通過。〔註226〕同年開始分成區段逐步興建縱貫線道路，從北段道路全長花蓮港台東道39里29町，興建其中的花蓮港初音道2里3町，初音壽道4里13町。〔註227〕1931年花蓮港廳編列預算花蓮港台東道路橋樑架設，改建工程為37萬4千3百50圓78錢。〔註228〕1931年12月1日由總督府出面，花蓮港廳台東廳兩廳協議共同促成御大典紀念道路建設計畫完成。〔註229〕同年花蓮港御大典紀念道路，因原住民勞役不確實執行，大部分道路已經竣工，但是連繫的橋樑及引道工程還有很多沒有完成。如玉里安通間秀姑巒溪因未設橋樑，由渡船連絡改為汽車船載運汽車通行。花蓮港鳳林間道路也完成，但知亞干溪、木瓜溪、茗溪橋樑還沒架設。玉里、三笠間塔美拉溪（今太平溪橋）橋樑架橋，於12月23日竣工，自始汽車可以通過。〔註230〕所以縱貫線工程進度較快是玉里支廳的部分，因聚落較早開發規模較大。〔註231〕每戶可負擔15圓，北部其他支廳則因較晚開發每戶只負擔3圓，只在做路面整理。〔註232〕1932年花蓮港瑞穗間，玉里、三笠間已經完工，剩下舞鶴台地一處岩石較多，難以開鑿，大橋樑16處、小橋樑60處，暗渠兩百處，其中，小橋樑19處，以3年時間花費15萬進行工程，其他部分皆用假橋代替，而暗渠也還未動工。〔註233〕

〔註226〕《東部台灣案內》，頁213。

〔註227〕花蓮港廳庶務課，《昭和五年花蓮港廳管內概況及事務概要》，1931年，頁194
　　　　～195；蔡龍保，《殖民統治之基礎工程——日治時期台灣道路事業發展之研
　　　　究（1895～1945）》，國立台灣師範大學歷史系專刊（33），（台北：國立台灣
　　　　師範大學，2008年），頁226。1町＝109公尺

〔註228〕花蓮港廳庶務課，《昭和六年花蓮港廳管內概況及事務概要》，1931年，頁28
　　　　～30。

〔註229〕〈花蓮臺東道路協議促進〉，《台灣日日新報》，第11723號，第八版，1931
　　　　年11月26日。

〔註230〕〈花蓮港間紀念道路因勞役者〉，《台灣日日新報》，第11736號，第八版，1936
　　　　年12月3日。

〔註231〕黃玉翎，《花東縱谷人口分布的區域變遷》，國立花蓮師範學院，鄉土文化研
　　　　究所碩士論文，2002年。

〔註232〕〈花蓮港台東連絡縱貫道路建設〉，《台灣日日新報》，第11241號，第五版，
　　　　1931年7月29日。

〔註233〕〈花蓮縱貫道路僅一區未完橋梁多未架設〉，《台灣日日新報》，第11878號，
　　　　第八版，1933年5月2日。

在台東里壠經過玉里至台東花蓮港道路方面。1932 年 1 月在縱貫線上北絲鬮溪、鹿寮溪架橋動工。在道路努力的開鑿下，1932 年 9 月 23 號兩溪橋工程竣工同時開通。台東里壠（今關山）經過蕃地新武路（今台東海端）12 里 12 町 20 間汽車可以通行。鹿野橋 1932 年 9 月 10 日竣工，明野橋 1932 年 7 月 20 日竣工，卑南到鹿野可以通行汽車。並在全線道路種植木麻黃。〔註 234〕

　　1933 年縱貫線大概已經完成了，〔註 235〕花蓮港到鳳林間的馬太鞍溪、萬里溪、稗野簡溪（今壽豐溪），寬度皆在三四百間之間。僅架設不完全的假橋，常常會被洪水沖走。所以鳳林居民希望投入相當經費架設堅固的橋樑，可以讓汽車通行，才比較安全。因為常有人牽著腳踏車企圖通過鐵橋以渡溪，但是走到途中會遇到火車前來，只好把腳踏車投入溪中，自己也跟著跳下去，以免被輾死。導致很多人因為要涉溪而造成溺死。因為這個例子，所以地方要求架設橋樑得以讓交通完備。〔註 236〕同年縱貫線花蓮港初音道 2 里 3 町汽車可以通行，初音壽道 4 里 13 町，汽車運行一部分，另一部分要靠腳踏車。9 月 6 日、7 日花蓮港廳廳長森尾茂助在三笠、公埔間試乘汽車，一行人從三笠火車站下車，坐汽車前往公埔，並召集民眾圍觀汽車行駛道路的狀況。〔註 237〕1934 年縱貫線花蓮港至瑞穗間已經完成汽車道路。但花蓮港台東間交通主要還是依賴台東鐵道的交通方式。〔註 238〕1935 年縱貫線中段自舞鶴台地道路開鑿完成後，〔註 239〕除大、中河橋樑外，其他通往城鎮的全線路面部分已完成，但多數河川所阻及路面生草，下雨的時候到道路會積水，乾燥時又會塵土飛揚，汽車還是無法通行。所

〔註 234〕〈記念道路の兩側へ木麻黃〉，《台灣日日新報》，第 12187 號，第三版，1933年 3 月 9 日。

〔註 235〕縱貫線完成的時候，因為動員勞動的人口以阿美族為多，所以當他要求在現今國軍英雄館上，建阿美族英雄紀念館以紀念對花東道路的貢獻，但是遭到總督府否決，改建御大典事業紀念館。

〔註 236〕〈花蓮臺東記念道路希架設堅固橋梁俾自動車亦得以通行〉，《台灣日日新報》，第 12396 號，第八版，1933 年 10 月 5 號。

〔註 237〕〈花東間紀念路大體完成廳長試乘自動車〉，《台灣日日新報》，第 12168 號，第八版，1934 年 9 月 8 號。

〔註 238〕花蓮港廳庶務課，《昭和九年花蓮港廳管內概況及事務概要》，1934 年，頁 8～9。

〔註 239〕〈花蓮港道路開鑿完成將架橋梁〉，《台灣日日新報》，第 13110 號，第九版，1935 年 1 月 22 日。

以花蓮港廳對於轄下的道路，動員原住民以一里五十圓進行補修，且花東兩廳向總督府要求補助大中河川橋樑建設費用。〔註240〕縱貫線北端部分有重大進展，花蓮港初音道2里3町由初英到壽道4里13町，往南銜接花蓮港台東道，路程中沿木瓜溪經銅門，採迂迴線抵達壽，經架橋道路改建後於6月15號開通，由してゐるが自動車組合長角田佐太郎負責這段的運輸業務，〔註241〕汽車自始運行。〔註242〕附近的花蓮港街居民除火車的交通外，也可藉由汽車遊覽鯉魚潭的美景。〔註243〕1936年在縱貫線部分，花蓮港築港工程完工後兩年，更加刺激了花蓮產業的發展，花蓮港廳計劃建立東西橫貫道路，形成道路網以圖東西部台灣交通的連絡。其中進行馬太鞍台東道太巴塱貓公間改建工程，以及知亞干溪橋樑架設工程，紅葉溪橋樑架設工程，馬蘭鉤溪橋樑架設工程。〔註244〕1937年在地方廳要求道路改善下，總督府對縱貫線的交通，提出大、中河川橋樑及瀝青路面的建設書面計畫。總督府道路港灣課在1937年編列預算。縱貫線架橋工程計畫以混凝土鋼筋造橋，寬度4間。編列預算狀況如下表：

〔註240〕〈花蓮臺東間記念道路補修工事〉，《臺灣日日新報》，第13120號，第八版，1935年9月26號；〈臺東、花蓮港間の御大典記念道路造つては見たが持餘す〉，《台灣日日新報》，第13110號，第九版，1935年9月25日。

〔註241〕〈銅門壽間道路月末開通〉，《臺灣日日新報》，第12978號，第八版，1935年5月15號；〈池南までバス運轉計畫〉，《臺灣日日新報》，第12032號，第三版，1934年1月30日。

〔註242〕花蓮港廳庶務課，《昭和九年花蓮港廳管內概況及事務概要》，1934年，頁174～175。

〔註243〕1933年5月花蓮港街民苦無附近沒有遊覽的地方，要求規劃花崗山為可以讓民眾遊覽的地方。但還是不夠，1934年8月花蓮港木材會社，在賀田到壽的鐵道中間鋪設往木瓜山林場的鐵道，使得鯉魚潭成為更多人可以抵達的景點。參自〈花蓮鯉魚池遊園地籌充實內容〉，《臺灣日日新報》，第12341號，第四版，1934年8月11號；〈花蓮鯉魚為遊園地運轉機關車〉，《臺灣日日新報》，第12960號，第8版，1933年7月27號。

〔註244〕花蓮港廳庶務課，《花蓮港廳昭和十一年管內概況及事務概要》，1937年，頁188～189。

表 2－3－2　1937 年花蓮港台東道橋樑架設計劃表

名稱	長度	金額（圓）	現在名稱
木瓜溪橋	530m	362,700	同左
茗溪橋	100m	63,800	同左
支亞干溪橋	500m	347,500	今豐平溪橋
萬里溪橋	460m	315,200	同左
馬太鞍溪橋	400m	332,100	同左
麻子漏溪橋	108m	74,700	今馬蘭勾溪橋
卓溪橋	108m	111,800	同左
清水溪橋	150m	607,900	同左
螺子溪橋	600m	106,900	同左
鱉溪橋	150m	68,900	同左
新武呂溪橋	95m	423,000	今池上大橋
第一カンチョウ橋	**500m**	40,400	今崁頂溪橋
無名橋	50m	41,100	同左
奸仔典溪橋	84m	84,100	今加典溪橋

出處：臺灣總督府道路港灣課，《花蓮港台東道橋樑架設計劃》，1937 年 12 月。

（參自圖 2－3－2）

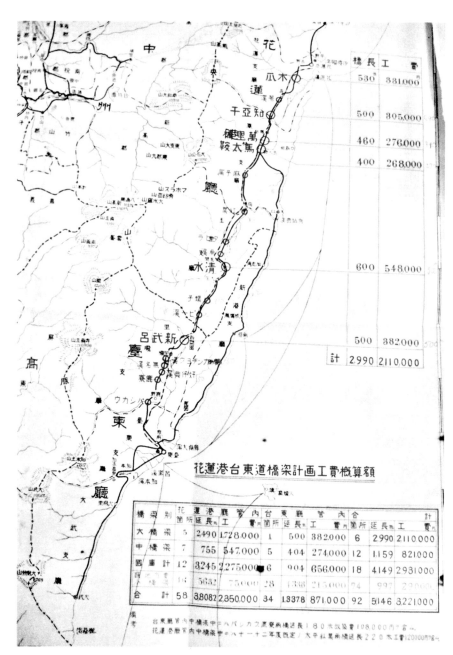

圖 2－3－2　花蓮港台東道橋樑架設計劃圖

出處：台灣總督府交通圖道路港灣課，《花蓮港台東道橋樑架設計畫書》，1936 年 11 月。

備註：圈圈為縱貫線橋樑。

　　對於當時路面所造成汽車無法通行的問題，總督府編列預算在縱貫線上進行瀝青路面的修建長度 174 里，預算 2931,000 圓，在道路中央 6 米混凝土，道路兩側鋪上瀝青混凝土各 1.5 米砂粒鋪設。〔註 245〕並計劃拓寬爲道路寬七米橋樑四米，預算工費 795,000 圓。總督府道路港灣課所編列大、中河川橋樑的建設計劃，開始進行架設。〔註 246〕其他地方廳工程部分就是在於道路改建、暗渠及小河川橋樑的架設工程還在繼續進展中。台東廳可負擔的日奈敷橋（今檳榔橋），於 1937 年 12 月 5 日動工，在 1938 年 4 月 25 日完工。並進行花蓮港台東道暗渠工程、上大和台東道改建工程，上大和台東道橋樑改建工程，太平溪橋樑、第三上大和橋樑架設工程。〔註 247〕

　　1938 年花蓮港廳則對廳內的縱貫線進行暗渠架設、假橋架設、災後重建及路面改修的工作。〔註 248〕以後台東廳就沒有見其資料，但是由之前的史料，可以看出廳內兩線道路的汽車交通發展得比花蓮港廳好很多，在新港線的汽車交通發展十分完備，可能是與日治時期的台灣東部南端比北端，尤其是玉里以南的部分，經濟人口發展的較具規模有關係。1939 年在花蓮港開港之後運輸量大增的狀況下，由花蓮港廳編列花蓮溪、木瓜溪、秀姑巒溪、紅葉溪架橋預算執行總督府的開發東部計畫，繼續編列 1939 年到 1945 年的六年橋樑架設預算總共 3 百 43 萬 6 千餘圓。〔註 249〕其他部分就是地方廳可以負擔的道路改建及災後復原的相關工作。〔註 250〕1940 年 8 月花蓮港株式會社開始運行公共汽車以花蓮港爲起點，經由起點吉野、銅門到壽的路線一日兩回。〔註 251〕（參自圖 2－3－3）

〔註 245〕台灣總督府道路港灣課，〈花蓮港台東間道路改修計劃〉，收錄自《府道路線改修計劃》，1938 年。
〔註 246〕陳俊，《台灣道路發展史》，台北：交通部公路局，1987 年，頁 143。
〔註 247〕花蓮港廳庶務課，《昭和十二年花蓮港廳管內概況及事務概要》，1938 年，頁 149〜150。
〔註 248〕花蓮港廳庶務課，《昭和十三年花蓮港廳管內概況及事務概要》，1939 年，頁 224。
〔註 249〕〈黎明の東部地方〉，《臺灣日日新報》，第五版，第 14420 號，1936 年 4 月 18 日；〈臺東花蓮港道路の人道橋架設に決る〉，《臺灣日日新報》，第五版，第 14447 號，1936 年 3 月 31 日。
〔註 250〕花蓮港廳庶務課，《昭和十四年花蓮港廳管內概況及事務概要》，1940 年，頁 254。
〔註 251〕花蓮港廳庶務課，《昭和十五年花蓮港廳管內概況及事務概要》，1941 年，頁 35。

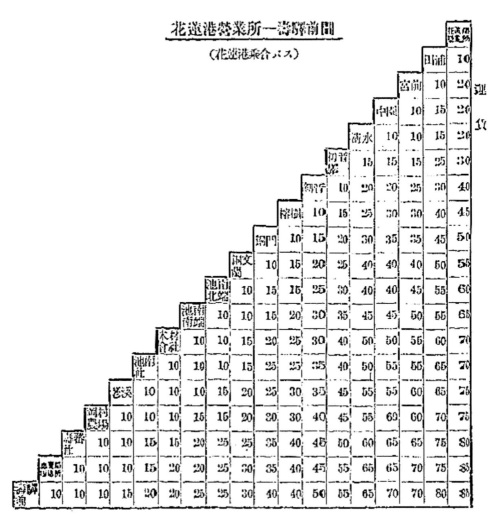

圖2-3-3　花蓮港街到壽火車站公車票價表

出處：臺灣旅行案內社，《昭和十七年臺灣乘合自動車運賃表》，頁76。

　　1942 年縱貫線部分則從花蓮港經過初英、鯉魚潭、至壽火車站。〔註 252〕
較南端的卓溪、支亞干溪橋架設完成，同時開始興建麻子漏溪橋，但因 1937
年以後日本對外侵略戰爭失利的關係，只完成橋基的部分。〔註 253〕不過總
督府開始編列鋪設瀝青路面道路的預算。花蓮港廳分配到的總預算（包含
工程費及道路延長費用）是 926,100 圓，台東廳則是 2345,400 圓。〔註 254〕
（參見圖 2－3－4、圖 2－3－5）1943 年花蓮港廳部分縱貫線汽車的行駛只
在花蓮港到壽之間，其餘道路因橋樑尚未架設完成，仍無法行駛汽車。〔註
255〕到 1945 年，因碰上戰爭的關係，道路預算不足，只有建設少部分的大、
中河川橋樑，而小河川橋樑已經全部建設完成，〔註 256〕但花東聯絡道路未
貫通的影響下，路線大部分的區段都沒有汽車通行。（參見附錄圖 2－3－6）
但是其路線規劃對 1955 年以後台灣省政府，在規劃花東公路路線上，有其
基礎的貢獻。

〔註 252〕《臺灣乘合自動車運賃表》，臺灣旅行案內社，1942 年。
〔註 253〕陳俊，《台灣道路發展史》，台北：交通部公路局，1987 年，頁 143。
〔註 254〕台灣總督府道路港灣課，《全島國道路線及國庫補助路線鋪裝計劃》，1942 年
　　　　　6 月。
〔註 255〕森巍，《花蓮港廳案內》，花蓮市：花蓮港廳產業獎勵館，1943 年。
〔註 256〕陳俊，《台灣道路發展史》，台北：交通部公路局，1987 年，頁 338～341。

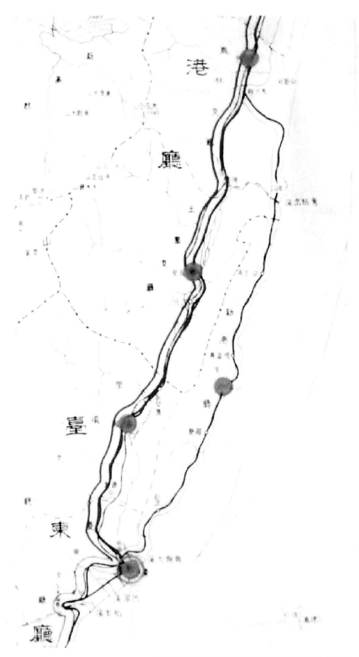

圖 2－3－4　1942 年花東聯絡道路鋪設瀝青圖

出處：台灣總督府交通圖道路港灣課，〈台灣指定道路圖〉，1942 年 11 月。

備註：兩條爲預訂鋪設瀝青路面，單條線爲地方指定道路。

圖 2－3－5　花東聯絡道路鋪設柏油計劃表

出處：台灣總督府交通圖道路港灣課，〈台灣指定道路圖〉，1942 年 11 月。

備註：圖 2－3－5 爲圖 2－3－4 的同一張，粗線爲國道路線，細線爲指定道路路線。

圖 2－3－6　1945 年花東聯絡道路重建圖

備註：粗線爲汽車可通行的道路。

四、台東廳的縱貫線、新港線汽車運輸

日治時代台東廳之有汽車，以 1922 年 12 月 1 日在臺東街新町設立的
株式會社櫻組，於 1924 年 12 月購置一輛貨客兩用的「福特」廠牌汽車為
嚆矢。是年，為行駛汽車，乃以 12 月 10 日為限，撤除台東街內縱橫交錯
的手押台車線，並修築道路，而開啓了台東廳的汽車道路時代。同時台東
花蓮海運的旅客也開始往下減低。〔註257〕1925 年，櫻組添購另一輛客貨兼
用的汽車。同年，以台東街為起點，發動卑南和阿美人，修築北絲鬮道（台
東街經檳榔至北絲鬮），以便通行汽車。同年八月間，臺東產業株式會社自
動車部和邱阿木自動車部，分別購入「福特」廠牌客運汽車各一部，前者
以市內、後者以市外做為營業範圍。換言之，臺東花蓮港道的北絲鬮路段，
自是年起通行汽車。1930 年時，里壠乃有業者購入汽車開始經營客、貨運；
1931 年里壠支廳內共有客、貨汽車五輛。1933 年，自臺東街，經北絲鬮、
鹿野、里壠至新武路的里壠線道路開通；1934 年 9 月，林老樹集資三千圓，
在里壠創立里壠自動車合資會社，經營二條固定貨運路線，即臺東街至里
壠，以及里壠至新武路，全長 46.03 公里。另外，尚有個體業者，經營出租
客、貨運車。1936 年，新港富紳馬榮通、陳曲江、宋子鷩等人出資一萬八
千圓，購併里壠自動車合資會社，在台東街寶町設立本店，在里壠設分店，
而成為繼合資會社新港自動車商會（設立於 1931 年 4 月 10 日，資本金二
萬五千圓），台東自動車運輸株式會社（設立於 1932 年 12 月 20 日，資本
金五萬圓）。兩家會社分別經營里壠線（1933 年 9 月 23 日開通）、新港線（1927
年 3 月開通）。

新港自動車商會，隨著 1934 年 6 月 3 日，台東大橋竣工通車，以及同年
7 月 1 日三仙台附近三仙橋架設完成，營業路線自台東街起，經新港，展延至
加走灣姑子律（長濱樟原），全長增加至 96 公里。1935 年，即擁有客運車 7
輛，出租轎車 5 輛，以及貨運車 5 輛，業務亦蒸蒸日上。1940 年 9 月 1 日，
更進一步購併一向由飯塚儀平個人經營的台東利家線和臺東知本線，而幾乎
獨佔廳內民營客運業。里壠（關山）自動車合資會社的業務發展，卻與上述
兩家會社截然不同。會社成立初期，本店設在里壠，雄心勃勃，並不斷增購
車輛。由於前景看好，甚至吸收新港富紳越區投資。然而，里壠線不僅有平

〔註257〕戴寶村，《近代台灣的海運發展：從戎克船到長榮巨舶》（台北：玉山社，2000
年），頁 253。

行的台東線鐵路經營客、貨運，而且道路所經溪流眾多，路線標準甚低，以致難於自里壠向北發展。結果，不僅本店遷往台東街，里壠僅設支店，1939年以後，幾乎所有車輛皆集中台東街，里壠只剩出租轎車一輛；里壠線道路汽車客、貨營運之衰退，由此可見一斑。〔註258〕

1945 年 8 月 15 日，日本戰敗投降，同年八、九月間三次颱風侵襲東部，造成洪水爆發，花蓮港台東道既成路基及橋樑都被摧毀，花東縱谷的居民，大多都沿著台東鐵道外出。〔註259〕海岸線的居民，也因沒有公車可搭了，回到步行的狀態。〔註260〕

表 2－3－3　日治時代台東廳（關山郡）內縱貫線汽車車輛表

日治時代臺東廳（關山郡）內縱貫線汽車車輛				
				單位：輛
年代	自用自動車數	乘合自動車數	貨物自動車	自動自轉車	台東廳總計
1931	0	3	2	0	53
1932	0	2	2	0	59
1933	0	4	3	0	63
1934	0	4	3	1	79
1935	0	5	4	1	86
1936	1	8	7	0	106
1937	13	6	9	0	109

資料來源：《臺東廳管內概況及事務概要》，各年度。

備註：自用自動車（汽車）含官廳用車；乘合自動車，指客運汽車或出租轎車；自動自轉車指機動腳踏車（機車）。

〔註258〕施添福主編，《關山鎮志・交通篇》（台東縣關山鎮；關山鎮公所，2001 年），頁 439～441。

〔註259〕邱文政訪談稿，時間：2009.1.23，地點：筆者自宅；陳烈旗訪談稿，時間：2009.1.24，地點：陳烈旗宅。施添福主編，《關山鎮志・交通篇》（台東縣關山鎮；關山鎮公所，2001 年），頁 439。

〔註260〕台灣省議會秘書處編印，《台灣省議會公報》6（23），1962 年 4 月 24 日，頁 805。

表 2－3－4　日治時代台東廳內（新港郡）新港線汽車車輛表

日治時代臺東廳內（新港郡）新港線汽車車輛				
				單位：輛
年代	自用自動車數	乘合自動車數	貨物自動車	自動自轉車	合計
1931	0	7	3	0	10
1932	0	10	4	0	14
1933	0	10	4	0	14
1934	0	11	6	3	20
1935	0	8	7	4	19
1936	0	11	8	3	22
1937	0	12	9	1	22

資料來源：《臺東廳管內概況及事務概要》，各年度。

第四節　戰前地方自主機制的成形

　　1874 年以降花東聯絡縱貫路線的形成，打破了該區域原有侷限在部落勢力範圍內的交通路線，〔註 261〕自始有條由南往北的交通要道。雖然有區域因素的強烈限制，如高山原住民的襲擊，雨季時洪水阻絕。都會中斷該縱貫路線的南北交通，但清政府還是勉力的維持至 1895 年喪失對台政權時，其目的在於主權伸彰。而地方民眾如漢人及平埔族也能連帶藉由該路線所駐紮的兵力，得到暫時行的安全，促進東部農業拓墾的範圍。1896 年以後，日本政權正式進入東台灣後，對東台灣的首要政策便是經濟開發。為了方便日資企業能順利墾殖東部，及總督府對於東部台灣開發的急切性。在 1905 年進行台東鐵路的建設計畫，但是面對建設台東鐵路的曠日費時，不符合開發東部的急迫性。所以在 1908 年建設台東輕便鐵路。其路線選擇的路徑以山麓地帶為主，成為花東公路的前身，企圖避免被洪水侵襲，同時也進行對木瓜蕃及布農族原住民的武力鎮壓行動。以滿足日資在東部開墾時物資輸送便利的需求。

　　1908 年開始建設現代化的交通設施——台東輕鐵。然而進行建設過程中，卻對當地原住民造成生存權的破壞，造成不少因為台東輕鐵營運問題而起的反抗事件。1909 年台東鐵路開始建設後，1910 年日人開始有計畫性的移

〔註 261〕潘繼道，《清代後山平埔族移民史》（台北：稻鄉，2001 年），頁 138。

入東部，並以鐵路沿線作為大部分聚落的發展基礎。1926 年，因為對外發展受挫，國家開始去介入花東縱谷區域的資源開採。招募企業家來東部投資，並以台東輕鐵舊路線及東海岸的自然路線，進行花東聯絡汽車道路建設已配合開墾物資輸送方便。

　　1926 年花東聯絡道路的發展情況為，花東縱谷區域聯絡道路的行政制度上，由總督府計畫、地方廳負責實際執行的過程，在實際計畫的過程交由總督府認可，方得以執行。花東聯絡道路主要分為新港線及縱貫線。新港線建設較早從 1906 年就開始建設道路。而縱貫線一直要到 1916 年才開始有建設道路的計畫。原因在於東部地區對外陸運交通沒有完備以前，海運交通是東部對外聯繫的唯一管道，所以新港線的建設須較早進行。所以新港線的道路交通設施也最為完備。1926 年台東廳出現汽車，1927 年已經有汽車在新港線的部分路線行駛，1933 年汽車已經可以從台東街行駛到新港，1937 年已經可以行駛到台東廳界海岸線的北端樟原。縱貫線發展背景上，1920 年代汽車引進台灣造成道路事業的革新，1925 年有汽車出現在花蓮港廳，而且縱貫線可以銜接花蓮港及蘇澳花蓮港道的交通。而在探討過程中又分為縱貫線北端及南端。1927 年南端台東街到北絲鬮已經有汽車在行駛，1932 年汽車可以行駛里壠到新武路。1932 年花蓮港廳南端的部分玉里到三笠汽車可以通行。1936 年北端從花蓮港到壽汽車開始通行。在基本的整體道路發展上，新港線發展較縱貫線早，也較完備，而縱貫線內部而言，南北兩端，較早有汽車通行。而中段北從花蓮港廳壽，南到台東廳新開園的道路，從 1929 年到 1935 年，平面道路部分大致上已經建設完成，但是建築完成的平面道路部分都是泥土路，路況相當不適合汽車行駛。作為聯絡道路的橋樑須以鋼筋水泥橋架設，才可以抵抗洪水氾濫，但需要的費用龐大。直到 1937 年總督府因應戰爭需求，配合東部基地化的措施。開始編列到 1945 年，共六年的橋樑架設計劃預算。

　　而在戰前路線形成的過程中，需要注意的是在地人與道路之間的關係演變，以下將以人口比例原則，來詮釋地方利益。晚清時，見於胡傳的記載中，可以了解到清政府官兵因背後政治目的，致力於維持路線的經營。但在其他相關史料上，可見該地部份民眾，也能受到其附加價值的正面影響，較安全在東部南北行走，增加生存機會，但對部分高山原住民而言，這條路線並沒有跟他們產生深切的關係，還是依循著原有部落勢力範圍的觀念，與縱貫路線互動。1908 年以後因私營日資企業的墾殖需求，建設的台東輕鐵，對當時

原住民佔首要人口數量的東部而言，是相衝突的且不符合地方利益的。直到
1910 年，日本總督府有計劃的移入日本人，進入東部作爲殖民基地後，日人
成爲東部人口數量首宗，尤其是 1926 年以後的發展，東部日資企業家的建議
與利益與日台移入東部的經濟需求相結合，地方民眾認同汽車道路的建設帶
來的便利性，也已經不外乎是日本人、漢人或原住民。道路線形成東部地方
一致的要求。

　　所以在戰前的縱貫路線的發展可以了解到，地方自主發展的機制形成關
鍵在於，國家與企業家形成依附關係，國家須靠企業家得以開採東部資源，
企業家也須靠國家的授權才能拓墾東部，也形成了供需關係。地方建設經由
企業家上達國家後，得以實現，而且東部企業家是在地化的，〔註 262〕與地方
民眾需求一致，所以地方的需求藉由企業家與國家供需關係得以實現，這便
是地方自主發展的機制。1926 年以前，地方發展目標尙模糊。1926 年以後企
業家與台日移民進入東部的經濟訴求，使得經濟繁榮成爲該地方一致的發展
目標，而道路建設是促成該目標的最佳手段之一。隨著戰爭發展國家對資源
的需求日增，使得東部民藉由國家的需求，發展自己的機會更爲容易。並深
刻影響到日後的花東發展。

〔註 262〕〈殖民地邊區的企業〉，頁 251。在地化是指移入者對新移居地社會經濟活動
　　　　空間的認同，並逐漸進入地域社會中，永遠定居。

第三章　花東公路的連貫與海岸公路的關建

　　戰後初期東部交通建設與運輸營務由國民政府接收，道路事務改為公路事務，所謂公路運輸就是單指汽車行走的道路。主管行政機關由行政長官公署設交通處綜管其事，在工礦處設立公共工程局，掌理全省公路工程事宜。

　　〔註 1〕1946 年 8 月 1 日成立公路局，隸屬台灣省行政長官公署（1947年改為台灣省政府，以下略示為「省府」）交通處辦理汽車運輸、交通行政事宜。1949 年交通處接管建設廳公共工程局公路組，於是公路局之業務擴大為主管公路工程、公路監理、汽車運輸，汽車及駕駛人等業務。〔註 2〕在花東兩縣的交通狀況，既然延續了日治時期大部分的人以步行及牛車來行動或運送貨物，少部分的區段有公路讓政府機關的汽車，作為巡視地方之用。從 1945 年～1975 年這段時間的花東兩縣地方政府人民是如何因應這種不方便的交通狀況？而戰後所出現的省議員是如何要求省政府或建議中央政府改善這種不便的狀況？省政府及中央政府是如何回應的？戰後關於公路建設包含層級的意見較為複雜，本章試圖將以地方、省議員、國家三

〔註 1〕公路總局網站：http://www.thb.gov.tw/，查詢日期：2009／2／8。
〔註 2〕陳俊，《台灣道路發展史》（台北：交通部公路局，1987 年），頁 353。

者分別按時間畫分分節，討論這段時間的公路發展。〔註3〕

第一節　國府遷台後花東連絡公路的修復
（1945 年～1956 年）〔註4〕

一、戰後國民政府對東部經濟態度的演變

　　遷台後的國民政府並非馬上順利運作於台灣地區，舉例來說，雖然 1949
年 12 月，中央政府正式於台北辦公，但是總統卻在美國的窘境，這個問題要
到 1950 年 3 月才獲得解決，諸如此類行政機關的安置問題，加上大陸沿海地
區，如海南（1950 年 4 月）、舟山群島（1950 年 5 月）、大陳島（1955 年 2 月）
紛紛失守，與金門遭受兩次大規模的砲擊（1954 年的九三砲戰、1957 年的八
二三砲戰）的危機感下，以及主政者的「一年準備、兩年反攻、三年掃蕩、
五年成功」等「反攻大陸」政策下，使得行政資源皆集中在國防保安上，在
1987 年未解嚴之前，「國家安全」成為一切施政的最高層級目標，這使得能下

〔註3〕　在以下討論中都會以地方、省議員、國家三個部分來去談。地方包括縣政府、
　　　　縣議會、鄉公所、鄉民代表、百姓。雖然這些角色有政治層級的不同，但是
　　　　在史料內容來看，對於省道及公路的建設，沒有能力可以獨立完成，只能靠
　　　　建議的方式達到自己的需求，而且需求幾乎是一致的，所以是唯一類。省議
　　　　員，作為戰後民主政治發展的出來的省級民意代表，擁有審查省政府預算及
　　　　監督省政府運作的權力，又因為花東公路屬於省道，加上花東兩縣政府，並
　　　　沒有相當的資金，可以推動地方建設，多半還是要仰賴省政府的支援，省議
　　　　員在此扮演絕對重要的推手角色，所以畫為一類。國家，1949 年國民政府撤
　　　　退來台後，實際上中華民國的範圍，只包括台、澎、金馬，及其他附屬的離
　　　　島地方。若以政治層級來看台灣島的統治來看，隨時間演進中央政府與台灣
　　　　省政府管轄的範圍只多了台北市及高雄市兩個院轄市，其他範圍屬於政治上
　　　　的疊床架屋，幾乎雷同。所以在本研究將中央政府及省政府是為國家一類，
　　　　包括省政府及轄下單位、行政院交通部及轄下單位，當時中央政府扮演的是
　　　　指導的角色，省政府負責實際政策制定與預算編列及執行內容。至於時任總
　　　　統的蔣介石因當時實際上屬於政治層峰在國家層級之上，所以不列在國家範
　　　　疇之內討論。特此說明。
〔註4〕　交通部交通研究所編印，《交通年鑑》，1976 年，頁 210。台灣省道公路，在
　　　　1962 年以前分為 19 線，總里程 1，954.267 公里。於 1962 年公路普查將路線
　　　　整理為 20 線，總里程為 1，947.252 公里。其後逐年變更路線系統，至 1967
　　　　年底，增至 27 線，總里程為 2，266.738 公里。其中台九線，從台北市到屏東
　　　　楓港，花東公路亦歸屬於台九線。

放到地方的資源相當有限，以花蓮平原為例，以花蓮平原為例，1950、1960年代，唯有藉著中央政府對於突增人口的安置，與集墾農場的設置，地方才有接受中央資源補助的機會。然而這個以「國家安全」作為首要的政策宣示，1970年代後逐漸被「經濟發展」所趕上，雖然在1973年開工的北迴鐵路，仍有增強東部國防、便捷軍實運輸等說法，不過追求經濟發展將成為另一最高層級的國家目標。〔註5〕

二、自力更生造橋鋪路

　　1945年～1950年，北端從榕樹經鯉魚潭、池南、壽豐這段是有汽車經過的。〔註6〕南端則從台東通行汽車到關山。〔註7〕其他公路部分已經被大雨侵蝕損壞。基本上絕大部分只有行人可以走的「道路」。道路路況還是以碎石泥巴路面，寬度以一台牛車可以通過的距離為主。經過溪流的時候，小則自己渡溪走過去，大的話就要付費給當地的原住民，請他們把人給「架」到對面的河岸上。像是醫生等這些少數比較有錢的人，就會以機車代步。〔註8〕道路維護的方式，主要以縣政府計畫道路養護內容，發動沿線村民組成道路協會做義務勞動，而由所屬鄉鎮公所人員監督。舉辦道路養護競賽，由所屬區協會分出名次給予優勝榮譽。〔註9〕但無關榮譽，常是有人登高一呼，其他村民便會很熱心的參與地方道路的養護工作，將大石頭在道路中央堆疊，使牛車方便通過。或者在下雨過後，不論是牛車主人還是村民自行都會拿石頭，前去堆疊道路。〔註10〕東海岸公路方面，路線範圍在花蓮縣與台東縣境內，以秀姑巒溪為界，秀姑巒溪以北屬於花蓮縣豐濱鄉、壽豐鄉，並沒有一條汽車

〔註5〕 施雅軒，《花蓮平源於中央政措施下的區域變遷：從清政府到國民政府（1875～1995）》，國立台灣大學地理學研究所碩士論文，1995年，頁91～92。

〔註6〕 葉，〈花蓮記遊〉，《更生報》，第二版，1950年4月7日。（原文作者為葉，不知真實姓名為何，特此聲明。）

〔註7〕 〈陳縣長巡視關山〉，《更生報》，第二版，1950年12月20日。

〔註8〕 邱文政訪談稿，時間：2009.1.23，地點：筆者自宅；陳烈旗訪談稿，時間：2009.1.24，地點：陳烈旗宅。邱錫英，〈豐山農友樂陶陶〉，《更生報》，第四版，1954年6月19日。

〔註9〕 〈新港區居民組道路協會〉，《更生報》，第二版，1947年10月6日；〈關山道路協會審查道路養護〉，第二版，1948年2月26日。

〔註10〕 邱文政訪談稿，時間：2009.1.23，地點：筆者自宅；陳烈旗訪談稿，時間：2009.1.24，地點：陳烈旗宅。淡如，〈台東巡禮（下）〉，《更生報》，第二版，1947年9月21日。

行走的公路，稱爲海岸公路。而秀姑巒溪以南屬於台東縣長濱鄉、成功鎮、東河鄉，〔註11〕則是成靜公路（成功～靜浦）及新港公路（今東成公路（台東～成功）），因在日治時代已有公共汽車通行，公路建設較完整。所以一北一南的東海岸公路，也有不同的發展狀況。所以分成兩類說明。台東境內的運輸有客運接駁，台東到新港每日對開三班公車，新港到台東縣轄內的北端樟原每日對開兩班公車，而公路補修上因爲是水泥路面，所以養護工作以政府負擔爲主。〔註12〕海岸線北段花蓮縣境內豐濱鄉到海岸山脈最北端的壽豐鄉水璉村一帶還沒有一條可以可供汽車行走的公路，只有在1950年因應軍事需要修建鵝卵石道路到鹽寮，〔註13〕基本還是一條自然的原始步道，十分難走。〔註14〕

　　花東聯絡要道還是以鐵路運輸爲主。搭乘火車是往返花東連絡的主要方式。花蓮與台東之間火車對開二十四次，〔註15〕除了搭乘火車的交通方式外，居民還會行走鐵軌，雨大的時候，泥巴路會形成池塘，使人覺得鐵軌還是較好走的路。〔註16〕負責東部貨物運輸的站也設在台東鐵路上，負責卸載港口與鐵路貨物的工作。〔註17〕所以鐵路依然是東台灣交通的重心。至於常常飽受風災所苦的東部交通，如何維持全線通暢是東部地方人士所關注的目標，但是鐵路的維持狀況，並不如地方人士所期盼的，常常有維修不力的狀況發生。每年遇到風災、洪水，台東鐵路必定中斷，但因爲維修的鋼條未到或者其他因素，導致鐵路中斷一兩個月甚至半年，爲地方居民所苦。〔註18〕即使地方民營公司已經提供枕木配合修理，但未見台北方面送鋼條前來。〔註19〕甚至有民眾認爲日人爲東部留下大量的基礎建設，自從戰後國民政府來台

〔註11〕其實還包括花蓮市、台東市，但不屬於本研究範圍，特此說明。

〔註12〕〈台東新港公路又壞民眾盼修復〉，《更生報》，第二版，1948年5月19日。

〔註13〕〈適應軍事需要發動民工搶修道路〉，《更生報》，第四版，1950年3月9日。

〔註14〕傅維新，〈豐濱鄉與水璉村〉，《更生報》，第四版，1955年8月12日。

〔註15〕黃叔喬，〈接收後之東線鐵路〉，《更生報》，第二版，1949年4月3日；淡如，〈台東巡禮（上）（下）〉，《更生報》，2版，1947年9月20日，1947年9月21日。

〔註16〕邱文政訪談稿，時間：2009.1.23，地點：筆者自宅。

〔註17〕〈貨物與交通〉，《更生報》，第五版，1949年9月3日。當時負責貨運的公司爲花蓮港貨運服務所，前身爲日治時期東台灣運通公司，爲花蓮台東兩地規模最大的貨運公司，主要負責港口與鐵路之間貨物的轉載運送工作。

〔註18〕〈東線搶修展望〉，《更生報》，第二版，1947年12月12日。

〔註19〕〈（社論）東部交通問題〉，《更生報》，第一版，1947年9月15日。

後，對舊有建設不加以利用，反而任其自生自滅。以東部豐富的自然資源加上具備重要的國防地位，國民政府不該如此忽視東部。〔註20〕就東部的特殊地理環境而言，鐵路維修有其困難性，除了每年都需修築外，不但造價昂貴，且單軌鋼條運送過程曠日費時，輸送量也有限。但公路可以隨時修築，〔註21〕又可設計避開河流的路線，相當符合東台灣的交通需求。所以當時台灣省公路局（以下略是「公路局」）於1950年～1952年，派員勘測三次，就舊路線、海岸山脈山脊線及山腳線，先後擬定修復計畫，但均因財源籌措困難，未能實現。〔註22〕

　　在1945年～1950年這段時間，鐵路是主要交通方式，但因洪水破壞的關係，造成鐵路或海岸道路中斷期間，花東地方人民就回歸到類似1895年前後那樣的一切都靠步行或牛車的交通狀況，靠自己以克難的方式進行道路的修補，國家未採取任何修補的動作。但對於東部的環境而言，公路是比較符合地理氣候的交通設施。所以到底地方政府或省政府有無做任何的興建公路措施？省議員當時是如何為人民大聲疾呼？地方人民還有哪些改善交通的呼籲？以下因發展背景不同，將分為海岸公路及縱谷公路，為1951年～1954年的發展做討論。

三、1951年～1954年海岸公路及縱谷公路的狀況

1. 海岸公路

　　首先從秀姑巒溪以北來看公路發展，在1951年以後東部地方的交通建設開始有所進展，特別是花蓮縣豐濱鄉。因當時豐濱鄉並無對外聯絡公路，為當地居民所苦，民眾建議應修條可以對外聯結的道路。所以在同年花蓮縣政府，開始探勘豐濱鄉的對外道路路線。〔註23〕探勘完成後，1952年花蓮縣政府計畫興建豐濱對外公路，及建造汽車可以通過的渡口。〔註24〕豐濱鄉長陳正治表示願配合縣政府計畫，會發動民工全力協助公路建設，改

〔註20〕〈（社論）籲請當局重視東部〉，《更生報》，第四版，1948年7月22日。
〔註21〕錢益，〈台灣公路之建設〉，收錄於《台灣之交通》，（台北：台灣銀行，1958年），頁104。
〔註22〕陳俊，《台灣道路發展史》，台北：交通部公路局，1987年，頁616。
〔註23〕〈勘查豐濱鄉各線道路〉，《更生報》，第四版，1951年9月23日。
〔註24〕〈改善豐濱鄉交通開闢公路〉，《更生報》，第四版，1952年3月10日。

善豐濱鄉的交通困境。〔註 25〕花蓮縣籍臨時省議員馬有岳提議省府建立豐濱對外道路，〔註 26〕省府回應可由台東到新港（今成功）公路延長興建至豐濱及上大和（今光復）。〔註 27〕針對這個要求，在 1953 年 3 月省主席吳國禎邀晤美援署署長白墪士商討修建橫貫海岸山脈產業道路事宜，獲白墪士之協助，在 1964 年開工，時間拖得相當的晚。而吳國禎向上級爭取經費的過程，最後只被做為海岸公路通車典禮時，交通處長官演講使用的話題，真正促使動工的因素，還是在 1963 年黃杰擔任省主席後，成立東部開發委員會開始進行。〔註 28〕所以在這段時間，地方民眾還是只能靠自己補修道路。如 1954 年 5 月 28 日、29 日光復鄉公所發動村民義務勞動修補東台及豐濱公路。〔註 29〕同年 7 月花蓮縣長林永樑巡視豐濱鄉，指示豐濱至港口六公里公路應在 1954 年內完成。〔註 30〕在民眾要求下，公路局於 10 月 18 日派工程人員至大港口村進行修建公路橋樑的路基視察，大港口村民眾於 19 日建議花蓮縣政府發動公路修復計畫，並要求公路局把台東至花蓮港公路列為省道。〔註 31〕

　　按上述資料，秀姑巒溪以北公路發展，國家態度比較積極的地方在於省府回應馬有岳的要求，之後吳國禎向美援求助，但只是限於口頭上的承諾。這樣的情形，顯示省府可能只做形式上的爭取，企圖降低馬有岳的壓力。東部省議員爭取地方建設，與省府形成前者積極後者怠慢的互動關係，一直是之後花東連絡公路建設的情形。然而在此可以注意的是，戰後如馬有岳等花東兩縣籍省議員，以及

〔註 25〕〈豐濱鄉決定明年改善交通〉，《更生報》，第四版，1952 年 10 月 12 日。
〔註 26〕台灣省諮議會網頁，http://www.tpa.gov.tw/，查詢日期：2009／5／8。馬有岳，1901 年生，新竹人，年輕時隨家人來到花蓮開墾。經營舊式糖廠及澱粉工程花蓮貨運運輸公司董事長。戰後為花蓮縣第一屆臨時省參議員。
〔註 27〕〈上大和公路研究興辦〉，《更生報》，第四版，1952 年 4 月 10 日。
〔註 28〕〈開發東部必先改善交通〉，《更生報》，第二版，1964 年 6 月 9 日。〈興建海岸公路決列為優先〉，《更生報》，第二版，1964 年 5 月 5 日。〈開發東部首要交通海岸公路今天啟用〉，《更生報》，第一版，1968 年 6 月 29 日。產業道路共有六條，分別為豐濱八里灣公路，泰原南溪公路、東河富里公路、海岸道路及利吉池上產業道路、光豐公路（即上大和公路）。但六條道路中最早建設的也是等到 1960 年才開始實施興建工程，其他產業道路則是在 1964 年開工，時間拖得相當的晚。
〔註 29〕〈光復補修公路〉，《更生報》，第四版，1954 年 5 月 26 日。
〔註 30〕〈豐濱公路兩年內完成〉，《更生報》，第二版，1954 年 7 月 15 日。
〔註 31〕〈台東至大港口公路計畫修復通車〉，《更生報》，第三版，1954 年 10 月 21 日。

本論文將敘述的省議員，大多數都具備地方資本企業家的身分，公路建設對於他們自己事業的發展同樣有助益，如同戰前日資企業家一般。兩者的差異在於，戰前資本家要發生強力關係的對象是國家，才得以持續生存，但因爲在地化的過程，也使日資企業家的建議，同樣與地方的意見一致。但戰後資本家，本論文討論的是具有省議員身份的企業家。他們必須依賴地方民眾，才能得以延續政治生命，是爲民意代言人，視地方利益與自我利益同等重要。所以對國家互動上，以地方利益爲出發點，利用法定權力，不考慮國家立場，要求國家達成地方的需求。戰後地方便依循這樣的模式爭取公路的建設。但都必須仰賴國家經費補助，還是必須考慮國家的發展訴求，而在國家的訴求下，如何與東部地方促成現代公路的建設？以下將來探討這個過程。

　　秀姑巒溪以南的新港公路發展的較完整，1953 年台東新港地方要求改善省道新港公路，〔註 32〕以適應因三四十噸重大卡車通行，並建立更穩固的公路。〔註 33〕同年 5 月 15 日公路局長譚嶽泉來花蓮視察蘇花公路災情時表示，興建花東的公路必須經過大河流共要 15 座橋樑，費用需數千萬元，窒礙難行。東海岸公路只要兩千萬元可以先行計畫。〔註 34〕5 月 30 日花蓮縣長林永樑也認同此意見，並建議省主席俞鴻均興建沿海公路橋樑，以完成環島公路促進農村經濟發展。〔註 35〕6 月 18 日豐濱鄉靜浦段全長 16 公里公路已經修建完成，發動民工一萬八千工，花蓮縣政府補助 12 萬元，台東通至樟原的公車。〔註 36〕1954 年台東縣政府決定修復因歷年颱風洗劫而千瘡百孔的新港公路，以解決新港民眾交通不便，該路全長 18 公里，包括建造十五公尺丁型橋一座，六公尺拱橋一座，涵洞八處總經費 64 萬元。另外三處工程，入船橋工程左岸引道 7 公尺，51 公里路積修復 10 公尺，工程費 16,300 元及三仙橋墩一座 33,900 元，在 5 月底完成，〔註 37〕9 月 31 日舉行新港公路（後改爲東成公路）全線通車典禮。〔註 38〕

　　以上，從 1951 年開始東海岸地區地方人民的交通不便，鄉公所與縣政府對於當地公路建設從原有的修復到新建的動作出現，希望可以銜接花蓮至台

〔註 32〕　交通部交通研究所編印，《交通年鑑》，1961 年，頁 250～252。
〔註 33〕　〈新港線公路盼速修建〉，《更生報》，第五版，1953 年 2 月 3 日。
〔註 34〕　〈恢復花蓮台東間公路需費過鉅難行〉，《更生報》，第四版，1953 年 5 月 15 日。
〔註 35〕　〈本縣急待建設事項請省補助興建〉，《更生報》，第四版，1953 年 5 月 30 日。
〔註 36〕　〈豐濱鄉道路全部竣工〉，《更生報》，第四版，1953 年 6 月 18 日。
〔註 37〕　〈東新公路月底竣工〉，《更生報》，第二版，1954 年 5 月 13 日。
〔註 38〕　〈加路蘭港完工東成線通車〉，《更生報》，第二版，1954 年 9 月 31 日。

東的公路，繁榮該地區的發展。而省政府也有回應，認為將花蓮至台東的縱貫，建設在東海岸公路，以當時財政狀況較可行的計畫，不足部分請美援協助，但到 1954 年豐濱鄉公路改善工程尚在地方自力救濟階段，省府的回應只是敷衍省議員而已。東成公路因舊有基礎良好，台東縣政府可以獨立負擔修復工程的情況下，在戰後初期成為一條大型貨車可以通行的公路，但所要求東海岸公路，省政府都沒有支持該路建設。突顯國家與地方之間對民生建設的認知差異，或許是因為東海岸地區人口較少，公路所產生的經濟效益也有限，而使省府不重視東海岸公路的建設。至於 1951 年～1954 年人口較多的縱谷狀況又是如何？以下將試圖重建這個過程。

2. 縱谷公路

在縱谷境內公路發展過程方面，〔註 39〕壽豐鄉鯉魚潭為花蓮名勝，可惜只有三種交通方式，一為由花蓮市方向乘坐汽車南下，下車過木瓜溪走吊橋，有小路可過，但須辦入山證手續較雜。二為坐火車至池南站（今平和站）下車，之前可坐汽車及小火車，但當時路基已經被水沖掉，可通的小路崎嶇又需涉溪。三為志學站下車沿木瓜溪西上，原有道路也被颱風沖走，現有道路為文蘭村民修築而成，但還是必須穿叢林臨絕壁，對外交通大受影響。各界希望壽豐鄉公所能修築，方便民眾前往觀光。〔註 40〕但壽豐鄉公所向公路局申請補修道路的案子，好幾次都以經費不足的理由擋下來，所以鳳林鎮鎮代表及壽豐鄉代表再次將開闢公路的陳請案送至公路局，希望能早日讓客運通行壽豐鳳林。〔註 41〕在台東方面，1954 年 1 月 18 日台東水利處主任楊英向省政府公路宣傳隊總領隊伏嘉謨呼籲，〔註 42〕建議公路局撥款將鹿鳴橋興建，

〔註39〕 北段包括花蓮縣壽豐鄉、鳳林鎮、光復鄉。中段包括花蓮縣瑞穗鄉、玉里鎮、富里鄉。南段包括台東縣池上鄉、關山鎮、延平鄉、鹿野鄉。這樣分類只是為了此研究方便。

〔註40〕 〈壽豐鯉魚池，為花蓮名勝惜道路欠修〉，《更生報》，第五版，1954 年 12 月 5 日。

〔註41〕 〈鳳林壽豐各界呼籲開闢公路〉，《更生報》，第四版，1954 年 6 月 11 日。

〔註42〕 數位典藏聯合目錄，http://catalog.ndap.org.tw/，關鍵字：公路宣傳隊，查詢日期：2009 年 3 月 3 日。1953 年 12 月 4 日，第 1 批「反共抗俄公路宣傳列車」在台北火車站廣場舉行開車典禮，由台灣省政府主席俞鴻鈞主持開行典禮及剪綵。中央黨部第 4 組組長沈昌煥發表演說。宣傳列車將沿著公路做環島巡行，車上有各種書報、畫冊、電影和擴音的工具，是反共抗俄宣傳中的一創舉。宣傳車出發，第 1 站來到板橋鎮，工作隊人員分發宣傳品，並表演話劇及舞蹈。只是在花東公路段的時候，沒有公路可以行走，只能搭乘火車。

使汽車能直達花蓮，完成環島公路以利交通。伏嘉謨表示：「修築環島公路及東西橫斷公路兩大計劃，公路局已經擬就，不久即可付之實施，台東通花蓮之公路，也在計畫之內，修築諒無問題。」〔註43〕1954 年 12 月 27 日縣政府技正劉琦從省府返至縣政府稱，交通處鐵定在下月以 170 萬元興建長 77 米寬4.6 米的鹿鳴橋鋼筋水泥橋一座。〔註44〕

對於壽豐至鳳林公路建設問題，1954 年 7 月 2 日於省議會省議員林永樑質詢交通問題時，提出花蓮至鳳林公路預算五十八萬元，曾被刪除，導致該路無法建設，影響兩地交通，政府應設想辦法補救。省政府表示花蓮至鳳林公路會設法補救，但財政困難沒辦法進行。省議員洪掛則認為政府「重西輕東」，東部交通只靠花東線一條維持，一旦遭風雨，兩地交通及陷入中斷。交通處長侯家源則稱省政府已在注意改善東部交通，台東花蓮開闢公路需 20 萬元，軍援美援均有預算，在經濟無著落的情勢下尚難開闢。〔註45〕

雖說無經費可以建設花蓮台東公路。但在省政府單方面，為從事環島公路建設，公路局於 1950 年～1952 年，曾派員三次，就舊路線，〔註46〕海岸山脈山脊線，及山腳線，先後擬定修復計畫，〔註47〕其中在 1951 年 9 月 9 日派員抵達花蓮觀察花蓮至台東的街道公路，公路局工務處人員指出東部河流湍急，每年又為泥沙淤積，東部縱貫公路其中的，花蓮至瑞穗一段須改至海岸山脈西麓。花蓮縣府建設科則建議以每年分段修建的方式，逐年修建，以期在數年之後全線貫通，工務處表示接受此項建議。〔註48〕但又均因財源籌措困難，未能實現。對於遲遲無法動工的花東公路。1954 年蔣介石指示應速速修建，以利東部的國防與經濟發展，所以在同年 1 月 26 日由軍方召集公路局、花東兩縣政府，於東部守備區司令部召開「省道修復會議」，並在會中通過修

〔註43〕〈鹿鳴橋修建已有望宣傳列車備受歡迎〉，《更生報》，第二版，1954 年 1 月20 日；陳俊，《台灣道路發展史》，台北：交通部公路局，1987 年，頁 616～617。所謂的計畫指得是公路局於 1953 年開始有四年公路建設計劃之訂定，以配合國家五期四年經濟建設，分為前四年與後六年辦理。前四年的建設項目其中為省道柏油路面鋪設，省道橋樑改建。費用共一億九千零五十萬元。
〔註44〕〈台東鹿鳴橋下月動工〉，《更生報》，第四版，1954 年 12 月 27 日。
〔註45〕〈東部交通問題政府極為重視〉，《更生報》，第四版，1954 年 7 月 5 日。
〔註46〕指日治時代花蓮港台東道。
〔註47〕陳俊，《台灣道路發展史》（台北：交通部公路局，1987 年），頁 616。
〔註48〕〈公路人員抵達花蓮〉，《更生報》，第五版，1951 年 9 月 5 日。

復花東公路的決議。〔註49〕受到蔣介石壓力的省政府，決定在 1955 年修建花蓮至台東的公路。〔註50〕

　　1950 年～1955 年省府對地方之於花東公路的需求，不斷的是以財政困難作為回應的理由，但是相較於當時如火如荼進行的西部縱貫公路建設，〔註51〕顯示省府重西輕東的態度。在蔣介石指示下才開始由軍方召集該路相關主管機關進行籌備計畫，國家開始重視花東公路的修復。就這點來看，省府在蔣介石指示下的前後態度，讓人難以接受，並質疑「財政困難」只是合理化省府忽視東部建設的理由。在蔣介石指示下，1955 年以後該公路修復過程是否會比較順利？其中國家、省議員及地方對於修復狀況又會呈現怎麼樣的觀點？以下將討論之。

四、1955 年～1956 年花東、東海岸公路的發展情況

1. 花東公路第一期修復工程的規劃工作

　　省公路局決定在 1955 年進行花東公路的修復工程運作，受到民眾的熱烈期待，並希望能夠早日修復完成。〔註52〕同年 12 月 9 日台東縣政府發動民眾義務勞動整修花東公路鹿鳴橋至台東縣界，〔註53〕以銜接省公路局已決定動工的鹿鳴橋工程。1956 年 3 月 28 日花蓮縣議員汪純華提出花東公路應通過池南，以利鯉魚潭風景區之交通。同年 8 月 30 日關山池上各界代表於民眾服務站要求花東公路關山至池上路段改線，由關山、白毛寮、水墜至池上鄉，經濟價值高與原來鐵路沿線相差無幾。〔註54〕10 月 22 日花蓮縣玉里鎮春日一帶民眾，為爭取花東公路自瑞穗舊線彎道另設新線，經過瑞美，德武、觀山、樂合，而接運安通舊線，頃特由德武等六里里長及民眾四百餘人，聯名向省府及有關當局陳情，並派代表晉省力爭，俾使居住在海岸山脈之六里民眾的

〔註49〕　〈省道修復會議昨在本市招開〉，《更生報》，第四版，1954 年 1 月 27 日。

〔註50〕　〈政府明年修建東部公路〉，《更生報》，第四版，1954 年 12 月 23 日。

〔註51〕　〈西部縱貫公路〉，《更生報》，第四版，1954 年 10 月 24 日。該公路在 1954 年 10 月 24 日全線通車。

〔註52〕　〈花東公路豐平橋工程，日內可開工修建，路局將開花鳳段班車〉，《更生報》，第二版，1956 年 3 月 27 日。

〔註53〕　〈發動民眾整修道路〉，《更生報》，第二版，1955 年 12 月 9 日。

〔註54〕　〈袁部長守謙今東來視察〉，《更生報》，第四版，1956 年 11 月 10 日；〈關山池上各界呼籲花東公路更改線路〉，《更生報》，第二版，1956 年 9 月 4 日。

交通問題能獲得解決，並使該六里隨之發展繁榮。該陳情書內容對於花東公路改用新線，經過春日等里有四點優越條件。其優越條件如次；1.花東公路如利用舊線、自瑞穗至安通，雖然沿線土地約有千甲，人口萬人，但該地區已有鐵路，交通堪稱便利，實無再築公路之必要。2.德武至安通地處偏僻，人口萬人、耕地千甲。自大平渠，完工後，農業生產已提高，唯交通困難，影響繁榮尤大。一遇豪雨，即受秀姑巒溪之阻隔，常成孤島，如花東公路改線經過該地區，不但可以協助繁榮該區經濟，並且也可解決該區交通困難問題。花東公路以舊線修復通車。自瑞穗至安通，沿線計有紅葉溪、舞鶴、太平、清水等四大溪流，需新架設橋樑才耗費甚鉅，而改線經過春日，僅架秀姑巒溪橋樓一座，即可暢通安通，如果改用新線已可減少工程費開支，又可減少今後政府每月在德武、春日、松浦、觀山等四處渡船維持經費。倘能改善經過春日，自瑞穗至安通間之路面路基保養工作，該六里民眾，願經常發動義務保養，以減輕當局每年支付保護經費，盼望當局採納。〔註55〕

　　以上地方民眾希望花東公路的路線能夠變更，除了舉出建設成本不會比原來路線高昂以外，更列出許多的附加經濟價值，如發展觀光業及第一級產業的效益，不使新的公路建設後只流於浪費公帑之弊。而這些要求的目的，就是希望花東公路動工前的新路線能夠規劃到自己家鄉，獲得立即性正面的幫助。換言之，當時地方民眾的需求只是在求得交通上的方便而已，但從西部縱貫公路順利通車的狀況來看，東部民眾相較於西部民眾在爭取其基本需求，要花較多的力氣。而代表民意的省議員在這段時間又提出怎麼樣的言論監督省政府的執行工程？以下將說明這段情形。

　　1955年2月25日花蓮縣籍省議員林永樑呼籲政府早日興建花東公路。〔註56〕省主席嚴家淦表示花東公路興建實屬必要。交通處與公路局曾派員勘測，新路線預計需要經費一億一千萬元，正尋求美援會協助。〔註57〕3月3日對於花東公路計畫需花費一億一千萬元，林永樑建議鑒於這條公路是東台灣的大

〔註55〕　〈玉里鎮春日一帶民眾，爲爭取花東公路改線，列舉四大優點〉，《更生報》，第四版，1956年10月26日。

〔註56〕　台灣省諮議會網頁，http://www.tpa.gov.tw/，查詢日期：2009／5／8。林永樑，1916年生，花蓮人，臺灣省臨時省議會第二屆議員。林永樑議員原係商販，因參加三民主義青年服務團活動，受該團支持擔任參議員，開始其政治生涯。林議員於擔任省議員後進入金融圈之上層。

〔註57〕　〈修建花東公路，經費一億餘元〉，《更生報》，第四版，1956年2月25日。

動脈，爲了促使早日實現，就原有路基加以修建即可，如此一來，工程費用只要兩千萬，實爲省錢又省力的一條捷徑。〔註58〕1956 年 9 月林永樑繼續向省主席嚴家淦呼籲，花東公路爲東部三十萬人民的期望，在軍事及經濟價值上有重大意義，而且蔣介石指示應速完成，中央政府也決定列爲 1956 年度重要建設事項。交通處長侯家源表示花東公路可利用鐵路橋樑以縮短興建時程。〔註59〕

受到上級及民眾壓力下，在 1955 年 7 月 27 日公路局已經決定第一期工程爲花蓮至鳳林之護路工程，先行將該路段路基修復，橋樑另訂計畫。此工程交由退除役軍人就業輔導委員會直屬工程總隊派人前來搶修，預定 1955 年9 月初開工，年底完成。第二期工程再行設計。〔註60〕11 月 23 日公路局第四區工程處第三工務段派員設計勘測木瓜溪過水橋。支亞干溪（今壽豐溪）豐坪橋樑恢復工程已經設計完成，經報省，預定隔年（1956 年）動工。〔註61〕12 月 31 日花蓮至台東之花東公路經省府列入 1956 年中心工作，在公路局派員測量多次後，決定其路線大致與台東鐵路平行但自花蓮至光復間，大河多處，河床極不穩定，導致建橋困難。所以公路局曾擬具比較八條路線，經多方研究結果。大致上決定自花蓮向海岸山脈經富田至光復以避免木瓜溪、支亞干溪、萬里橋溪、馬太鞍溪等洪流路線較安定，自光復至台東，尚有舊路可循，但全部工程費估計需新台幣一億兩千餘萬元必須洽請美援，以期早日動工。〔註62〕1956 年 2 月 24 日公路局決定先將花蓮至鳳林公路修復，木瓜溪橋問題，公路局已撥兩萬元交由該局第四區工程處第三工務段興築便橋，並於 2 月中旬完工。至於豐平橋設計完成，省准動工後，花蓮至鳳林汽車可通達。鳳林以下，公路局設法搶救，因無經費，恐難以實現。〔註63〕

3 月 24 日公路局經討論後，由八條擬定出四條路線，該四條路線爲（一）自花蓮起，經南埔、溪口、月眉、光復、富田，接舊幹線至台東。（二）自花蓮起，經南埔、溪口、月眉、鶴岡、瑞穗，接舊幹線至台東。（三）照舊幹線。

〔註58〕 〈促使花東公路早日實施興建〉，《更生報》，第四版，1956 年 3 月 4 日。
〔註59〕 〈林永樑在省議會詢問全面開發東台資源興建花東公路改善東線鐵路行車〉，《更生報》，第四版，1956 年 9 月 19 日。
〔註60〕 〈花東公路九月開工將先修復橋樑〉，《更生報》，第四版，1955 年 7 月 27 日。
〔註61〕 〈花東公路先修花鳳段明年可興工〉，《更生報》，第四版，1955 年 11 月 23日。
〔註62〕 〈花東公路工程積極計畫興建〉，《更生報》，第四版，1956 年 1 月 31 日。
〔註63〕 〈花東公路，最近修復〉，《更生報》，第四版，1956 年 2 月 24 日。

（四）自花蓮起經初英、榕樹、池南、銅門，接舊幹線至台東，預定於 1956 年度底完成四條路線勘測量設計工作後，美援款一到，便立即動工。3 月 27 日壽豐鄉與鳳林鎮交界的豐坪橋，因北方橋頭日久失修，經多方呼籲始獲省方重視，工程費 14.3 萬元日內可開工修建。在豐平橋整修完成後，公路局將開闢花鳳路段班車。〔註64〕5 月 3 日派人前往勘查木瓜溪便橋情形，計畫在在榕樹檢查站與池南公路間架設鋼筋混凝土橋樑，計畫編入 1956 年預算，預算須約三百多萬元。〔註65〕木瓜溪大橋因台電要求改至榕樹上游處，所需工程費三百萬由花蓮政府、木瓜山林場、台電、太魯閣林場、公路局共同分擔，由公路局負責橋樑設計。〔註66〕

5 月 24 日成功大學土木系 120 名學生偕同教授測量隊來東部進行花東公路的測量，由花蓮市到台東馬蘭，分為馬蘭至東里、東里至溪口、溪口至花蓮三段，最後決定除木瓜溪與銅門是新闢路線外，其餘道路與東線鐵路平行，以便利用鐵路橋樑加以擴建。〔註67〕定 1956 年完成測量工作。〔註68〕1956 年 6 月，公路局奉蔣介石指示：「花東公路修復計畫應先將路基橋樑，予以整修，以期通車，然後再求全盤改善」。公路局乃根據指示，詳加研究後，決定利用原有道路橋樑涵洞，予以整修，〔註69〕其路線所經較大溪流如萬里溪等，因河床不穩，主流不定，新建橋樑工程艱巨，費用浩大，乃決定利用鐵路橋，

〔註64〕〈花東公路豐平橋工程，日內可開工修建，路局將闢花鳳段班車〉，《更生報》，第二版，，1956 年 3 月 27 日。

〔註65〕〈改建木瓜溪水泥橋樑，昨日開始勘察〉，《更生報》，第四版，1956 年 5 月 4 日。

〔註66〕〈位置決變更木瓜溪通池南大橋將一至榕樹上游處〉，《更生報》，第四版，1957 年 1 月 31 日。

〔註67〕〈勘修花東公路積極著手進行〉，《更生報》，第五版，1956 年 8 月 25 日。

〔註68〕〈花東公路修復工程，經費需億餘萬〉，《更生報》，第四版，1956 年 5 月 14 日。

〔註69〕花東公路沿線舊橋全長約一千五百公尺，其中有五百公尺損壞不堪行車，完好者載重亦不及十噸，經公路局同意先將損壞者，依下列原則予以整修：1、重建：原橋全毀，照新建標準重建。2、改建：原橋部分損壞，需加固提高載重至廿噸。3、修理：原工字鐵木面橋應挶增載重十五噸，依上列原則，全線舊橋計重建者一座，長六點三公尺，改建者十七座，共長二六五公尺，修理者十三座，共長二三四點七公尺。施工時除壽豐橋，第三上大和橋、安通橋、大莊橋曾遇有地下水外，其他各橋均不嚴重，工作進行尚稱順利。此外，原計畫取用大富村保管之舊工字鐵十五支修理木面橋，後以該村拒絕取用，不得已變更計劃，將大莊橋載重減為十噸。所有整修舊橋，包括馬蘭鈎橋在內，全部工料費計三百五十萬元，平均每公尺七千元。

兼通公路車輛，以求節省工程費用。〔註70〕10 月 13 日花東公路全部測量完畢。
估計全部工程費用 5,600 萬元，兩年完成。後因申請美援款項頗費周折，延至
1957 年 6 月，始獲美援款項 1,700 萬元，並請省政府撥款 161 萬元。〔註71〕
工程分為三段，花蓮到初英，利用舊有公路長約八公里，初英至壽豐長十六
公里，其中修復舊有公路十二點四公里，新闢路線三點六公里，壽豐與台東，
長約一百五十六公里，大致利用舊有公路修復，五大橋樑則借用鐵路橋加鋪
木板，並修復小橋三十一座。〔註72〕

表 3－1－1　花東公路加寬整修計畫表

花東公路加寬整修計畫									
鄉鎮名稱	壽豐	鳳林	光復	瑞穗	玉里	崙里	關山	鹿野	卑南
整修長度（公尺）	5150	5360	9000	8460	2550	980	700	4510	800
需要民工	1505	66	2500	2950	455	435	350	1600	3000
需要砂石（立方公尺）	935	1495	2020	1725	530	230	20	510	700

出處：〈花東公路加寬路面，擬就整修計劃，即將呈報省府核示〉，《民聲日報》，第五
　　　版，1958 年 3 月 6 日。

　　花東公路經過公路局一連串的路線勘察及路線的選定，再經由蔣介石的
指示下，原則上以快速經濟的方式，再加上美援的補助，進行該路的修復工
作。林永樑建議減半經費的要求，代表的是花東民眾亟需該公路的完成，但
從一開始的修復計劃內容，或許是真得太過急躁與折半費用的因素，使得花
東公路修復後的品質不佳，無法使花東兩縣整體路線暢通，更埋下日後問題
百出的種子。但花東公路進行修建時，地方人士對於其功能及對地方的影響，
有了滿滿的期待：

> 花蓮至壽豐一段，旨在便利木材運輸及旅客觀光鯉魚潭觀光風景
> 區，特將原有計畫變更，改由花蓮至吉安鄉之南華經榕樹，跨越木
> 瓜溪循鯉魚池，經池南至壽豐南下，該段初次測量工作已告完成。
> 其中有木瓜溪橋及鹿鳴橋，由公路局計畫興建，不包括花東公路整
> 修計畫內，惟該橋樑興建工程進度，將配合花東公路整修工程，在

〔註70〕陳俊，《台灣道路發展史》，台北：交通部公路局，1987 年，頁 616～617。
〔註71〕〈花東公路修復工程，預定三月興工，全部工程需時兩年〉，《民聲日報》，第
　　　　五版，1957 年 2 月 12 日。
〔註72〕〈花東公路工程，今年六月底可完工，和鐵路平行與橫貫公路啣接〉，《民聲
　　　　日報》，第三版，1958 年 1 月 20 日。

1958 年 4 月全線完成通車。沿途風景及全線產物，花東公路沿線風
景，有池南里魚池，環境優美，池中設有小船供人划遊，南行抵瑞
穗，位在北緯 23.5 度，入山有黃色及青色溫泉，即是瑞穗紅葉溫泉，
內有旅館供人休息。豐田產石棉，礦區約四百坪，設有石綿礦廠及
工廠，當地產木炭分銷東台，溪口出產石炭原石，電力公司在該處
有發電所，鳳林林田——帶出產米穀、蜜柑等，萬里出產甘蔗及木
材，附近林田山，蘊藏原木長多，臺灣紙業公司於林田山上設有林
場，從事砍伐，山上為杉、檜、紅檜，樹齡約三百年至五百年，另
有扁柏，約二千年之老樹，稱為神木，光復一帶種植甘蘆，台灣糖
業公司在該處設有花蓮糖廠，規模宏大，專為收藏甘蔗製糖工作，
富源產米，瑞穗產水葉，三民大禹玉里一帶出產落花生、米和木炭，
東竹東里出產桂竹，樟腦油，消石炭，富里丘陵為天然樟樹林，出
產樟木，池上養魚池，該池直徑約四百公尺，出產金色鯉魚，價廉
物美，關山出產木材，瑞源瑞豐一帶出產落花生，米豆等物，鹿野
產鹿，初鹿產甘蔗，菸草，台東初鹿間產甘蔗，台東設糖廠於馬蘭，
以上各地產品外銷，過去多數由東線鐵路運至花蓮港出口，轉來花
東公路完成，運輸方面，定較以往更加便捷。〔註73〕

地方人士親身踏查花東公路的路線，對於地方的物產可以配合花東公路便捷
的輸送出去，規劃出一個完整的藍圖，這也代表了花東縱谷居民對花東公路
可以帶動地方經濟繁榮的熱烈渴望。但與該公路修復內容呼應，筆者認為民
眾定會大失所望，若省府繼續忽視東部建設的話，還是必須要不斷爭取全線
公路的修復完成。花東公路在這兩年時間積極的進行規劃，而這兩年時間，
沒有得到蔣介石關愛的東海岸公路又是如何發展的？尤其是秀姑巒溪以北的
區域。

2. 東海岸公路的發展

　　1945～1954 年東海岸秀姑巒溪以南的部分，已經有大貨車通行，發展得
相當良好的公路。但是秀姑巒溪以北的公路發展得還是相當差，越北端至花
蓮市、吉安鄉為止，甚至是沒有道路可言的地方。也由於公路建設的優劣與
否，造成豐濱鄉內越靠近秀姑巒溪的地方發展得較好。台東至靜浦村，由公

〔註73〕生雨，〈花東公路行腳〉，《更生報》，第四版，1957 年 9 月 24 日。

路局每小時對開班車一班，交通上尚稱便利。而靜浦隔壁的港口村之間的交通以小船由鄉公所僱人負責渡船，連絡兩地的交通，使得靜浦與港口為豐濱鄉內發展最好的兩地，越北端越沒有人，甚至是一片原始森林，直到靠近花蓮溪才有聚落。〔註74〕

　　1955 年豐濱鄉公所為改善地方第一級產業經濟，建設往東海岸北段的公路交通建設，於 1 月 7 日提出道路四年建設（一）第一年計畫修築：豐濱至港口十六公里，配合石梯港修築公路，築道工程費約費 337,500 元，因預算無法核定，因而無法積極施工，鄉公所已完成靜浦村道路工程，配合義務勞動已經完工。石梯坪至港口段趕工中。戶敷炸岩工程完工後，由戶敷至石梯坪劃分兩段，配合豐濱港口兩村民義務勞動，同時分段動工，則完成第一年計畫。（二）第二年計畫架設秀姑巒溪大橋港口至靜浦之秀姑巒溪大橋預定 1956年度建造完成，預算七十五萬元。（三）第三年計畫修築豐濱至新社 6 公里公路，中間建橋樑一座涵洞六座。〔註75〕但之後狀況是，地方能動用到義務勞動興建的道路工程，已經先做，但秀姑巒溪大橋的建造在這個階段，尚只停留在計劃階段，沒有省府的支援。

　　而豐濱往北端的交通狀況是如何？8 月 22 日的旅人遊記說明豐濱鄉與水璉村（屬於壽豐鄉）交通狀況：

> 道路崎嶇，行旅維艱，在這百二十公里餘的路程中因為未開發的緣故，沿途不是漫草叢生的羊腸小徑，便是山嶺重疊的崎嶇小路，至於毒蛇野獸亦是時常可見，其中尤以新社至磯崎一段，中間必須越過懸崖絕壁的「親不知」，我們一行到了「親不知」的入口，便見斷崖插天驚濤拍壁，下望波浪澎湃的太平洋，足足有十餘丈高，大家小心翼翼，一步一步地看峭壁上曲徑前進，到了斷崖展高際時，腳底上的路僅容一足，的確一段驚險的道路，但本人以為「親不知」的地名太恐怖太消極，予以更改為「欽佩磯」較妥。蓋親不知原意是從上面掉下去，便粉身碎骨身葬海洋，連親人都不知道，使人聞之色變，而「欽珮磯」雖然音同，意義卻完全不同，使人人能因之試行一次便受人欽佩，具有激勵精神作用，其次由磯崎至水璉的番仔寮坑，必須翻越四座高山，山上的道路非但崎嶇難行，而連路跡

〔註74〕〈豐濱籲修秀姑溪橋〉，《更生報》，第三版，1961 年 12 月 6 日。
〔註75〕〈豐濱道路四年計劃〉，《更生報》，第四版，1955 年 1 月 7 日。

都找不到，僅憑帶路同仁的經驗，在前斬草開路，這一段並且是蛇
獸出沒之區，所以當日經過這裡的時候大家都是心驚膽跳，像上戰
場似的步步爲營，走的非常之慢。最後一段水璉至南濱的對岸，也
是難行之路。因爲全在沙灘中顛覆難行，沙灘又鬆又滑，走一步退
一步，身體的重心無法控制，比走在普通道路還要多一倍。這完全
是沒有建設的緣故，若有建設便沒這麼困難。從港口到水璉都是風
景優美，物產豐饒之處。〔註76〕

所以從豐濱到水璉這段路線，是一連串的危及生命原始森林及斷崖峭壁，行
人通過時需要非常謹慎小心，作者在進行這段驚心動魄旅程的時候，還是不
忘這片土地肥沃、風景優美，需要建設從事經濟開發的想法。而更北端的鹽
寮，因不少民眾在鹽寮坑投資造林，大量工人在此出入時，必須經過花蓮溪
涉溪到吉安鄉、花蓮市區，常發生有人溺死的事情，後來花蓮縣政府建設渡
口，以小船方式輸送安全通過花蓮溪。〔註77〕以上就是 1955～1956 年東海岸
公路的發展狀況，沒有得到蔣介石的任何指示，沒有受到上級壓力的省府持
續忽視東海岸居民的需求，地方居民只能以限有財力獨立維持公路的運輸及
發展，其交通模式還是以步行爲主的原始交通方式。

第二節　通車後花東公路狀況與省府態度 （1957 年～1964 年）

一、1957 年～1959 年花東公路的第一期修復工程狀況

　　花東連絡公路，尤其從 1954 年開始，從原本的地方自力救濟，到國家開
始進行推動。使得花東公路從 1957 年開始，正式開始興建。從 1957 年開始
花東公路的第一期修復工程狀況是如何？完工之後地方與國家之間又呈現怎
麼樣的觀點去經營花東公路？因爲從 1957 年開始，關於花東公路的建設與經
營意見較多，所以以單節討論，而東海岸公路部分，留至下一節討論。

　　1957 年 7 月 6 日鐵路局花蓮管理處在花蓮成立花東公路工程處，並進行發

〔註76〕傅維新，〈豐濱鄉與水璉村〉，《更生報》，第四版，1955 年 8 月 12 日。
〔註77〕〈社論改進「花蓮溪」的交通〉，《更生報》，第四版，1956 年 10 月 2 日。

包工作，1958 年 3 月 23 日於兩端進行施工。〔註78〕原有路面，年久失修，多以坎坷不平，經公路局十年公路建設計劃，興建若干橋樑及鋪設沿線路面石子。〔註79〕台東花蓮兩縣府發動民工加以整修。至於新築路基路面，〔註80〕經用壓路機，重載汽車及二噸重滾軸等方法分別發交包商辦理。第一期修復工程標準是單車道，行車速度每小時丘陵區 25 公里，平原區 40 公里，最大坡度，丘陵區 10 度，平原區 8 度，最小曲線半徑，丘陵區 20 公尺，平原區 45 公尺。路基寬度，丘陵區路堤 5.5 公尺，路塹 5 公尺，平原區 6 公尺，路面寬度 3.5 公尺，新建橋樑淨寬 4.6 公尺，利用鐵路橋淨寬 2.73 公尺，新建橋樑載重 20 噸。至1958 年 6 月底完工，路面厚度分 25 公分及 10 公分兩種，視路基軟硬情形而定，前者包括底層大軟石 15 公分，碎石面層 10 公分，後者僅碎石面層 10 公分。整條路線為花蓮站沿舊路南行，經吉安、初英，再沿初英至銅門公路，西行至榕樹，跨木瓜溪，抵池南，另築荖溪橋至壽豐，〔註81〕再沿舊公路，與鐵路平行南下，經鳳林、瑞穗、玉里、關山，而達台東，全長 188 公里（後改善為 185.1公里），並新建池南至壽豐間路線長達 3.7 公尺。

　　另有木瓜溪橋（後改為仁壽橋）及鹿鳴溪兩橋，則由公路局負責興建於 1958年 1 月 22 日開工，原設計橋寬 4.6 公尺，2 月 5 日省主席周至柔蒞花視察時，諭令變更設計，將單行道改為双行道，原預定 1958 年 6 月開工，7 月 15 日遭受溫妮颱風的嚴重損害，造成花東公路全線破損，至 1958 年 11 月間颱風季節

〔註78〕　〈花東公路兩處工程〉，《民聲日報》，第五版，1958 年 3 月 23 日。

〔註79〕　陳俊，《台灣道路發展史》，台北：交通部公路局，1987 年，頁 442～444。

〔註80〕　〈首期工程施工紀要〉，《更生報》，第二版，1959 年 6 月 17 日。全線土石方共 170,000 立方公尺，其中石方與間隔土，約各佔百分之十，19 公里至 23 公里一段新闢路線屬丘陵區域，填挖方較多，土石方約佔全部之百分廿一。利用鐵路引道地勢尚稱平坦，惟公路匯合至鐵路橋頭處填方高達 6、7 公尺，取土困難，新武呂溪橋北端挖方深達 7 公尺，工程較大。

〔註81〕　〈首期工程施工紀要〉，《更生報》，第二版，1959 年 6 月 17 日。荖溪橋為新闢路線上最大之橋樑，溪底為砂石及大卵石，經年有水，公路局原定新建二孔 25 公尺鋼筋混凝土丁字樑，因橋墩位於溪心，且其北岸引道土方艱鉅，坍塌堪虞，定測實乃將橋位移向下游狹谷處，此處兩岸為堅石，係一理想之橋位，並改建為三孔橋樑，其中孔 25 公尺跨越峽谷主流，兩端分設 12 公尺及 7公尺鋼筋混凝土丁字樑，因中孔跨度較長，包商缺乏機具興經驗，施工難臻理想，故改用鐵路鋼板樑上建混凝土橋面，以利施工。橋台橋墩均為重力式，中孔鐵路鋼樑經加寬改造後重約四十三噸，分成二片，由花蓮以火車先運池南，卸車後沿荖溪岸鋪設輕便鐵道 2 公里，用鉸車拖運至橋旁鉚合一體，再利用枕木墩架至橋位，工程頗為艱鉅。

過去，乃重行復工。經數月的日夜趕建，至 1959 年 5 月底始全部完成。木瓜溪橋全長 350 公尺，寬 8 公尺，凡 13 孔，每孔 25 公尺，兩邊欄杆高 80 公分，係以鉛版做成，總工程費為新台幣 700 萬元。鹿鳴橋位於花東公路 392 公里處，距台東鎮約 19 公里，跨越北絲鬮溪（又稱太平溪）雄偉壯觀，為台東縣境內重要橋樑之一，亦是台東通往花蓮之交通孔道。該橋為台灣工程師自行設計，並自行興建之吊橋工程，由公路第三局工程處興建，吊橋部分計長 80 公尺，引橋長 15 公尺，為鋼筋混凝土橋，兩端引道共長 30 公尺，橋面淨寬為 4 公尺，為單車道，於 1957 年 8 月 16 日正式開工，至 1958 年 7 月 5 日全部完成，耗費 247 萬元。〔註82〕1959 年 6 月由鐵路局花蓮管理處主管先後試車，結果光復至關山間路面欠佳，且與鐵路平行可利用，尚無行駛價值，所以決定先在花蓮至光復間，台東至關山間兩段分段行車。〔註83〕該年 6 月 17 日舉行第一期工程通車典禮。〔註84〕此外萬里溪，馬太鞍溪，太平溪，清水溪，新武呂溪等五座橋樑，全長 1,800 公尺，係利用東線鐵路的鐵橋加鋪公路路面（木板），全線還有小溪三十餘處。〔註85〕整條路線往返上，花蓮開往台東大約七小時可到。〔註86〕（見圖 3－2－1、圖 3－2－2、圖 3－2－3）

〔註82〕〈耗資七百萬歷時數個月的仁壽橋〉，《更生報》，第二版，1959 年 6 月 17 日；〈花東路通車禮定十七日行舉〉，《更生報》，第三版，1959 年 6 月 14 日。仁壽橋橫跨湍急的木瓜溪，位置於銅門發電廠下游，北岸現在尚未興建之榕樹發電所尾水道口，南端過去不遠，就是以風景著名的鯉魚潭，山巒對峙，長虹臥波，山光水色，益增壯麗。本橋由台灣省公路局盧廣才主任負責興建，本工程期建築混凝土 2,140 平方公尺，使用鋼料 188 公噸，油漆 2.16 噸，開挖及填土石方 4,000 立方公尺，出工人數共計小工約 10,000 工，大工約 3,000 工。

〔註83〕〈花東路通車禮定十七日行舉〉，《更生報》，第三版，1959 年 6 月 14 日。

〔註84〕陳俊，《台灣道路發展史》，台北：交通部公路局，1987 年，頁 616～617。

〔註85〕〈耗資七百萬歷時數個月的仁壽橋〉，《更生報》，第二版，1959 年 6 月 17 日；〈花東路通車禮定十七日行舉〉，《更生報》，第三版，1959 年 6 月 14 日。〈耗資七百萬歷時數個月的仁壽橋〉，《更生報》，第二版，1959 年 6 月 17 日；〈花東路通車禮定十七日行舉〉，《更生報》，第三版，1959 年 6 月 14 日。東部溪流繁多，有萬里溪、馬太鞍溪、太平溪、清水溪、新武呂溪等五處，溪寬均在 200 公尺以上，如新建橋樑所費不貲，故暫利用鐵路橋加鋪木板兼通公路，此項設施在本省甚少先例。鐵路橋樑鋪板後，橋面淨寬僅 2.73 公尺（欄杆內淨寬則為 3.03 公尺），兩側建有 0.8 公尺高之木欄杆，汽車行經其上應加注意，各橋行車均加管制，鐵路兩端設號誌機，公路裝遮斷臂、互相連鎖，由管制房專人管理，用電話向附近車站聯繫，路線經常開通鐵路，公路車輛必須臨時申請在鐵路無車放行，橋上每隔 25 公尺設有避車台，俾利行人避車。

〔註86〕〈花東路通車禮定十七日行舉〉，《更生報》，第三版，1959 年 6 月 14 日。

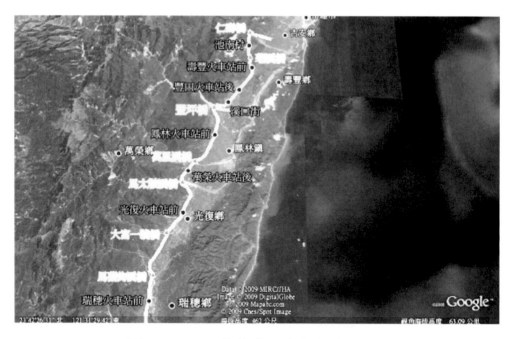

圖 3－2－1　舊花東公路北段重建圖

出處：Google Earth（以下圖片含有 Google 字樣，來源皆爲 Google Earth，故不再特
別列出處，特此聲明。）

圖 3－2－2　舊花東公路中段重建圖

圖 3－2－3　舊花東公路南段重建圖

1. 鐵路局主管的花東公路

　　花東公路的萬里溪、馬太鞍溪、太平溪、清水溪、新武呂溪等五座橋樑，全長 1,800 公尺，因係東線鐵路的鐵橋加鋪木板，共同運用，省府為了便於管理與節省人力，故花東公路的營運業務決定交由鐵路管理局花蓮管理處兼辦。惟花蓮至銅門及台東至初鹿二段，因公路局營運有年，乃暫准雙方共同行駛，鐵路局並已申請由中信局採購柴油客車 8 輛，貨車 10 輛，辦理花東公路客貨運輸，此項新車尚未購到前，該局向公路局價購逾齡客車 4 輛，先行辦理營運。

　　花東公路，設有鐵道兼辦站廿個，即花蓮、壽豐、溪口、萬榮、光復、大富、富源、瑞穗、三民、大禹、玉里、安通、東里、池上、海端、關山、月野、鹿野、台東。委託站四十四個：公賣局、田浦、田浦村、宮前、吉安、清水、干城、初英、華隆、文蘭村、鯉魚池、池南村、共榮、豐田、平林、鳳林、榮民醫院、大全、富源村、瑞北村、舞鶴村、玉里農會、東里街、萬寧、東竹、石牌、德昌、瑞峰村、七腳川、鹿野村、龍過脈、初鹿、斑鳩、澱粉工廠、檳榔、南王、卑南鄉、都蘭、大同路。招呼站十四個：慶豐橋、榕樹檢查站、文蘭檢查站、重光、馬太鞍橋、三民村、太平橋、玉里圓環、樂合、竹田、羅山村、池上農場、鹿野農場、中興村。惟辦理花東公路營運

的花蓮鐵路管理處，現僅有逾齡客車四輛，且光復至鹿野間的路面不佳，又多溪底便道，尤以較大的鹿寮溪通過頗多困難，因此決定先行分段行駛，即花蓮至光復票價二十元，台東至鹿野票價六元。〔註87〕

在美援的金援下，省府與公路局、鐵路局開始推動花東公路第一期修復工程的建設。對於蔣介石與地方早日興建完成的要求，選擇以日治時代花蓮港台東道做為建設戰後花東公路的基礎，以滿足省時省錢的要求。停靠站的設置比原有的火車站更貼近花東鄉鎮村里，刺激了農村的活絡。在這樣以「速成」為修復工路原則下，花東公路第一期工程創造出特殊現象。如在制度上，公路局為節省資源，委託鐵路局主管花東公路。使用鐵路橋上面放兩塊木板作為讓汽車行駛之用，而這樣的現象對日後該路的通車，應會造成嚴重的問題。但是通車之際，國家與地方之間對於這條公路還是有相當的期待。

2. 國家與地方對花東公路通車的期待

省府主席周至柔認為：

> 整建花東公路是完成公路環島系統最重要的一件大事，也是開發東部必須完成的大事。總統對此公路的整建，亦表示至為重要，乃於四十五年指示應即興建。……花東公路第二期工程，省府業經盡量籌劃財源，希望能夠盡速興建，同時並盼各界繼續協助政府，早日促其完成。按第二期工程需工程費計六千五百萬元，主要為橋樑工程與路基加固。〔註88〕

省議會黃朝琴議長亦在典禮中致詞稱：

> 兄弟十年前由台東坐車至花蓮，看到花東公路橋樑，涵洞，路基破壞不堪，然時至今日，不但此一公路業已修建完成，而兩縣農村，商場經濟，亦隨之步上繁榮，將來配合東線鐵路的改善，美崙新市建設，港口擴建，花東兩縣未來經濟繁榮，當可想見一斑。
> 〔註89〕

〔註87〕〈全線設七十八個站花蓮光復票價十二元〉，《更生報》，第二版，1959 年 6 月 17 日。

〔註88〕〈周主席蒞花主持盛典時稱第二期工程省府將盡速籌建〉，《更生報》，第二版，1959 年 6 月 17 日。

〔註89〕〈周主席蒞花主持盛典時稱第二期工程省府將盡速籌建〉，《更生報》，第二版，1959 年 6 月 17 日。

在地報紙的更生日報社論表示

> 花東公路路線大部分與現在之東線鐵路並行，但由於它比鐵路更能
> 銜接貫通花蓮台東兩縣各重要鄉鎮村里的鄉村道路，故其修復不僅
> 可導致事實上之需要而促進各地鄉村道路的整修擴建，充分便利東
> 部兩縣內線的交通、同時將幫助東部物產之暢運，活潑地方的經濟，
> 裨益於東部地方及人民至大。因此、我們相信，花東公路之修復，
> 將更迅速帶來東部兩縣的繁榮，和人民的幸福。〔註90〕

國家與地方都認為花東公路第一期修復完成後，可以帶動花東經濟發展，以
及更比鐵路更能深入鄉村，活絡農村的第一級產業經濟繁榮。所以花東縱谷
區域，自從花東公路第一期修復工程完成後，刺激了這個區域橫貫產業道路
的發展，使得花東縱谷區域原來的直線公路建設實際邁向網狀公路交通。〔註
91〕然而花東公路第一期工程完成後的狀況，真得值得讓國家與地方充滿期待
嗎？畢竟花東公路第一期修復工程完成後問題還是很多。例如，只有花蓮至
鳳林及台東至鹿野段能夠通行汽車。中間一大段還是沒有汽車通行的。而且
又有多處溪底便道，一遇山洪瀑發，即不能全線暢通，其中較大的鹿寮溪，
問題更為嚴重。其中五座橋樑是為鐵公路並用橋，汽車車輛還是要跟火車爭
道，而且民眾及常用的牛車，也會利用鐵公路橋交通，這樣的狀況會不會產
生怎麼樣的問題？況且花東公路的主管機關竟然不是公路局而是主管鐵路運
輸的鐵路局，這樣權責不分的情況下，對於花東公路的二期工程會有怎麼樣
的影響？以上問題再再都顯示出，花東公路公路的品質低落。所以需要進行
第二期工程修復，而該工程進行前後，國家、省議員、地方又會呈現怎麼樣
的糾葛？

二、1959年～1964年全線通車比登陸月球還難的花東公路

花東公路第一期修復工程結束後，地方人民還是感覺交通相當的不便，
而產生相當多問題，所以這個部分將主要以汽車運輸內容、未建設公路橋樑
區段交通發展狀況、整體發展三個方面，來討論1959年～1964年花東公路的
發展狀況。

〔註90〕〈社論祝花東公路通車〉，《更生報》，第二版，1959年6月17日。
〔註91〕〈興建花東路支線周主席允籌財源〉，《更生報》，第二版，1959年6月17日；
〈社論祝花東公路通車〉，《更生報》，第二版，1959年6月17日。

1. 汽車運輸內容

花東公路主管機關為鐵路局，負責客貨運汽車營運業務。對於營運問題省議員在議會中提出種種意見。〔註92〕1958年林茂盛要求政府將花東公路除大型客運由鐵路局經營外，其餘客運、貨運准予民營，以利地方發展。省政府回應：

> 暫由鐵路管理局統一營運，以後如貨運轉旺，當再逐漸開放民營，
>
> 至小汽車營業，則交由民營運輸業經營。〔註93〕

之後便開放民營業者加入花東公路的運輸，鐵路局還是花東公路客貨運運輸主要經營者。1958年11月4日花蓮光復客運恢復營運，走仁壽橋溪底便橋（因颱風破壞仁壽橋樑），由花蓮光復每日對開三班。〔註94〕1961年1月3日花東公路八輛客車抵達，由台東鹿野對開四班，花蓮壽豐對開五次，花蓮光復對開五次。〔註95〕增加二十七個招呼站，花蓮至鳳林對開六個班次。〔註96〕

然而這樣的客運狀況只限於花東公路南北端，省議員洪掛提出該路中段應立即通車的要求。〔註97〕公路局局長林則彬回答：

> 按東部之情形，鐵路已足俗應付，所以公路只開兩端，而且客車已
>
> 可通了，將來需要時（現在都由鐵路局兼辦）鐵路衡量情形，由花
>
> 蓮方面延長或由臺東方面延長！〔註98〕

公路局認為花東中段地區還是以鐵路運輸為主，但鐵路交通在東部都已經有它的侷限性在，所以東部人呼籲要求政府開放通行民間汽車，及客運延長經

〔註92〕 本研究中的省議員部份將會以花蓮縣籍馬有岳與台東縣籍洪掛、章博隆為主。

〔註93〕 台灣省議會秘書處編，《台灣省第三屆臨時省議會第三次大會專輯》，1958年，頁6。

〔註94〕 〈花蓮光復班車全線通暢〉，《更生報》，第三版，1959年11月2日。

〔註95〕 〈花東公路新進八新車〉，《更生報》，第二版，1961年1月4日；〈花東公路新試車狀況良好〉，《更生報》，第二版，1961年1月8日。

〔註96〕 〈延長花東公路行車決增二十七個招呼站〉，《更生報》，第二版，1962年6月14日。

〔註97〕 台灣省諮議會網頁，http//www.tpa.gov.tw/，查詢日期：2009／5／8。洪掛，1905年生，臺灣省臺中縣人，早年遷居臺東。對於地方政治積極參與，曾任沙鹿街協議會會員、信用組合理事，後因事業經營有成，且又是第二屆臨時省議會議員，而擔任臺東縣商業會理事長。台灣省議會秘書處編，《台灣省第二屆省議會第一次大會專輯》，1960年，頁605～606。

〔註98〕 《台灣省第二屆省議會第一次大會專輯》，頁605～606。

營里程。所以在 1959 年 9 月 10 日台東鐵路鐵公路橋開放給花東公路客車卡車通過，其他通行汽車先至管理車站登記，由車站通知橋樑管理員准予通行，但行人、自行車、牛車不准通行。〔註99〕於是民眾向花蓮縣長胡子萍要求花東公路五處利用鐵路橋樑開放，方便機車、牛車、三輪車車輛通行。〔註100〕但民間貨車行駛鐵公路橋還要需繞道至管理火車站登記，浪費時間及汽油，以致汽車貨運業者要求鐵路局，鐵路局則表示此制度並無任何問題。〔註101〕最後在省議員馬有岳的要求下，〔註102〕省政府在 1961 年 9 月 10 日發函飭令花蓮鐵路管理處取消過橋需事先登記的制度。〔註103〕而 1960 年花東公路中段未通車問題，過了兩年後仍未解決。1962 年洪掛提出：

> 花東公路現僅行駛到臺東鹿野，關山池上二鄉鎮，則請應予行駛班車，關山、池上之間的道路，義務勞動已做好，只有小部分橋樑應請公路局配合地方需要來建設，地方人士常講公路局對臺東比較不考慮，而側重在花蓮，其實兩縣人口差不多，不可有所偏頗，所以請行駛班車，才表示公路局的誠意。過去每次請交通處長設法建設臺東道路，處長均諾諾連聲，但迄未見諸實施。因臺東人口激增，尚有繼續增加之勢，請處長對臺東道路建設多留意一下。〔註104〕

公路局長林則彬答覆：

> 關於花東公路，自臺東鹿野至池上的道路，希望行駛班車一節，我們應當感謝臺東地方人士的努力，這次義務勞動把這條路做得

〔註99〕 〈東線鐵路五座橋樑今起全部開放準行甲種車輛〉，《更生報》，第二版，1959 年 9 月 10 日。管理五座橋樑的五座車站為萬里溪橋——萬里車站、鳳林車站，馬太鞍溪橋——萬里車站，光復車站。太平溪橋——三民車站，大禹車站，清水溪橋——玉里車站，安通車站，新武呂溪橋——池上車站，海端車站。
〔註100〕 〈鐵路五大橋梁禁行三輪車〉，《更生報》，第二版，1963 年 12 月 8 日。〈花東公路橋樑民眾要求開放〉，《更生報》，第二版，1959 年 12 月 9 日。之後在 1963 年 12 月 17 日省政府交通處因三輪車輛行車速度過慢常發生事故，鐵路五大橋梁因禁行三輪車輛。
〔註101〕 〈卡車行駛新武呂橋需繞路〉，《更生報》，第三版，1960 年 3 月 15 日。
〔註102〕 台灣省議會秘書處編，《台灣省第二屆省議會第三次大會專輯》，1961 年，頁 547。
〔註103〕 台灣省議會秘書處編，《台灣省第二屆省議會第二次大會專輯》，1961 年，頁 457。
〔註104〕 〈卡車行駛新武呂橋需繞路〉，《更生報》，第三版，1960 年 3 月 15 日。

非常的好，所以我們也配合地方的義務勞動，已經在 1962 年 4
月 26 日正式行駛班車，將來如果實際上有需要的話，我們再增加
班次。〔註105〕

之後洪掛又繼續要求省政府將臺東至池上之公路班車延長至花蓮玉里。他認
爲：

> 公路局所屬枋寮區運輸處、蘇澳區運輸處爲繁榮地方，發展鄉村交
> 通，便利旅客，將公路班車由臺東縣鹿野鄉伸延至池上鄉，花蓮縣
> 光復鄉伸延至玉里鎮，此種造福地方繁榮農村之措施，地方人士無
> 不稱讚與感激。惟目前蘇澳區運輸處班車，僅由花蓮縣光復鄉延駛
> 至玉里鎮爲終點，臺東線只延駛至池上鄉，而池上、富里、玉里中
> 間區域之民眾，約三萬人口居住村落，距離鐵路較遠交通未獲解決，
> 期望公路班車，再由池上鄉伸延至玉里鎮，俾資鄉民便利，同時亦
> 完成了東部公路全面通車，并補足環島公路網之健全。〔註106〕

在省議員的要求下，1963 年花東公路客運車於 1 月 20 日由池上延至玉里，並
設二十處停車站，更加便利東部民眾交通，自始花東公路全線通車。〔註107〕
同年 3 月 11 日，開增汽車通過費，並於鐵公路橋端開增收費亭。〔註108〕

　　對於公路營運，在地方及省議員的要求下，政府逐漸改善客運及交通制
度上不便民的措施，而花東公路中段未能通行客運的問題，就公路局財政而
言，遠少於其他公路建設的經費，所以就這點而言，公路局官員則用花東的
交通量多寡作爲回應的理由，但客運調度問題複雜度應比建設公路橋樑較
少，而且 1960 年洪掛已要求的通車問題，拖了四年才解決這個需求，讓筆者
質疑省府與東部地方的需求眞的是脫節這麼嚴重嗎？眞正的問題在哪裡。再
加上，筆者認爲當時花東公路最大的問題在於部分區段尙未建設橋樑以致交
通不便，地方與國家是如何來因應？以下將試著解析這段過程。

〔註105〕〈卡車行駛新武呂橋需繞路〉，《更生報》，第三版，1960 年 3 月 15 日。
〔註106〕台灣省議會秘書處編，《台灣省第二屆省議會第六次大會專輯》，1963 年，頁
　　　　碼 1238。
〔註107〕〈花東公路明起分段通車〉，《更生報》，第二版，1963 年 1 月 19 日。
〔註108〕〈通過大車橋樑每輛十塊〉，《更生報》，第二版，1963 年 2 月 21 日。1963
　　　　年 2 月 21 日鐵路局在花東公路全線通車後，因公路局不支付養護費，在各橋
　　　　收取過橋費來支付養護費。向行走花東公路車輛，通過鐵路橋樑大車每輛十
　　　　元，大車以二橋或三橋做收費，小型車五元，軍車及機車一元。又加重民眾
　　　　的負擔。

2. 未建設公路橋樑區段交通發展狀況

北段的壽豐鄉鯉魚潭風景區於 1959 年 10 月 27 日開放後，遊客日漸增多，但原來還要走山路繞道的方式十分不便，壽豐民眾希望能速修建荖溪公路橋樑，便利居民通行。〔註 109〕當時荖溪只有鐵路橋銜接平和、志學、壽豐，民眾必經荖溪橋，無橋樑可走。行人都冒險由鐵道行走，以致發生車禍多起，附近大同農場農民自動修建便橋一座，但又被水沖走，所以呼籲有關當局能給予橋樑材料，由鄉民以民工方式修橋。〔註 110〕隔年民工興建完成 5 月 19 日壽豐荖溪橋。〔註 111〕7 月 16 日仁壽橋修復完成。〔註 112〕1961 年 4 月 22 日花蓮縣政府及地方人士向省議會交通考察團提議花東公路，因鐵路局經營，發生災害公路局仍不予修復，或者修復完成的仁壽橋則封閉起來，以致物資不能疏通影響民生。〔註 113〕1960 年鳳林鎮代表張芳堯等人則省政府陳請：

> 鳳林長橋里萬榮鄉森板六村。經常出入鳳林鎮買賣，各地居民或靠步行或靠腳踏車亦或機器腳踏車交通。所以自長橋里鳳林公路經常日約近千人行走。二三四五六七月間，可以勉強從河床涉溪外，其餘時間洶湧流水，以致出入鳳林長橋間民眾不得以冒險進花東鐵橋萬里鐵橋通行。由其每年十一月至翌年四月間花蓮糖廠製糖期間，因搬運蔗糖以至行車更加頻繁。而且政府開發東部萬里溪馬太鞍溪兩溪間，政府決定移民國軍退除役官兵開墾荒地兩千頃，如此花東公路行人更加頻繁。在前項荒地未開闢前之民國四十五年至現在，因缺乏橋樑而行人闖入花東鐵路萬里溪鐵橋行走，而導致車禍傷者十八人死亡者五人。假使今後萬里溪馬太鞍溪兩溪間兩千頃荒地開發後人口增加，之後情形不堪設想。希望可以建新橋。〔註 114〕

而公路局卻以如果行人車輛遵守交通規則，又交通量而言尚可維持，如欲新建公路橋樑，則政府財政困難未能實施的理由。〔註 115〕駁回地方為了民眾行的安全要求。尚不合理。至於花東公路中段情形又是如何？

〔註 109〕〈鯉魚潭風景區開放遊客日益增多〉，《更生報》，第三版，1959 年 10 月 27 日。
〔註 110〕〈壽豐籲修荖溪橋〉，《更生報》，第三版，1959 年 11 月 2 日。
〔註 111〕〈壽豐荖溪橋民工修復〉，《更生報》，第三版，1960 年 5 月 19 日。
〔註 112〕〈仁壽橋修復〉，《更生報》，第二版，1960 年 7 月 17 日。
〔註 113〕〈開發東部興建鐵道拓寬公路改善交通〉，《更生報》，第二版，1961 年 4 月 23 日。
〔註 114〕《台灣省第二屆省議會第一次大會專輯》，頁 6。
〔註 115〕《台灣省第二屆省議會第一次大會專輯》，頁 6。

　　中段方面，以瑞穗鄉的馬蘭鉤溪橋問題為主。〔註116〕馬蘭鉤溪位於瑞穗鄉富元瑞北間，流域廣闊，破壞性極強，每年受河床積高，溪流改道之影響，為花東公路交通的一大阻礙，馬蘭鉤溪大橋建於 1957 年 7 月，工程費用 170 萬元，不到月餘即沖毀引道，汽車均行駛河底便道，一到汛期便無法通過。對此瑞穗鄉長林俊德認為只要再花兩萬塊修復橋頭便可通車，並無困難只是鐵路局要不要修與否而已。〔註117〕1963 年 4 月省主席黃杰認為就算撥出 200 萬元修建馬蘭鉤溪橋，還是會有安全的顧慮。〔註118〕在同年 6 月份先以 2 萬元由瑞穗民工進行興建護岸馬蘭鉤溪橋護岸工程。〔註119〕1964 年 2 月 11 日馬蘭鉤溪橋樑由公路局發包興建半截橋樑，接至原有橋樑，總工程費 215 萬餘元。新建護岸 200 公尺，總工程費用約 60 萬元。〔註120〕到 1965 年 7 月馬蘭鉤溪橋梁才得以修復峻工。〔註121〕從要求建橋之初到完工總共拖了十年之久，而在南段的情形又是如何？

　　在當時人口及客貨運輸日漸增劇的情況下，花東兩縣僅賴台東鐵路維持交通，不足配合開發東台灣。所以 1961 年台東縣政府呼籲完成花東公路全線通車。該路從台東至鹿野、花蓮至光復，業已先後通車，其餘鹿野至池上，及池上至光復之間亟需將部分橋樑涵洞修建後，即可完成全線通車。〔註122〕4 月 27 日台東縣長黃拓榮向周至柔建議明野橋年久失修，需補助 150 萬元，重新建設。〔註123〕

　　而在省議會方面，洪掛對關山鎮與鹿野鄉聯繫的明野橋提出改善建議，認為橋面狹小，導致三噸以上之車輛無法通行，建議公路局速予設法加寬橋面，以利交通安全。公路局表示沒有經費使用，但是可動員民眾以義務勞動

〔註116〕瑞穗鄉中間還有一條紅葉溪橋，但新聞資料出現時間超過本節範圍，所以留置下節討論。

〔註117〕〈瑞穗各界呼籲修復馬蘭鉤溪橋頭即可延長公路交通〉，《更生報》，第三版，1961 年 3 月 5 日。

〔註118〕台灣省議會秘書處編，《台灣省第二屆省議會第六次大會專輯》，1963 年，頁碼 238。

〔註119〕〈馬蘭鉤溪大橋護岸興建動工〉，《更生報》，第三版，1963 年 6 月 17 日。

〔註120〕〈馬蘭鉤溪橋昨發包興建〉，《更生報》，第二版，1964 年 2 月 12 日。

〔註121〕〈瑞穗大橋業已完全竣工〉，《更生報》，第二版，1966 年 7 月 27 日。

〔註122〕〈花東公路未全線通車民眾均感不便〉，《更生報》，第三版，1961 年 7 月 15 日。

〔註123〕〈加強交通建設東提四項建議〉，《更生報》，第三版，1962 年 4 月 28 日。

方式整修明野橋。〔註124〕洪掛又建議省政府飭公路局速予加寬明野橋面以利
交通安全。公路局林局長則彬答覆：

> 明野橋拓寬改建約需二百萬元。現在財力恐有不逮。目前僅能在河
> 底做便道通車，我們正按計劃實施中。〔註125〕

1963 年洪掛再次要求：

> 花東公路通行車輛均須由明野橋通行，因該吊橋年久不堪載重，得
> 改由橋下通行，一旦河水暴漲，汽車即無按行駛，妨礙交通至鉅，
> 且改建之費不大，請編列預算辦理，以利交通。〔註126〕

省政府則回應，明野吊橋可新築全線過水路面，能夠在三日內解決溪水阻斷
交通問題。〔註127〕面對如此虛應的施工，洪掛繼續提出改建明野橋的要求，
認為：

> 花東公路通行車輛均由鐵路橋下通行，一旦河水暴漲，汽車即無法
> 通行，如鐵路受損，則花東交通完全斷絕，為確保花東交通計，請
> 於鹿野、瑞源中間鐵路橋旁建築水泥公路橋一座，且每年颱風季節
> 鐵路經常受損，交通斷絕，人民因有要務，常有冒險渡河而喪命者
> 每年總有數人。〔註128〕

省政府則回覆：

> 建議興建之花東公路明野橋，經公路局估需經費二五〇萬元，並已
> 列入花東公路橋樑分類改建計劃內，一俟籌有財源時，再行議辦。
>
> 〔註129〕

〔註124〕台灣省議會秘書處編，《台灣省第二屆省議會第四次大會專輯》，1962 年，頁
　　　　758～759。
〔註125〕台灣省議會秘書處編，《台灣省第二屆省議會第四次大會專輯》，1962 年，頁
　　　　805～806。
〔註126〕台灣省議會秘書處編，《台灣省第二屆省議會第五次大會專輯》，1962 年，頁
　　　　850～851。
〔註127〕台灣省議會秘書處編，《台灣省第二屆省議會第六次大會專輯》，1963 年，頁
　　　　850～851。
〔註128〕台灣省議會秘書處編，《台灣省第二屆省議會第六次大會專輯》，1963 年，頁
　　　　1238。
〔註129〕台灣省議會秘書處編，《台灣省第二屆省議會第六次大會專輯》，1963 年，頁
　　　　1149。

在這樣的一來一往下，於 1966 年明野橋興建竣工後改名爲武陵橋。〔註 130〕
從明野橋的例子顯示出，東部民眾藉由公路建設產生的效益或能夠改善的交
通問題爲理由，要求省政府建設橋樑，代表民意的省議員必須一而二再而三
的要求省政府，甚至表示已有未興建橋樑造成意外的事件數起，公路局才表
示興建可能得以實現，或者不實現興建橋樑的案例也有之，如萬里橋。以花
東公路北中南三段來看，民眾要求的橋樑興建，政府都延遲數年才開始動工，
甚至不興建橋樑，所以筆者更想了解省府與東部民眾認知交通建設的需求嚴
重差異的問題是什麼？以下從花東公路整體的發展情況來檢視這個問題。

三、花東公路整體發展狀況

地方民眾認爲，這條與台東鐵路並行的花東公路，在勉強全線通車後狀
況連連，有人說此公路毫無價值，也有人認爲有必要。如果要完成第二期工
程，讓它保持終年全線暢通，若不完成第二期工程，乾脆把這條公路的經費
移來改善爲東部運輸大宗的台東鐵路。〔註 131〕民眾並將未能全線通車的問題
責任，歸咎在當時主管機關的鐵路局。花蓮縣長柯丁選，認爲政府應將花蓮
公路由公路局自己經營，以專責成。〔註 132〕台東縣政府建議鐵路局花蓮管理
處，編列預算從速建設全線橋樑涵洞，使早日全線通車，並儘速開各區段公
車以利民眾乘車，以發展地方交通。〔註 133〕

1959 年省議員林尚英認爲：〔註 134〕

〔註 130〕〈改善東縣交通運興建路鹿寮公路橋改善東縣交通運興建路鹿寮公路橋〉，
《更生報》，第五版，1970 年 1 月 31 日。
〔註 131〕伍更鳴，〈最糟糕的花蓮交通〉，《更生報》，第二版，1961 年 4 月 22 日。
〔註 132〕〈開發東部首重交通〉，《更生報》，第三版，1961 年 6 月 23 日。
〔註 133〕〈花東公路未全線通車民眾均感不便〉，《更生報》，第三版，1961 年 7 月 15 日。
〔註 134〕台灣省諮議會網頁，http://www.tpa.gov.tw，查詢日期：2009／5／8。林尚英，
1919 年生，臺灣省臺東縣人。曾赴日本學習商業會計，先在東京村田簿記學
校學習，又考進東京大昌商業學校。此段期間，其學習到日本企業經營方式。
畢業後，在日本工作，擔任東京全國漁業組合聯合會書記，之後調任東京中
央水產業會主事簿。戰後返臺，回鄉工作，先於大榮木材商會擔任會計主任，
負責木材運銷，後來轉進至臺東縣政府，擔任會計主任及主計主任。嗣後，
自行創業，先後擔任臺東縣實業公司常務監事、臺東縣造紙公司常務監事、
臺東縣水產公司常務監事、臺東縣自治協會常務監事、臺東縣獎學會常務監
事等。凡所擔任工作多爲監察財務之工作，蓋因其會計才能出眾，獲眾人信
賴所致。1957 年，第三屆臨時省議會選舉，受地方人士推舉參選，並以高票
當選。

> 鑒於東部發展，將來人口必迅速增加，交通必更發展。如鐵路與公
> 路地方混在一起，不予分開，似乎不大適當。譚處長認為這是過彼
> 時期暫時的辦法；我想永久利用鐵路橋樑。做為公路橋樑是不好的！
> 希望將來公路有公路的橋樑。公路不必交由鐵路局管理，如果這是
> 暫行辦法還可，但不應永久在一起。〔註135〕

1961 年林尚英質疑公路行車改由鐵路局主辦及有部分橋樑利用鐵橋，就整個系統上及制度上有不合理之處，而省交通處則認為在制度與營運上尚未見問題。〔註136〕馬有岳則認為：

> 花東公路過去因交鐵路局管理，鐵路局根本不關心，上次交通考察
> 團去考察，想看此公路，他們不讓看，可見他們不希望此公路通達，
> 所以希望交通處能予關心從速完成。〔註137〕

地方及省議員已經指出鐵路局對於花東公路的管理是消極的，而影響花東公路維護及營運問題，鐵路局不應該再繼續管理花東公路。面對省議員與地方指責其管理不當的輿論，東公路於 1961 年 10 月 1 日由鐵路局將業務移交至公路局，利用五大鐵路橋樑部分則公路局年給鐵路局 98 萬維修費，工務以縣境為界分屬第四區工程處及第三區工程處，分別由蘇澳輸運處及枋寮輸運處以縣界為單位負責營運花蓮縣與台東縣公路，客運行車情形不變。〔註138〕但花東公路的問題，不能全歸給鐵路局單方面的責任。應該是整個國家對於東部的態度問題。其中表現在處理花東公路第二期工程上。1960 年馬有岳認為應及早興工以利交通。而政府則回應：

> 查花東公路第二期工程計畫，經由公路局編列預算三千七百萬元，
> 須費兩年施工。曾申請美援未能獲准。〔註139〕

〔註135〕台灣省議會秘書處編，《台灣省第一屆省議會第一次大會專輯》，1959 年，頁642。

〔註136〕台灣省議會秘書處編，《台灣省第二屆省議會第三次大會專輯》，1961 年，頁818。

〔註137〕台灣省議會秘書處編，《台灣省第二屆省議會第三次大會專輯》，1961 年，頁547。

〔註138〕〈花東公路改至下月移交〉，《更生報》，第二版，1961 年 9 月 15 日；〈花東公路今移交〉，《更生報》，第三版，1961 年 10 月 1 日。

〔註139〕台灣省議會秘書處編，《台灣省第二屆省議會第一次大會專輯》，1960 年，頁6。

而 1962 年時省議員黃國政要求公路局應以興建公路時之熱誠來完成花東公路全線通車。〔註 140〕公路局局長林則彬表示：

> 花東公路全線已通車了，但現在情況好像還不十分理想。花蓮到臺東這條路約需預算五千四百餘萬元。後來美援方面，僅拿到一千七百萬元完成這條路，所以交通處方面對於發展東部可以說很注意的。這條路是不分公路、鐵路的。所以現在五座大橋，特別由鐵路橋上走過去，將來如果有錢再把這五座大橋修起來。〔註 141〕

花東公路只是形式上的客運全線通車。實際上，花東公路各個區段還是要依賴河底便道，及鐵公路橋樑銜接，一遇到雨季洪水暴漲，何來全線通車之有，無怪乎省議員黃國政會以此問題質詢。公路局雖然是以美援經費未過，回應省議員馬有岳、黃國政的要求。但是地方一直以第一級產業經濟附加價值為需求及呼籲的理由，省政府所宣布的興建時間卻離實際的動工日期之間卻差了一大段時間，雖然省政府要面對的是台灣幾千座橋樑的，必須地方要去呼籲及要求省政府，才能讓省政府得以注意，編列興建預算執行工程。但花東公路相關工程會拖這麼久的問題在哪裡？

在 1961 年的省議會會議中，省議員郭岐表示：

> 花蓮當地有一個笑話。花蓮縣的柯縣長曾經和馬有岳議員打過一個賭，他說如果人類已經到了月球而花東公路仍然沒有通車的話，算我贏，但如果人類未到月球之花東公路則已通車的話，算你贏。時我曾問他為什麼有這個看法時。他說：我兩百萬元可以修路的都不讓我修，他們在什麼時候能拿七千萬元來修這一條路呢？那是不可能的。要辦一件事都要算成本，划得來才做，划不來就不做，我認為這個觀念並不適合於開發東部，開發東部必須馬上收回成本賺錢的話！那是永遠開發不了的東部。由於交通的困難，貨物不能流通，成本自然要貴。因為建設是百年大計，不

〔註 140〕台灣省諮議會網頁，http://www.tpa.gov.tw，查詢日期：2009／5／8。黃國政，1916 年生，花蓮縣人，花蓮富世農校畢業，並且獲有花蓮農業補習學校畢業資格。由於黃議員曾在萬榮鄉公所擔任兵役課長，服務成績良好，獲有好評。爰經推薦參選縣議員。黃議員在縣議會充分反映山地原住民之主張和需求，力促縣政府重視原住民之既得利益。之後，即改選省議會議員。

〔註 141〕台灣省議會秘書處編，《台灣省第二屆省議會第四次大會專輯》，1962 年，頁773～774。

是說什麼都要賺，那如此我們的東部便永遠無法開發了。〔註142〕

1962 年馬有岳則認為：

> 西部各處公路養路費每公里分配貳萬五千元，而對東部僅分配八千
> 元，不及西部三分之一，似不公平，今後應請改善。花東公路之修
> 建，遲遲不見。對未開發地區或需要新建設地區，應視其將來經濟
> 價值土地面積及將來發展性，而不應該按交通量為參考。希望交通
> 處設法解決，花東公路能得早日全線通車。〔註143〕

林則彬回答：

> 關於養路費分配問題我們分配養路費，一面根據公路的情況，一面
> 根據交通量，目前交通量沒有西部多，將來東部逐漸的開發，公路
> 的交通量總要增加，那時我們當考慮重新分配，酌予增加。〔註144〕

在以上的議員質詢與省政府回應中顯示，國家以當地可以產生經濟效益高低
來決定地方建設優先與否。交通建設定可以帶來地方經濟的成長，但是一直
以來以第一級產業為主要活動的花東縱谷，其公路建設後產生的邊際效益，
還是差以二三級產業為主的台灣西部一大截，只能靠省議員繼續大聲疾呼省
政府及自力救濟來解決地方交通問題，但其效果有限，基本上當時公路建設
與維護還是需要倚賴地方民眾的勞力。

　　1961 年～1962 年省公路局定公路養護重於建設為重點發展政策。在兩年
期間花東兩縣民眾由兩縣政府發動全縣義務勞動，致力於各地公路的維護及
路線水準的提高，使得花東公路得以接近現代化公路的標準。〔註145〕1961 年
1 月 25 日卑南鄉為發展經濟繁榮及軍事需要提高戰備，發動整修花東公路競
賽。〔註146〕花東公路通車後，來往的車輛常常造成每日各種車輛飛馳，因為
沒鋪設柏油路，每每汽車行駛過後便滿天飛塵，導致道路兩旁商店被叫苦連

〔註142〕台灣省議會秘書處編，《台灣省第二屆省議會第三次大會專輯》，1961 年，頁
　　　　719。
〔註143〕台灣省議會秘書處編，《台灣省第二屆省議會第五次大會專輯》，1962 年，頁
　　　　818～819。
〔註144〕西部方面的高級路面每公里 18,000 元，石子路面因西部交通量較多故每公里
　　　　編列 22.000 元，東部方面、蘇花路是 20,000 元，花東公路初鹿至仁壽橋段是
　　　　每公里 9,000，因它的車輛少。
〔註145〕〈本年度公路建設著重改善與維護〉，《更生報》，第二版，1961 年 7 月 3 日。
〔註146〕〈東縣公路整修競賽〉，《更生報》，第三版，1961 年 1 月 25 日。

天。〔註147〕為了解決這個問題，1962 年 6 月 7 日光復鄉大安村中正路段鋪設柏油在鄉公所發包鋪設。〔註148〕1963 年 1 月底瑞穗鄉義務勞動完成鋪設市區柏油道路。〔註149〕同年 2 月 7 日壽豐村義務勞動完成花東公路柏油鋪設。〔註150〕並新闢路線壽豐到志學 6.7 公里公路。〔註151〕

而台東縣部分省議員章博隆建議：

> 台東縣現有公路均未鋪設柏油，不但對臺東縣交通無法現代化，也無汰配合經濟建設，每車輛經過鄉鎮或村落砂塵飛揚，對其住民健康有所影響，查台東縣省道長達約三百公里，其中鋪設柏油路部份僅不到二公里；足見台東縣交通之發展實為落後，請南迴公路尚未拓擴以前，先由機場至知本、南王至初鹿、台東經成功至長濱鋪設。
>
> 〔註152〕

洪掛認為：

> 馬蘭初鹿公路，來往車輛隨日增多。住該路邊居民煩憂累累極大，這二年來洪水甚屬害，每日自早至晚均吃飛砂塵之苦，並且對於健康影響，鄉民耕地、村里路徑被流失甚慘。〔註153〕

政府則回覆鋪油工作為全省長期計畫，依據各路段財力及交通量優先辦理。〔註154〕到 1963 年洪掛又提出：

> 台東鎮起經卑南鄉至初鹿、關山、池上間之汽車往來日漸增多，因路崎嶇不平。且因路面未鋪柏油，致汽車過處，晴天則塵沙飛揚，雨日則泥濘，行旅引以為苦。請公路局迅速建設柏油路面，以維衛生。〔註155〕

〔註147〕〈鹿野延平義務勞動整修花東公路〉，《更生報》，第三版，1962 年 5 月 27 日。

〔註148〕〈光復柏油路面發包〉，《更生報》，第五版，1962 年 6 月 8 日。

〔註149〕〈瑞穗民工柏油路面〉，《更生報》，第三版，1963 年 1 月 9 日。

〔註150〕〈壽豐義務勞動鋪柏油〉，《更生報》，第三版，1963 年 2 月 8 日。

〔註151〕交通部交通研究所編印，《交通年鑑》，1963 年，頁 195。

〔註152〕台灣省議會秘書處編，《台灣省第二屆省議會第三次大會專輯》，1961 年，頁 1151。

〔註153〕台灣省議會秘書處編，《台灣省第二屆省議會第四次大會專輯》，1962 年，頁 1109。

〔註154〕台灣省議會秘書處編，《台灣省第二屆省議會第五次大會專輯》，1962 年，頁 818～819。

〔註155〕台灣省議會秘書處編，《台灣省第二屆省議會第六次大會專輯》，1963 年，頁 715～716。

林則彬答覆：

> 台東至池上這條路鋪柏油路問題，關於這一點，我們是非常同情的，
> 因為池上在台東是觀光區，去年沒有預算，今年也沒有預算，主席
> 到東部希望先做，我們也希望下年度會有預算可以優先辦理。〔註
> 156〕

花蓮縣籍省議員徐輝國則認為：〔註157〕

> 現在開發東部，對鄉鎮附近的道路，請逐步鋪柏油路，但問題在於
> 東部經濟力量不優厚，而西部有不需要辦或不需公路局辦的，都有
> 經費，請將此經費移到東部，用到最重要的地方，以響應主席的號
> 召，開發東部。〔註158〕

以上省議會議事錄內容，突顯省府「重西輕東」的心態，然而公路是做為地
方經濟建設的重要關鍵，公路局竟倒因為果，以經濟發展程度來考量地方公
路建設的優先順序，顯示公路局只重視短期見效的觀念，並無一個宏大的格
局，是造成東部公路發展困難的最大原因。

　　這樣的觀念持續影響花東公路的發展，關山鎮、卑南鄉、池上鄉零星
幾處已鋪柏油，而尚未鋪設柏油的鹿野鄉各界人士呼籲政府機關應為村民
健康著想，應立即鋪設。〔註159〕以上在 1957 年～1963 年花東二縣以任何
方式，括省議員、地方政府對國家有限影響程度的要求與呼籲不足下，地
方義務勞動等地方自我救濟方式，是唯一能夠提高花東公路路線標準及推
動花東公路第二期工程動工目標的方式。對此，花蓮縣議員李清福建議希
望省府協助完成最後一段的建設。面對地方的一連串要求，省府的不配合，
花東公路的二期修復工程還是欲振乏力。〔註160〕自 1963 年台灣省政府黃

〔註156〕台灣省議會秘書處編，《台灣省第二屆省議會第六次大會專輯》，1963 年，頁
　　　　715～716。
〔註157〕台灣省諮議會網頁，http://www.tpa.gov.tw，查詢日期：2009／5／8。徐輝國，
　　　　1917 年生，廣東省人，香港聖約瑟學院畢業。來臺後定居於花蓮縣鳳林鎮，
　　　　因徐議員熱心服務工作，復獲推薦競選鳳林鎮民代表，並出掌鎮民代表會，
　　　　以主席身分輔佐鎮長推動鎮務，功在地方。由於徐議員基層服務頗獲好評，
　　　　乃轉跑道競選縣議員。其不但順利當選，且出任副議長：為縣民服務，復獲
　　　　選為省議會第三屆議員。
〔註158〕台灣省議會秘書處編，《台灣省第三屆省議會第一次大會專輯》，1963 年，頁
　　　　1243～1244。
〔註159〕〈鹿野各界呼籲鋪設柏油路〉，《更生報》，第三版，1963 年 6 月 16 日。
〔註160〕〈花東公路分期進行修復〉，《更生報》，第二版，1962 年 12 月 7 日。

杰就任省主席後獲得回應，黃杰認爲東部地廣人稀，礦產蘊藏豐富，唯因
交通不便，遲未開發，且爲解決台灣人口壓力，把開發東部列爲重要省政
之一，成立台灣省東部開發委員會，決先開發東部交通。〔註161〕同年徐輝
國在議會質詢中，建議希望能在下半年度控制預算，在花東公路沿線村落
公路鋪設柏油。黃杰允諾將在沿線村落首先鋪設柏油，希望地方能自籌三
分之一配合，至於全線柏油，等省府有財源即可鋪設。〔註162〕8月8日花
東公路二期工程7,000餘萬元，省府決定分期辦理。〔註163〕之獲得省府支
援的花東公路建設，省府的重視與否還是最爲重要的關鍵，尤其在任省主
席的態度是使花東公路建設持續進行重要的決定要素，而1963年黃杰擔任
省主席後，對東部的重視，提出一些具體的改善規劃，及大量經費的補助，
刺激二期工程的動工。黃杰這樣的重視態度，又會使從戰後以來缺乏國家
關愛的東海岸公路，產生怎麼樣的變化？

第三節　豐濱鄉的需求與開闢東海岸公路
（1957年～1968年）

一、豐濱鄉對外公路的形成

　　從1957年～1959年花東公路如火如荼的展開建設工程，1959年以後
縱谷區域的百姓又在極力爭取花東公路第二期工程的進行，而與政府形成
出相當多有趣的現象。相對於1957年～1964年花東縱谷的發展情形。東海
岸沿線（從花蓮縣壽豐鄉到台東縣東河鄉）的發展情形又是如何？其中又
呈現地方與國家怎麼樣的互動模式？此節從1957年～1968年探討東海岸
公路的發展，以1968年東海岸公路，從花蓮溪大橋到秀姑巒溪長虹橋通車
爲止。

　　豐濱鄉的對外公路只限於秀姑巒溪右岸靜浦村往台東方向。而靜浦村跟
對岸的港口村之間的聯繫只能靠小船。而港口以北公路只限豐濱村。豐濱村
再往北到壽豐鹽寮村之間是一片的原始森林及斷崖。而鹽寮村再往北至吉安

〔註161〕〈東部開發工作黃主席極重視〉，《更生報》，第二版，1966年3月26日。

〔註162〕〈花東公路靠近村落路面將首先鋪設柏油〉，《更生報》，第二版，1963年10
　　　　月23日。

〔註163〕〈花東公路二期工程省府決定辦理〉，《更生報》，第二版，1963年8月8日。

鄉，就必須涉溪或者坐小船才得以通過花蓮溪。開闢對外的公路建設，是當
時豐濱鄉及壽豐鄉的沿海地區最大問題。尤其是豐濱鄉最為嚴重，該鄉不能
積極與外界交流，外界也無法向該鄉發展，與花蓮縣各方面幾乎脫節，甚至
縣民談到其中的豐濱鄉，皆視為「畏途」，非萬不得已不願親履其地。〔註164〕
但如何開闢及改善豐濱對外交通是為花蓮縣民及當時縣政府所較關注。在本
節中，將以往台東、光復、花蓮三個方向公路橋樑興建時間早晚作為先後順
序，探討豐濱鄉對外公路的發展問題。

　　首先往台東方向部分。豐濱鄉靠台東方向的村落為靜浦村與港口村，
因交通聯絡方便，經濟發展較好。由靜浦村至台東方向已有客運汽車通行。
而港口至靜浦村的秀姑巒溪，由鄉公所僱人負責渡船連絡，但逢豪雨即受
阻，影響一般鄉民生活至鉅。〔註165〕1960 年 8 月 26 日台東籍省議員章博
隆於省議會質詢建議：「海岸公路經台東縣樟原村至花蓮之公路，日治時期
已有基礎，戰後因遭受幾次颱風而遭損毀。此公路地盤堅固，開闢之後毋
需太多保養費，且開闢後，不但可以發展觀光事業，對海岸線鄉鎮之交通
經濟，文化貢獻至大。」〔註166〕1961 年花蓮縣政府建議省府興建豐濱鄉靜
浦村至港口秀姑巒溪大橋，可以通暢至台東的公路交通，也促進石梯坪漁
港的繁榮，刺激農、林、漁、牧等第一級產業以繁榮經濟，也有其國防價
值，總工程費用需 660 萬元，地方會以義務勞動配合。〔註167〕省議會交通
考察團團長林澄增視察台東時表示，發展東部交通首重道路橋樑，應先興
建大港口橋樑，並強調興建海岸公路對於發展國家經濟或軍事的重要。〔註
168〕洪掛也建議：

> 東海岸線之道路已有相當規模，唯因大港口溪尚無橋樑。致遭阻隔
> 不能通車，東海岸線一帶產品甚多，尤其山水秀麗，風光明媚，極
> 能吸引遊客，故為開發東海岸之意願及發展觀光事業，大港口溪橋
> 樑殊有建設價值，經勘查估計約須六百萬元，請速撥款建造，上述
> 大港口溪的橋樑建設完成後，即臺東至花蓮兩縣客貨交流，非常之

〔註164〕〈豐濱公路的興築〉，《更生報》，第二版，1960 年 7 月 4 日。
〔註165〕〈豐濱籲修秀姑溪橋〉，《更生報》，第三版，1961 年 12 月 6 日。
〔註166〕〈興建水利加強東部交通〉，《更生報》，第二版，1960 年 8 月 27 日。
〔註167〕〈興建秀姑巒溪大橋〉，《更生報》，第二版，1961 年 9 月 26 日。
〔註168〕〈省議會交通考察團認為開發東部首重道路橋樑〉，《更生報》，第三版，1961
　　　　年 4 月 25 日。

方便，並且幫助東部開發，此乃交通重點，故請早日建造。〔註169〕
章博隆也有相同看法：〔註170〕

> 花東海岸公路沿線，面臨太平洋，環境優美，礦物尚稱豐富，有兩
> 處漁港，惟交通未發達未盡其利，將來尚可發展之餘地。查該線公
> 路已在日據時代完成而通車，但自光復經豐濱港口一段公路，因光
> 復當初被颱風損害，嗣後未予搶修及秀姑巒溪尚未興建橋樑，至今
> 仍無法通車。因此，現只臺東至靜浦可通車，自光復至豐濱一段路，
> 現正開工，不久就完成，豐濱至港口一段路，地方早已發動民工完
> 成，僅秀姑巒溪橋樑尚未興建，此一橋樑之完成不但全線可通車，
> 將來這一帶觀光事業或經濟發展頗有貢獻也。〔註171〕

地方提出興建秀姑巒溪大橋要求，或許是因為秀姑巒溪出海口原先沒有橋
樑，新建橋樑所費甚鉅，所以地方提出大量有關興建該橋可以促進豐濱該地
多項產業發展的榮景，及該地會發動義務勞力配合省府興建該橋。增加省府
投資興建該橋的意願，甚至到動工興建。但地方從 1955 年提出計畫開始，到
1961 年省議員的要求，省政府沒有做出實質上的任何對於該橋的計畫及補助
經費，從港口村到靜浦村的人民還只能保持渡船往返，只能期待一個重視東
部的省主席上台，一座應是有必要興建的兩縣聯絡橋樑，經過六年時間的不
斷要求等待，秀姑巒溪橋似乎成為了某種奢求，這樣的狀況突顯出東部民眾
連基本民生需求都無法滿足的無奈，可是國家並沒有去做任何的改進措施。

〔註169〕台灣省議會秘書處編，《台灣省第二屆省議會第三次大會專輯》，1961 年，頁
574 台灣省議會秘書處編，《台灣省第二屆省議會第三次大會專輯》，1961 年，
頁 734～735；台灣省議會秘書處編，《台灣省第二屆省議會第三次大會專
輯》，1961 年，頁 574。秀姑巒溪南岸公路興建勘察問題：秀姑巒溪的風景可
說比大陸還好，因為交通不便，大家都不知道，無論就觀光事業來講，或就
開發沿路資源來講，公路的興建是很有需要的。關於東部交通問題，不是花
東公路問題，是東海岸公路臺東—新港—長濱到大港口，中間有一座橋樑，
以後很容易保養。

〔註170〕台灣省諮議會網頁，http://www.tpa.gov.tw/，查詢日期：2009／5／8。章博隆，
1905 年生臺東縣人，為平地原住民族群頭目之一，對於平地原住民權益之保
障貢獻甚多。按章議員臺東農校畢業後，即在臺東縣轄國校任教，並派任為
校長。章議員後轉任鄉農會幹事，積極保障民眾權益。復參選縣議員，連任
達十五年之久，由於縣議會服務期間表現甚佳，其再轉任第二屆省議員，獲
高票當選。

〔註171〕台灣省議會秘書處編，《台灣省第二屆省議會第三次大會專輯》，1961 年，頁
1148。

除了秀姑巒溪大橋外，東海岸台東縣長濱鄉與成功鎮之間聯絡的三仙橋，在
1955年、1960年及1961年均被颱風摧毀，公路局並沒有作及時修復的工程，
嚴重影響民眾交通上的便利，以及當時台東境內的公路路面只是砂石路，並
無鋪設柏油。對於兩個問題，洪掛提到：

> 關於新港線長濱間出入必經重要之三仙橋，自四十四年被颱洪之
> 害，至今尚未修復，雖經地方民眾與民意代表向公路局陳情，迄今
> 尚無下文，該線客運屬公路汽車行駛，現即晴天，經由溪底臨時道
> 路，雨天交通中斷，地方民眾出入，貨物搬運受阻時，該橋之興建
> 實屬燃眉之急，為此請公路局於今春迅速著手修復該橋，以利地方
> 交通。

交通處鐵路局局長莫衡表示：

> 三仙橋修復需款七十萬元，此次風災搶修預算內，已列有四十萬元，
> 不足經費，擬列入四十六年度預算，已在辦理設計預算中，不久即
> 可舉辦。〔註172〕

隔天章博隆要求：

> 關於臺東縣新港線三仙橋的修復問題，昨天洪議員亦已提到，我認
> 為颱風災害之修復，東部與西部大有差別，據我所知，西部遇到災
> 害，馬上就予修復，但東部經過一年多亦沒辦法，昨天局長說可以
> 優先考慮，但有無希望，我還是不敢太樂觀，也許因財政困難，再
> 度擱淺也說不定，現在雨季又到了，未悉局長有無打算。

公路局局長林則彬答覆：

> 關於三仙橋在去年遭受颱風破壞後至今尚未修建，其原因仍係財源
> 關係，本來預定編在下年度預算內，惟下年度仍然沒有經費，因此
> 我們希望在這次的汽車燃料費收入方面追加後，將以往受災害的工
> 程優先予以修復，不過現在的便橋勉強尚可行駛，我想我們將優先
> 考慮這個問題。

章博隆則認為：

> 三仙橋係遭受颱風破壞者，至目前為止，西部所有遭受颱風破壞之
> 地方，均已先後修復，惟東部則迄未著手，究竟何時始能修復？請

〔註172〕台灣省議會秘書處編，《台灣省第二屆省議會第六次大會專輯》，1963年，頁
8383。

切實答覆，因為這些工程並非新建，而是復舊工程。至於柏油路亦復如此，據我所知，公路局五十年度的決算，尚剩餘七百二十餘萬元，在該決算說明內有四個新建工程的追加預算，因此我認為這是否為觀念的問題，希望公路局及早設法解決。〔註173〕

在隔年議會中章博隆提出質詢：

公路局所屬地方工程處，經已同意如果有配合款可即鋪柏路，但結果不然，例如臺東縣東河鄉、池上鄉街上公路，鄉公所不但已有配合款，砂子等已備好，尤其東河鄉發動義務勞動將路面拓寬，但政府諾言，也沒有實現，是不應該的，請迅即設法解決。臺東縣新港三仙橋，在四十九年被颱風沖壞後，已近四年，仍未予修復，究竟需要修復？

交通處處長陳聲簧答覆：

臺東縣三仙橋尚未修復問題，章議員應當可以回憶到我們在臺東時，章議員、臺東縣長我們幾位對此問題有決定，就是臺東至知本溫泉，有二百二十五萬元鋪柏油路款，有部份公路局已鋪妥，這預算通過以後，我們有默契要把三仙橋一併修復，縣長也非常樂意接受這個意見，現在這二百二十五萬預算已經有了，還是照這計劃進行，請通知臺東縣政府照我們三位在那個地方所作諾言辦理，同時通知成功鎮鎮長，要他按照我們計劃，發動義務勞動，把沙石準備好。我想章議員提出這個要求，照我們三位所作諾言進行，不會有問題。〔註174〕

按上述史料，三仙橋的損毀對東海岸公路影響相當大，但公路局對於三仙橋修復工作還是相當的怠慢，對沿海居民而言這麼重要的橋樑需求是這麼急切，卻還是可以拖個四年之久，顯示出公路局還是「重西輕東」的態度，省議員需要輪番質詢個三四次，讓公路局感覺到未解決的問題仍一直存在，才能使公路局決定動工修復，而動工條件也是要連同其他後來才要求改善的路段，才能一起做修復的措施，地方早已向省府提出的橋樑損壞，省府沒有立

〔註173〕台灣省議會秘書處編，《台灣省第二屆省議會第五次大會專輯》，1962年，頁869～870。

〔註174〕台灣省議會秘書處編，《台灣省第三屆省議會第一次大會專輯》，1963年，頁1254。

即解決，最後還要要求地方配合省府的建設措施。顯示一直持著被動態度的省府，把持著龐大的資金，掐住持著積極的地方政府，最後公路建設還是只能緩慢的動工及緩慢的完成。1963 年由東河鄉東河村知路橋至東河橋鋪設柏油路面工程全長 1,600 公尺，寬 6 公尺，總工程費 18 萬元，除由省府撥 9 萬元，由台東縣政府及鄉公所各負擔 4.5 萬元，決由公路局第三工程處負責施工，在該年 8 月底動工。〔註175〕而成功長濱鄉鎮民眾多年期盼的三仙大橋也在 12 月 9 日動工興建。〔註176〕

再來是，往光復方向已有基礎的光復豐濱公路，〔註177〕從光復到豐濱，全程 20 公里，原有道路崎嶇難行，時常坍方，故平時修建工程頗難進行，除光復到富田村有 4 公里的路基可以利用，和豐濱至丁子路有 2 公里須重新開闢。〔註178〕而這條公路在 1948 年由曹匯川提出，但只是書面計劃而已。1950年楊仲鯨競選花蓮縣長時列為競選政見之一，並盡最大努力推動建設，無奈財政限制。1954 年林茂盛當選縣長時對此公路工程也無能為力。〔註179〕1952年在馬有岳要求下，獲得省政府回應對台東到新港公路興建至豐濱及光豐公路進行建設計劃。〔註180〕1953 年 3 月，美援署願意協助省府進行海岸公路相關工程。〔註181〕最後到 1957 年胡子萍就任縣長時，公路局終於自 1960 年度汽車養路費項下撥助 73.7 萬餘元，作為光豐公路第一期工程費用，於 6 月 30日由花蓮縣政府發包，十年來縣民的期望才告解決。〔註182〕省府的回應只是敷衍，光豐公路可以列為競選政見，顯示該路沿線居民的急切，但是須要十年之久，就算獲得美援回應到實際發包也花了四年之久，等待成為東部民眾要求公路興建的「條件」之一。

1961 年省議員章博隆要求：

> 花東海岸公路之完成問題，因這一條線通至光復，這一段在日據
> 時代曾已通車，在光復後因年久未修故無通車，其利用價值較之

〔註175〕〈東河柏油路月底動工〉，《更生報》，第三版，1963 年 8 月 23 日。
〔註176〕〈三仙大橋修復工程〉，《更生報》，第三版，1963 年 12 月 8 日。
〔註177〕日治時代稱馬太鞍台東道，後又改為上大和台東道，戰後改為豐濱、上大和公路，後又改為光復豐濱公路，又被稱為光豐公路。
〔註178〕〈豐濱公路的興築〉，《更生報》，第二版，1960 年 7 月 4 日。
〔註179〕〈豐濱公路的興築〉，《更生報》，第二版，1960 年 7 月 4 日。
〔註180〕〈上大和公路研究興辦〉，《更生報》，第四版，1952 年 4 月 10 日。
〔註181〕指促進發展地方農林漁牧用的道路。
〔註182〕〈豐濱公路的興築〉，《更生報》，第二版，1960 年 7 月 4 日。

> 沿鐵路線公路爲大，而且開闢費用已有基礎，路基堅固及將來之
> 保養費也不大，因此，我早已主張此路必先開通，是項之交通不
> 但可以解決，風景區又特別多，同時可發展觀光事業，對於民生
> 貢獻甚大。

公路局副局長錢益則表示，光復豐濱路段完成後，再續辦理豐濱至港口段，
則海岸公路即可完成。〔註183〕所以公路局開始計畫加強豐光公路支線延伸至
靜浦，大港口與台東至大港口路段配合花東兩面民工逐步整修，以銜接東成
公路。〔註184〕以上地方再要求建設豐濱往光復及往台東的公路，方便物資人
員運輸以發展第一級產業經濟，都是一連串的波折，在在都顯示此時的省政
府因爲區域的經濟效益作爲主要考量，而忽視了東部人民的期待。東部人民
的需求還是透過省議員一再的要求省政府，才可能得以完成地方公路的改
善。而這樣人民不斷要求而省政府不斷忽視的狀況，在豐濱靜浦往花蓮方向
的公路發展上，會不會產生變化？

二、豐濱往花蓮方向的公路部分——海岸公路的成形

公路局所訂海岸公路通過的聚落爲壽豐鄉的鹽寮、水璉、豐濱鄉的磯崎、
新社、豐濱、港口、靜浦，全長64公里。所以在本段中，將探討這個區塊的
公路發展。

1958年10月15日壽豐鄉鹽寮村民聯合陳請向壽豐鄉鄉民代表會請願該
村肥沃土地千頃，也有豐富海產，但是交通不便。同年10月17日壽豐鄉鄉
公所初步勘查認爲需要改善生活，發展第一級產業必須興建橋樑道路，送請
縣政府要求撥款興建以解決民眾困擾。〔註185〕但是面對鹽寮一帶還是幾乎原
始森林的環境，以花蓮縣政府的財政沒辦法負擔這樣的公共建設，還是需要
省政府的支援，或者是地方自己的義務勞動。如1961年1月4日豐濱進行義
務勞動興建靠花蓮市方向的石梯吊橋以通行各種車輛。〔註186〕而1963年6
月15日花蓮縣長柯丁選率建設局人員前往海岸山脈鹽寮坑，勘察海岸公路路

〔註183〕 台灣省議會秘書處編，《台灣省第二屆省議會第三次大會專輯》，1961年，頁
766～767。

〔註184〕 〈加強豐光公路支線路局擬定計畫〉，《更生報》，第二版，1961年10月22
日。

〔註185〕 〈鹽寮籲修道路橋樑〉，《更生報》，第二版，1958年12月9日。

〔註186〕 〈豐濱義務勞動興建石梯吊橋〉，《更生報》，第三版，1961年1月4日。

線，這條路線是從花蓮溪入口處，沿水璉、磯崎至豐濱，由於海岸山脈的阻隔使當地人民生活困苦，縣政府的財力也無從開發。〔註187〕

　　1963 年省主席黃杰上任後，決先開發東部交通，興建六條產業道路，爭取美援 1,2990 萬元爲建費，付之實施。〔註188〕1964 年 2 月 10 日花蓮縣長柯丁選出席省府東部開發小組委員會時，建議興建海岸公路應列入優先考慮，因爲海岸公路從花蓮港口出到豐濱鄉全長 43.48 公里，對經濟及軍事有相當大的價值。而自 1963 年所派出的海岸公路勘測隊，也在進行路線調查中。寫給花蓮縣政府的報告中指出，從 25 公里處水璉到磯崎途中，由於每日陰雨，山路崎嶇每日只有推進一公里，尤其番仔寮一帶沒有道路，原始地帶更使工作困難萬分，在信中表示：「這是個屬於仙人的境地無憂、無慮、無欲、無望，但是我們的目的是要完成這項偉大而艱難的工作。」〔註189〕

　　爲解決這個極困難的交通問題，更是加入了強大的外力。1964 年 2 月 19 日省府經濟動員會同公路局技術人員及國際開發總署美籍官員，來花勘測海岸道路，決定動工方式，以開發沿途資源。柯丁選縣長在對美籍官員的報告中表示全長 65 公里的海岸公路屬於單線道路，東南西三方面都可銜接外地，成爲全台沿海的主要幹線，每年的農林漁牧經濟開發價值在 6,000 萬元以上。在聽取柯丁選報告後，這群官員當日前往鹽寮坑。居住在鹽寮坑一帶的居民，都紛紛主動修砌道路熱切歡迎他們的來到，再實地勘查後美籍官員表示會盡量促成這條公路的修建。〔註190〕之後美國援華公署組長貝克於同年 5 月 3 日來花探勘海岸公路後，決定興建海岸道路列爲優先，並對於秀姑巒溪大橋的興建非常重視。〔註191〕

　　在國際的奧援下，1964 年 8 月東部開發委員會制定的東部十年開發計畫，需要經費共達 15 億餘元，送達省府及美援單位審核。〔註192〕爲配合開發東部

〔註187〕〈海岸公路籌建工作〉，《更生報》，第二版，1963 年 6 月 12 日。

〔註188〕〈東部開發工作黃主席極重視〉，《更生報》，第二版，1966 年 3 月 26 日。

〔註189〕〈興建海岸道路列入考慮〉，《更生報》，第二版，1964 年 2 月 11 日。

〔註190〕〈花蓮海岸公路探勘後即可決定開鑿方式〉，《更生報》，第二版，1964 年 2 月 19 日；〈海岸道路探勘後決定興建否〉，《更生報》，第二版，1964 年 2 月 20 日。

〔註191〕〈開發東部必先改善交通〉，《更生報》，第二版，1964 年 6 月 9 日。〈興建海岸公路決列爲優先〉，《更生報》，第二版，1964 年 5 月 5 日。

〔註192〕〈東部十年開發藍圖定八月底擬定完成〉，《更生報》，第三版，1964 年 8 月 7 日。

十年計畫，台東縣政府訂十年計畫東部幹線台東池上段改善工程：〔註 193〕首先成功路段改善工程（前四年爲南迴公路工程），第六年台東至都蘭 920 萬元，第七年台東大橋改建工程 1,500 萬元，第八年都蘭至東河 1,000 萬元，第九年東河至都歷 500 萬元，第十年都歷至成功 780 萬元，合計 4,700 萬元。〔註 194〕審核東台灣開發小組的十年計畫後，美援同意貸款海岸公路，總工程費 3.07 億元，認爲完成後可增加開闢五千公頃土地，使花東兩縣海岸交通聯成一貫，促進礦業資源開發，年收益 4,959,100 元。〔註 195〕東部開發委員會又計劃在 1965 年到 1970 年，以 3.07 億元分期完成興建海岸公路，由公路局主辦工程，預定三年內完成後，其中勉強通車 20 公里，可與靜浦成功公路銜接。海岸公路完成後可安置一萬人口，對經濟國防上價值極高。又因此提前在 1964 年底進行施工。台東成功公路則是分四年辦理拓寬路基彎道，改建橋樑，鋪設防塵路面，增設標誌、護欄，水制及路基保護工程，工費 1,300 萬元，並由地方發動義務勞動，以 23 萬元辦理防塵路面工程。〔註 196〕

　　以上顯示出在地方政府無法獨立進行建設海岸公路的狀況下，唯有重視東部的主政者上台後，才有辦法使省府的態度積極起來，而海岸公路的相關計畫工程，再加上美援署官員實際勘察後該地的資源價值後。在 1963 年～1965 年短時間才兩年內開始進行後續的計畫及實際工程。

三、海岸公路工程狀況

　　首先在政策方面，1964 年花蓮縣政府爲配合東部開發工作擬定一項全縣公路橋樑涵洞工程新建及改善工程實施計劃，鹽寮至秀姑巒溪公路，經費共 3,890 餘萬元。〔註 197〕同年 12 月 22 日美援公署致函經濟合作委員會要求工程，於 1964 年 10 月間開工的海岸公路，應在 1968 年以前完成，〔註 198〕增加費用部分由相對基金（或開發基金）撥付工程。〔註 199〕之後公路局爲了配合省府第四期四年（1965 年～1969 年）台灣經濟建設需要，以中美合作開發基

〔註 193〕前六年爲台東楓港段，另外有四年是花東公路。
〔註 194〕〈配合開發東部東訂十年計畫〉，《更生報》，第三版，1964 年 8 月 17 日。
〔註 195〕〈五條產業道路美援同意興建〉，《更生報》，第三版，1964 年 8 月 18 日。
〔註 196〕〈〈專欄〉東台灣展望〉，《更生報》，第七版，1964 年 9 月 3 日。
〔註 197〕〈本縣公路橋樑擬定改善計畫〉，《更生報》，第二版，1964 年 9 月 25 日。
〔註 198〕〈東部五條產業道路提早一年完成〉，《更生報》，第二版，1964 年 12 月 23 日。
〔註 199〕相對的意思再於美援對於該項撥付的金額，每年不得超過省府撥付款項之四倍。

金的相對款項支援，其中投資東部六條產業道路共 1.3 億元。〔註200〕1965 年
9 月 4 日省府決定用 25 億元全面整建公路工程以適應人口增加提高運輸能
力。在十年中完成現代化公路網，改善東部幹線以提高行車速度促進東部開
發，興建花蓮豐濱線產業道路。〔註201〕同年 9 月 24 日監察院巡視小組蒞臨台
東，台東縣政府提出改善花東、東成公路鋪設柏油及改善台東大橋的建議。〔註
202〕同年 12 月 16 日交通處長陳聲簧在省議會表示台灣公路發展政策採取新築
養護並重，從通車 16,300 多公里，到通車 1.8 萬公里為目標。〔註203〕在這樣
的宣誓下，1966 年 4 月 22 日省政府決定撥 31,571 萬元興建重要鄉鎮公路，
構成全省交通綿密網，花蓮豐濱公路列為第二優先。〔註204〕1967 年柯丁選表
示決在任內完成海岸公路建設，促進沿線土地利用。〔註205〕在省府一連串的
政策擬定下，海岸公路獲得大量的經費而動工。

　　海岸公路工程狀況可分為台東大橋、秀姑巒溪大橋（後改名為長虹橋）、
花蓮溪大橋分別討論。〔註206〕首先討論的是在 1934 年完工的台東大橋。在
1965 年 6 月 18 日遭到颱風摧毀，東成公路沿線東河、成功、長濱三鄉鎮，對
外交通斷絕。〔註207〕之後橋面只能行人通過由兩端接駁公車接送，汽車只能
在溪水量小渡過通往成功鎮。〔註208〕但在省政府開發東部政策及民眾要求
下，在當年度雨季過後開始實施台東大橋的修復工程。橋長 500 公尺，工程
費為 1500 萬元，而且在美方壓力下省政府規定公路局必須在四個月內完成。
〔註209〕所以公路局先建築便橋使客運車輛通行，木造便橋長 80 公尺，寬 4

〔註200〕　〈海岸公路花蓮溪橋變更設計完成可望月中發包〉，《更生報》，第二版，1966
　　　　　年 7 月 31 日。
〔註201〕　〈省政府決用 25 億全面整建公路工程〉，《更生報》，第二版，1965 年 9 月 5 日。
〔註202〕　〈簡化公產出售辦法速建台東水泥大橋〉，《更生報》，第二版，1965 年 9 月
　　　　　25 日。
〔註203〕　〈本省公路政策養護新築並重〉，《更生報》，第二版，1965 年 12 月 17 日。
〔註204〕　〈東部產業道路列為第二優先〉，《更生報》，第二版，1966 年 4 月 23 日。
〔註205〕　〈柯縣長表示決在任內完成海岸公路建設〉，《更生報》，第二版，1967 年 7
　　　　　月 3 日。
〔註206〕　海岸公路雖與東成公路不同，在後來的經營是相當密切的，所以在本段中一
　　　　　起討論，特此聲明。
〔註207〕　〈台東大橋設計竣事決定在月底發包〉，《更生報》，第二版，1965 年 10 月 19 日。
〔註208〕　〈台東大橋車輛調度不均〉，《更生報》，第二版，1965 年 8 月 26 日；〈秀姑
　　　　　巒溪第二大橋堪定〉，《更生報》，第二版，1965 年 8 月 26 日。
〔註209〕　〈台東大橋修復等雨季後實施〉，《更生報》，第二版，1965 年 7 月 17 日；〈產業
　　　　　道路興建費用決用於台東大橋興建〉，《更生報》，第二版，1965 年 10 月 7 日。

公尺，便道 766 公尺，合計 826 公尺，建造費用 35.9 萬元，於 11 月 15 日通車。〔註210〕對於因颱風造成台東大橋中斷問題，相關單位決定一勞永逸，拆除原有鋼索吊橋全部改以為預力混凝土建造。於 1965 年 10 月 27 日開始進行，橋長 480 公尺，寬 7.5 公尺的台東新建大橋工程。〔註211〕在 1966 年 7 月 10 日完工，共耗資 1500 萬元。〔註212〕

　　在花蓮溪大橋部分，公路局於 1965 年 6 月 9 日作花蓮溪大橋最後勘定，決定在 1966 年空軍防校前道路溪邊興築雙行道公路橋，工程費用為 1500 萬左右。〔註213〕並南浦防校前建一段 2.8 公里道路以銜接該橋，此道路利用吉安鄉南埔重劃區之原有農路加以拓寬，由縣府發動吉安鄉民義務勞動。〔註214〕1966 年 9 月 15 日花蓮溪大橋進行破土典禮。〔註215〕橋長 13 孔，孔距 40 公尺，全長 520 公尺，橋墩以沉箱為基礎，橋樑為預力混凝土橋，橋面淨寬 7.5 公尺，是一座雙行道橋，建費包括兩端引道計 1700 萬元。

　　在秀姑巒溪大橋部分，公路局為了適應各方需求，於 1965 年 8 月決定在豐濱的港口村與靜浦村之間興建秀姑巒溪大橋，以配合東部產業道路的興建，完成環島公路系統。公路局表示花蓮溪大橋和秀姑巒溪大橋的興建，對於觀光事業具有價值。秀姑巒溪大橋興建的地點，在大港口村上游 500 公尺處，秀姑巒溪大橋是為配合觀光事業，經公路局精心設計建造的遠東尚屬罕見的拱形橋，橋長 120 公尺，一孔中間沒有橋墩，橫在溪流之上，遠處看去正像一道溪橫於溪上的長虹，因此，命名為長虹橋，建費 860 萬元。〔註216〕

　　海岸公路路基整建方面，海岸公路與東成公路連結全長 65 公里，豐濱至港口公路於 1965 年 11 月配合義務勞動已整建有車行道路面。〔註217〕同年 12 月 11 日海岸公路再度動工整建豐濱新社 7.2 公里路面，海岸公路經費 5100 萬

〔註210〕〈東成公路橋道工程公路局開始修建〉,《更生報》,第二版,1965 年 10 月 11 日。

〔註211〕〈台東大橋設計竣事決定在月底發包〉,《更生報》,第二版,1965 年 10 月 19 日。

〔註212〕〈台東大橋工程下月十日通車〉,《更生報》,第二版，1966 年 6 月 25 日。

〔註213〕〈花蓮溪橋勘定決明年興建〉,《更生報》,第二版,1965 年 6 月 10 日。

〔註214〕〈海岸公路花蓮溪橋變更設計完成可望月中發包〉,《更生報》,第二版,1966 年 7 月 31 日。

〔註215〕〈花蓮溪橋瑞穗溪破土竣工典禮〉,《更生報》,第二版,1966 年 9 月 15 日。

〔註216〕〈花蓮長虹橋對峙南北端雄偉美觀具匠心〉,《更生報》,第二版,1968 年 6 月 28 日。

〔註217〕〈海岸公路明展開複測工作將於年底提前動工〉,《更生報》,第二版,1964 年 9 月 13 日。

元（不包括港口和花蓮溪兩大橋樑的建設費用）。〔註218〕1966 年 3 月 26 光豐公路，豐濱到港口公路舉行通車典禮，並與東成公路列為省道台 11 線（見圖3－3－1）。〔註219〕1966 年 1 月 22 日長濱柏油路面鋪設工作完成，耗資 12 萬。〔註220〕花蓮到新社間整建的路面 24 公里，〔註221〕全部工程費 2940 萬元，〔註222〕於 1967 年 8 月 11 日全部完成。〔註223〕連同 1966 年底完工的成功至大港口與大港口至花蓮段合併為台 11 線（見圖 3－3－2），將光復豐濱段原台 11線改為台 11 甲。〔註224〕

圖 3－3－1　1966 年台十一線公路重建圖

備註：由光復到台東

〔註218〕〈海岸公路再度動工整建豐濱新社路面〉，《更生報》，第二版，1965 年 12 月12 日。

〔註219〕〈社論慶祝光豐公路通車〉，《更生報》，第二版，1966 年 3 月 26 日；交通部交通研究所編印，《交通年鑑》，1966 年，頁 143～144。

〔註220〕〈長濱柏油路面鋪設工程完成〉，《更生報》，第四版，1965 年 1 月 23 日。

〔註221〕〈海岸公路再度動工整建豐濱新社路面〉，《更生報》，第二版，1965 年 12 月12 日。

〔註222〕〈海岸公路二期工程預定完成〉，《更生報》，第二版，1967 年 8 月 20 日。

〔註223〕〈海岸公路工程路基全部完成〉，《更生報》，第二版，1967 年 8 月 11 日；〈海岸產業道路颱後柔腸寸斷〉，《更生報》，第二版，1967 年 10 月 23 日。

〔註224〕交通部交通研究所編印，《交通年鑑》，1967 年，頁 143～144。

圖 3－3－2　1968 年台十一線公路重建圖

備註：北端由光復鄉改爲吉安鄉

　　在 1968 年 6 月 28 日東部海岸公路在花蓮大橋及長虹橋竣工舉行通車典禮，典禮由省府黃杰主席來花主持，副總統嚴家淦、經濟部長李國鼎，國防部長蔣經國，交通處長陳聲簧、公路局局長林家樞暨有關廳處長、主辦人員分別爲花蓮大橋及長虹橋剪綵，在花蓮大橋北端空地舉行，是東部地區有史以來所僅見。〔註225〕通車後客貨運，由花蓮客運負責。〔註226〕海岸公路的完成，是 1963 年省府主席黃杰上台後，對於東部重視態度而展現出來的結果。從 1963 年以後海岸公路相關工程的計畫與執行面上，都沒有 1963 以年東部公路相關建設上的怠慢態度，當然這也包括提供主要資金來源的美方壓力。但這也代表，東部在於爭取公路建設還是處於必須仰賴國家及國家的態度取捨，如果黃杰下臺或者美方不再支援，東部的公路建設是否又會因爲省府可能出現的輕視態度，又回歸於緩慢建設或根本不建設的狀態。總之，東部的

〔註225〕〈開發東部首要交通　海岸公路今天啓用〉，《更生報》，第一版，1968 年 6 月
　　　　28 日。
〔註226〕〈海岸公路風景琦麗身歷其境塵俗淨〉，《更生報》，第三版，1968 年 6 月 19
　　　　日。

建設是以國家意志爲第一優勢，受人宰制無法有個可以跟國家談判的籌碼，所謂的籌碼就是東部有什麼樣先天條件，是受到國家所重視的，形成出雙方都有主動權的態勢，以滿足各自需求。例如清代縱貫路線的設置中，顯示東部的籌碼是國防地位，而清政府必須在東部經營才能對外宣示主權，不再發生類似牡丹社事件類似的外力侵台事件，影響到清政府的統治安危。日治時代東部的籌碼就在於這個區域有大量資源及人煙稀少的荒地，可以開採大量自然資源及移入日本農民，以滿足日本政府順利殖民台灣的企圖。而戰後東部有什麼可以跟國民政府談判的籌碼？讓自己可以得大大量經費以推動滿足民生需求的地方建設。以下將來討論這塊讓國家重視又可以滿足東部需求的籌碼是什麼？

四、1968 年海岸公路完工前後的國家與地方觀點

　　雖然美援、中華民國政府及地方對於海岸公路建設的要求及計畫前，都會去衡量這條公路建設的附加價值，如方便運送貨物，其荒地可容納人口量及沿線礦產等自然資源有多少經濟價值。在 1968 年海岸公路通車之際，地方人士對這條公路經營有些另外的想法：

> 發展花蓮觀光事業。如夏威夷可以用陽光及海水招攬大量觀光客，而增加六千多億美元的收入，東海岸公路無疑是一條美麗的「風景線」有關單位應具有這樣的觀念。完成後全面鋪修柏油路，可以利用長達數百里的海岸山脈及東海岸的天然觀光資源，並應在沿途部署景緻，把一點一點的風景，連成一條風景線，最要緊的是興建海水浴場，與金山的海水浴場相互輝映。花東公路沿線風光瑞穗溫泉及紅葉溫泉，應利用附近景緻加強建設，成爲值得流連的地方。掃叭石柱應加以妥善佈置加以說明，使人發思古之幽情。整頓安通溫泉公路橋樑建設，成爲花東公路沿線的一個景點。〔註227〕

6 月 14 日台東縣議員建議政府台東觀光資源優厚，如池上大坡池。泰源村之世外桃源。成功長濱之水母丁、三仙台、八仙洞。風景如畫引人入勝應速建

〔註227〕伍更鳴，〈發展花蓮觀光事業面面觀（上）〉，《更生報》，第二版，1968 年 4 月 11 日。〈發展花蓮觀光事業面面觀（上）〉，《更生報》，第二版，1968 年 5 月 30 日。

開闢，吸引國際觀光客爭取大量外匯。〔註228〕花蓮縣長黃福壽認為海岸公路風景綺麗，身歷其境塵俗淨消，指示成立大港口觀光專案小組，擬計畫開闢觀光區，開放秀姑巒溪觀光。〔註229〕

　　在通車典禮當天，花蓮縣長黃福壽向省主席黃杰提出東部海岸公路風光宜人，尤以秀姑巒溪更為美好，請在沿線配合觀光事業建設，以發展本省觀光事業。〔註230〕經濟部長李國鼎則認為：「海岸公路風光明媚，是發展觀光事業的有利資源，尤其是大港口深具價值。」〔註231〕地方民眾認為：

> 海岸公路雖然只有六十二公里，一經開鑿，在農業方面因農產運費用降低，而給農產品提高其價值，沿線土地也在可以獲得多角性的利用而逐漸增值，目前地價上漲已達一倍以上。

> 至於沿線依山臨海，山上可以發展農牧，開發礦藏，如煤、石膏、紅色大理石等，海裡也盛產鮮魚，尤其龍蝦和「九孔」、「蝦蛄頭」等特產尤為珍貴。原有石梯灣漁港也將因之而提高其利用。而且海岸公路通車之後國防軍事行動，已從過去的困難臻於機動化，兵力調度在短暫之間即可達成，已往的缺陷，也因之迎刃而解了。

> 在觀光事業上，靠近花蓮市郊的花蓮橋北端山崗，景色更其秀美，海岸公路繞行其間，更其增加其壯麗，如果能在這裡興建觀光旅社，開闢為觀光區，與在鹽寮，水璉之間建設海水浴場，利用「親不知」海盜石洞古蹟，作有計劃的宣傳，面與花蓮的天祥，鯉魚潭，台東的樟原仙人洞，知本溫泉遙相呼應，聯成一貫，相信這條道路將成為環島的觀光要道。〔註232〕

對於黃福壽海岸公路通車當天的建議，黃杰相當重視，指示下令禁止民眾在大港口隨便建築，或破壞天然風景。花蓮縣政府則繼續呈請省政府觀光局核

〔註228〕〈風景如畫引人入勝台灣觀光資源優厚應速建開闢〉，《更生報》，第二版，1968年5月24日。

〔註229〕〈海岸公路風景琦麗身歷其境塵俗淨〉，《更生報》，第三版，1968年6月19日。

〔註230〕〈提出三項地方急要建設〉，《更生報》，第二版，1968年6月29日。

〔註231〕〈黃主席重申決心六條產業道路決予以完成〉，《更生報》，第二版，1968年6月30日。

〔註232〕〈海產龍蝦九孔　石梯漁港價值提高〉，《更生報》，第二版，1968年6月28日。

准大港口爲觀光區。黃福壽表示：大港口觀光事業區建設完成後，不但有助台灣東部觀光事業之發展，同時也可促進地方的經濟。〔註233〕

　　而就當時觀光事業實際營利狀況爲，1950 年國際觀光消費金額僅 21 億美元，至 1979 年爲 750 億美元。來台國際旅遊外匯收入從 1954 年的 94 萬美元，到 1960 年的 8,172 美元，1980 年成長至 9.9 億元。1971 年，交通部觀光事業委員會改組爲交通部觀光局，除了來台國際旅遊事務外，也開始重視國民旅遊，1971 年旅遊人次爲 1,934 萬人次，1981 年增至 3,719 萬人次，總消費額爲 518 億。〔註234〕有如此發展潛力的觀光產業，無怪乎地方國家的重視。自從開放通車後，觀賞秀姑巒溪風光，大港口長虹橋與台東仙女洞的遊人絡繹不絕，因此豐濱鄉人士要求政府能開放奚卜蘭島（獅球嶼）發展觀光，以繁榮地方。〔註235〕省觀光局向省府提出觀光專案報告中指出，東部海岸公路值得開發爲觀光風景區的地方爲，秀姑巒溪、大港口、希不蘭島、三仙台、蕃寮峽谷、八里灣、寶石礦、石梯坪、石梯灣、八仙洞、石雨傘、桃源洞、杉原浴場。其中東部海岸線，應是秀姑巒溪，大港口、三仙台三者觀光價值最高，應爲主要整建對象。秀姑巒溪、大港口與三仙台，正式列入省定風景區，並由省政府儘先規劃公共設施，然後鼓勵民間投資，配合大港口、新社社區建設，其他風景點可分先後急緩，逐漸完成基本設施。〔註236〕

　　海岸公路通車前後，代表中央的李國鼎、省府的黃杰、代表地方的黃福壽這些角色的意義，及其他地方人士開始去重視這塊地區的觀光價值，一反之前海岸公路建設做爲發展東海岸第一級產業的態度。地方爲了要保護觀光資源，禁止任何破壞環境的行爲，也是爲省府所准許的。並且有別於省府展現出的輕視態度造成公路建設的延宕。對於東海岸公路以觀光作爲經營主題，一開始就展現相當強烈的企圖加以規劃。筆者認爲國家重視東海岸線觀光的背後，目的就是利用當地類似夏威夷的自然環境，獲得龐大的經濟利益。一向被國家忽視的東部建設，因爲自然風景的觀光資源，因公路的通車得以讓更多人欣賞，所以得到了國家立即性的協助。觀光就是東部可以跟國家談

〔註233〕〈黃主席指示開闢風景區海岸公路風景如畫利用資源發展觀光〉，《更生報》，第三版，1968 年 7 月 12 日。
〔註234〕施添福總編纂，《台東縣史・觀光篇》（台東：台東縣政府，2000 年），頁 240。
〔註235〕〈秀姑巒溪風光琦麗遊人絡繹於絕〉，《更生報》，第四版，1968 年 9 月 23 日。
〔註236〕〈觀光局提兩項建議東部海岸線之重要風景高〉，《更生報》，第二版，1968 年 10 月 28 日。

判的籌碼。而之後再來看國家跟東部之間如何藉由公路建設與經營，相互利
用這塊觀光籌碼。

第四節　花東公路的改善過程與觀光帶的初營
（1964 年～1975 年）

一、邁向全天候公路

　　從 1959 年～1963 年這段時間缺乏國家的支援，花東縱谷的民眾只能靠
任何方式的自力救濟完成自己的交通需求。然而這個現象自 1963 年台灣省
政府黃杰上台後發生改變，黃杰認為東部地廣人稀，礦產蘊藏豐富，唯因
交通不便，遲未開發，且為解決台灣人口壓力，把開發東部列為重要省政
之一，成立台灣省東部開發委員會，決先開發東部交通，〔註237〕1963 年 8
月 8 日花東公路二期工程 7,000 餘萬元省府決定分期辦理。〔註238〕自此時
起，花東公路終於要邁向全年全線通車的目標，但黃杰主政時發展情形會
如何？黃杰下台後，省府態度是否又會恢復忽視的態度？以下將來探討這
段發展過程。

　　美國援華公署經濟分析處長浦西爾分析 1964 年時的花蓮台東公路狀況，
他認為花東公路主要作為短途交通之用，遠距離客運主要交由東線鐵路負
擔，造成這種狀況，原因在於：第一、該公路建築很差，保養亦然，特別是
花蓮縣境的部分。第二、除了四條長橋與鐵路共用外，僅有幾條日治時代所
建舊橋，公路穿越許多河床，河床既無橋樑，又乏過水路面，致每當上游小
雨，交通即行斷絕。東部開發會計劃以 3400 萬元，用以建築十五座永久橋樑，
改良經費共達 6500 萬元。其中 1600 萬元係供鋪設柏油路面，並非急要，應
予以刪除。至於永久性橋樑應屬重要，更重要的是使公路能在最短期間能在
任何氣候下通車，在河床上漸低成本過水路面，甚合需要。然後再依狀況，
再建永久性橋樑，使此將來接上三條產業道路幹線，成為全天候公路。〔註239〕
臺東縣議會也認為：

〔註237〕〈東部開發工作黃主席極重視〉，《更生報》，第二版，1966 年 3 月 26 日。
〔註238〕〈花東公路二期工程省府決定辦理〉，《更生報》，第二版，1963 年 8 月 8 日。
〔註239〕〈開發東部必先改善交通〉，《更生報》，第二版，1964 年 6 月 9 日。

近年以來，政府加速本省工商經濟發展，確已獲得輝煌成就，惟我
東部與西部相較，則大相形見絀，其最顯著者，厥爲公路交通，蓋
本省西部各地公路，均達國際標準，而東花公路，不惟路基不固，
路面崎嶇，且大多橋樑，尚利用鐵路鐵橋、公路交通、既欠完善，
鐵路交通亦受阻窒，當局是否特別重視西部而忽視東部頗感懷疑，
爰特建議至希迅速計劃改善路基興建橋樑並鋪柏油完成本省環島之
標準公路網，俾利地方發展繁榮。〔註240〕

道路崎嶇、路面不整、遇水則交通中斷及鐵公路橋，就是花東公路興建後一
直存在的問題，地方還是不斷強調這是「重西輕東」的態度所致，但在黃杰
擔任省主席後，省府態度是轉爲積極。1964 年 8 月東部開發委員會所擬定的
東部十年開發藍圖，送達省府及美援單位審核，共達 15 億餘元工程建設內容
中包括將花東公路改建爲全天候道路。〔註241〕

　　1965 年 9 月 4 日省府決定用 25 億元全面整建公路工程，以適應人口增加
提高運輸能力，在十年中完成現代化公路網。改善東部幹線以提高行車速度
促進東部開發。〔註242〕同年 12 月 16 日交通處長陳聲簧在省議會表示，台灣
公路發展政策採取新築養護並重，目前通車 16,300 多公里，以通車 1.8 萬公
里爲目標。〔註243〕1974 年公路局擬定計畫改善東部公路幹線，耗資 2.8 億。
〔註244〕而這樣的積極公路建設政策推行到花東縱谷時，實際狀況又是如何？

　　1964 年 8 月花東兩縣政府配合開發東部十年計畫。首先台東縣政府訂十年
計畫爲：東部幹線台東池上段改善工程，（前六年爲台東楓港段）第七年南王至
鹿野 580 萬元，第八年鹿野至七腳川 620 萬元，第九年七腳川至池上 800 萬元，
第十年新武呂溪橋新建工程 1,000 萬元，合計 3,000 萬元。〔註245〕後來花蓮縣政
府爲配合東部開發工作擬定一項全縣公路橋樑涵洞工程新建及改善工程實施計

〔註240〕台灣省議會秘書處編，《台灣省第三屆省議會第十次大會專輯》，1968 年，頁
　　　　968。
〔註241〕〈東部十年開發藍圖定八月底擬定完成〉，《更生報》，第三版，1964 年 8 月 7 日。
〔註242〕〈省政府決用 25 億全面整建公路工程〉，《更生報》，第二版，1965 年 9 月 5 日。
〔註243〕〈省府籌一億九千萬決定興建九條公路〉，《更生報》，第二版，1964 年 10 月
　　　　19 日；〈花東公路橋樑決定分四年興建〉，《更生報》，第二版，1965 年 4 月
　　　　16 日。
〔註244〕〈省公路局擬定計畫改善東部公路幹線〉，《更生報》，第五版，1974 年 11 月
　　　　7 日。
〔註245〕〈配合開發東部東訂十年計畫〉，《更生報》，第三版，1964 年 8 月 17 日。

劃，自 1965 年起，分別在十年內全部完成，此一計畫，共計有十一條產業公路，其中與現代花東公路有直接關係者爲改善志學至壽豐公路，需 300 萬 80 元。〔註246〕10 月 14 日省交通處長陳聲抵花視察豪雨災情，花蓮縣建設局提出交通建設十年計畫，盼省府補助。〔註 247〕陳聲簧表示對於三日內能退水地段，仍按照原路行駛，三天以上才能退水的地段架設便橋，如要一星期以上才能退水，則加設高橋。務使各地交通，不致因風雨損害而中斷交通。〔註248〕1963 年～1965 這三年間，省政府提出的公路建設計劃及東部十年開發計畫，花東兩縣政府也配合擬出具體建設預算內容來營造這條公路的發展。以下來處理瑞穗鄉、玉里鎮、富里鄉之間花東公路聯繫的情形，來探討這段過程。

　　一直以來瑞穗鄉中間的紅葉溪，也造成了瑞穗鄉內之間交通的問題。1965年 11 月 27 日在〈興建紅葉溪橋興建花東公路〉的新聞稿指出：

> 花東公路路基初成，行車尚有不少地方仍受阻，雖然公路全線，處處藉溪底便橋，或以火車橋賴以銜接，山洪暴發阻礙交通的事情時而發生。花東公路全線莫過於瑞穗鄉馬蘭鉤溪與紅葉溪，這兩條溪位於瑞穗鄉一南一北，破壞性之強爲本縣之冠。這兩溪每每入汛期，山洪暴發，導致花東公路柔腸寸斷，空有其路不能發揮路的價值。以花縣而言，現在大多數備有自用的摩托車，縣民暨可駕車來往花東之間，遊覽經商，無不暢快自由。然公路時因溪漲路絕，即貨運，客運以及南北東西遠來遊覽的車輛旅客受阻，帶來不少損失。馬蘭鉤溪公路大橋興建完成，現在唯有紅葉溪還沒興建，花東公路的使用價值依然沒有提高。現在公車只延長瑞穗一站而已，至於從玉里北上的公車就要完全受阻。紅葉溪與馬鉤蘭溪同等重要。但兩溪鄉相近，公路利用價值也因縮短。每當一場豪雨過後，因紅葉溪沒有橋樑，常常見到騎摩托車的先生女士望水興嘆，因此要眞正達到花

〔註246〕〈本縣公路橋樑擬定改善計畫〉，《更生報》，第二版，1964 年 9 月 25 日。其他爲十條公路分別爲鹽寮至秀姑巒溪公路，3,859.2 萬元；樂合至德武公路，956.1 萬元；玉里至學田公路，2,132.6 萬元；林田至鳳林公路，298.7 萬元。豐坪至溪口公路，23.6 萬元；，安通溫泉公路，378.2 萬元；瑞穗溫泉公路，90.4 萬元；鳳林至山興公路，89.2 萬元；南華至永興公路，60.3 萬元；北埔至大山公路，85.1 萬元，總計概算爲 8,200 餘萬元。但皆屬橫貫公路，不在本研究範圍內故不討論。

〔註247〕〈陳聲處長抵花視察鐵路公路災情〉，《更生報》，第二版，1964 年 10 月 15 日。

〔註248〕〈改善本縣道路已有全部計畫〉，《更生報》，第三版，1964 年 10 月 16 日。

東公路發揮價值的目的，唯有早日興建紅葉溪大橋。紅葉溪的流域
及寬度，均不及馬鈞蘭溪的一半，根據瑞穗鄉公所建設課的初步統
計，橋長約七十公尺，總工程費不過約五十萬元左右，相較馬鈞蘭
溪橋兩百四十萬元，也不足其五分之一。馬鈞蘭溪既能完成建橋，
爲使花東公路的利用價值，盼當局早日派員勘測，完成紅葉溪大橋
的建設，而謀求縣府與縣民共同欲求達成的目的。〔註249〕

所以瑞穗鄉民盼政府速興建紅葉溪公路橋樑，以發揮眞正的公路與橋樑交通
的最高效果，並認爲紅葉溪沒有馬蘭鈞溪危害嚴重，就經費而言實有天壤之
別，鄉公所初步統計，約 10 萬元即足。〔註250〕

　　靠南端的富里鄉內的鱉溪、慶仔溝溪或稱「拱仔溝」、阿眉溪，也造成了
富里鄉民眾交通的問題。首先是鱉溪，在 1966 年 4 月 16 日富里村村民大會
會中通過提案：花東公路鱉溪橋樑，仍未獲回應，請早日興建。鱉溪爲環島
必經的省道，每天來往車輛行人如織，至今仍是溪底便道，經過該處的行旅
學生，均需脫鞋涉水渡過，大家苦不堪言，尤其是雨季。〔註251〕更生日報記
也登載了慶仔溝溪、阿眉溪所造成的交通問題：

> 富里鄉下的東里、吳江、萬寧三村，風景絕佳，民情敦厚，尤以土
> 地肥沃，作物豐富而著稱。但三村村民的往來，卻橫遭「慶仔溝」、
> 「阿眉溪」，兩大溪間的阻隔，而感到極端的不便，若是碰到山洪暴
> 發，則三村就會進入完全阻隔的境地，影響民生至鉅，乃此村民引
> 以爲憾的事情。「拱仔溝」在當地人心目中簡直就是墳墓的別稱，因
> 爲公墓就在「拱仔溝」的上游。花東公路經過「拱仔溝」的時候形
> 成一個九十度的大彎道，南下的車輛，每每不易發現該彎道，因此
> 常有飛車墜崖的事情發生。

> 1963 年有輛載滿日本觀光客的旅行轎車，因不熟路徑，而掉進溪
> 間。事隔不久，又有一安通陳姓摩托車騎士重蹈覆轍，而死於非命。
> 地方人士逐以爲該處必有冤魂捕捉替身，於是有「墳墓」及「死亡
> 彎道」之名流傳開來。吳江村已成立一分校，五六年級學童，必須
> 跋涉至東里國校就讀，而居住於白石仔及第五公墓一帶的學童，常

〔註249〕〈興建紅葉溪橋興建花東公路〉，《更生報》，第二版，1965 年 11 月 27 日。
〔註250〕〈瑞穗公路盼興建紅葉公路橋樑〉，《更生報》，第二版，1966 年 6 月 19 日。
〔註251〕〈富里鱉溪橋梁地方民眾盼速修復〉，《更生報》，第四版，1966 年 4 月 17 日。

常得涉「拱仔溝」水半途。一遇豪雨溪水暴漲，學生一折不曉得學校要不要上課，一反又無法渡溪。有些學生怕被老師責罵或逞勇渡過溪水，生命安全堪憂。有時上課時間下雨，學校為顧及學生安全，只得提早放學，使學校造成困擾。興建「拱仔溝」大約只有二十公尺寬，所需經費不用太多，但對造福地方而言，則豈是隻字片言所語的。東里及萬寧兩村以阿眉溪為交界，溪北為東里，溪南為萬寧。二十年前兩村賴一座水泥橋聯絡，交通尚稱便利。至三十八年的一場大洪水，將靠近東里的橋樑沖毀。之後政府不但未加以修復，反而將原來橋面拆之則去，移作他種建設之用。至今只留四座橋墩光禿禿的在那，任由風吹雨打。萬寧村每天都有大批居民到東里去寄信，採購物品。往來藉由阿眉溪的一座居民臨時搭建的一條小木板橋以外，其餘空無所有。若腳踏車經過此溪，必經要懸提六、七次之多，方能到對岸，常有失足落水之餘，居民不禁叫苦連天。而花東公路的汽車行經於此也要常常癲頗的震撼。於是各界都有早日興建水泥大橋之要。〔註252〕

省議員徐輝國針對這個問題，在省議會中提出：

> 花東公路是東部唯一幹線，可是這一條幹線，花蓮到玉里、臺東到富里都沒有通車，在富里間尚有六座橋樑，到現在還沒有修復，請問何時着手修建？其次，我們也希望依照處長這個辦法早一點完成這六座橋樑，以發展東部。

交通處長陳聲簧答覆：

> 花東公路花蓮至玉里、臺東至富里這一段還有六個橋沒有修復，何時可以修復？記得我們在花東公路有一個計劃，曾在貴會報告過，就其所有的橋樑方面俟颱風季節過後，根據以往颱風經驗。颱風過後三天之內水退出來的是溪底通車，三天至一星期水才退的，我們決定造過水橋。一個星期以上水還不能退的，就是建立高橋。這六座橋將來如果都需要建高橋，那麼要等 1968 年有足夠經費後才能分期辦理。〔註253〕

〔註252〕默進，〈為阿眉溪及慶仔溝溪橋催生〉，《更生報》，第二版，1966 年 9 月 18 日。
〔註253〕台灣省議會秘書處編，《台灣省第三屆省議會第七次大會專輯》，1966 年，頁 1295～1296。

所以在 1968 年 9 月 24 日，花蓮縣政府建設局局長藍天揚在於玉里鎮地方人士座談會時表示，將在黃杰第四年任期時（也就是此年），編列預算興建花東公路沿線省道橋樑。有富里鄉的阿眉溪橋、九岸溪橋、螺仔溪橋、拱仔溝橋、冷水溪橋。屬於玉里鎮境內的有哈啦灣溪橋、清水溪橋、太平溪橋，對此建設地方人士均感興奮不已。〔註 254〕10 月 18 日省府決定籌 1.3 億元，使「鄉鄉有路，路路有車」的政策達成，其中公路局第四工程處決定以 1,000 萬元，用於興建紅葉溪、樂合溪、鱉溪、阿美溪、九岸溪，溝仔溪等六座橋樑，分四年興建。至於兩邊堤防及護岸須由地方配合興建，加以保護。此六座橋樑完成後，將使花東公路在洪水期減少因溪水造成的阻礙。〔註 255〕1970 年花蓮縣長黃福壽表示花東公路由地方義務勞動而路基未固，接任省主席的陳大慶來花蓮時曾允主要橋樑還未興建，豪雨時容易造成溪水暴漲阻斷交通，會請省府興建瑞穗鄉紅葉溪橋、東里拱仔溪橋、富里鄉阿眉溪、九岸溪、螺仔溪、花東交界大陂溪等六處橋樑。至於經費方面，陳大慶表示省交通處有多少結餘即交撥興建。〔註 256〕最後在 1971 年撥款一千四百萬元，興建阿美溪、九岸溪、紅葉溪橋、拱仔溝溪橋，並於 1972 年完工。〔註 257〕

表 3－4－1　1972 年省道修建重要橋樑台 9 線表

1972 年省道修建重要橋樑台 9 線				
縣市名稱	橋樑名稱	長度（公尺）	寬度（公尺）	高度（公尺）
花蓮縣	紅葉橋	90	8.65	10
花蓮縣	拱仔溝橋	46	8.5	11
花蓮縣	阿眉溪橋	90	8.5	10.59
花蓮縣	九岸溪橋	105	8.5	11
花蓮縣	螺仔溪橋	82.8	8.5	9

出處：交通部交通研究所編印，《交通年鑑》，1972 年，頁 207～211。

〔註 254〕〈花東公路沿線橋樑決定進行興建〉，《更生報》，第二版，1968 年 9 月 24 日。

〔註 255〕〈省府籌一億九千萬決定興建九條公路〉，《更生報》，2 版，1964 年 10 月 19 日；〈花東公路橋樑決定分四年興建〉，《更生報》，2 版，1965 年 4 月 16 日。

〔註 256〕〈花東六座橋樑請省下年興建〉，《更生報》，第二版，1970 年 2 月 28 日；〈花興建六座橋樑陳大慶主席表重視〉，《更生報》，第二版，1970 年 3 月 3 日。

〔註 257〕1971 年 9 月 13 日〈花東公路四座橋樑本年度興建〉，《更生報》，第二版，1971 年 8 月 8 日；〈花東公路縣境明年完成鋪油〉，《更生報》，第二版，1971 年 8 月 21 日。

　　所以1972年以後的花東公路及其他興建的小橋、暗渠及駁崁可以說是終於全年全線通車。而中段橋樑的興建完成，可顯示省政府自1963年黃杰上台以後，對於東部開發的重視，使得花東公路的興建相較於過去建設的效率提升不少。又在任期最後一年編列出預算建築沿線橋樑。後期接任省主席之初的陳大慶也能夠推動既定公路政策的完成，不至於產生「人去樓空」的政治現象。雖然從要求到完成中間隔了九年，但比較1963年以前必須要求十年以上才會動工的東部公路，及考量同時還必須進行需耗費鉅資的海岸公路工程，筆者認為省府對東部建設的效率已經增進很多了。但當時花東公路的問題還包括會影響沿線居民健康的砂石路面，還有一大段尚未鋪設柏油，及過渡性質鐵公路橋，也都還未解決。東部公路交通從黃杰就任及卸任前後，省政府與地方民眾之間有什麼樣的態度去面對這些未解決的問題？以下將來呈現這段過程。

二、花東公路的改善過程——柏油與鐵公路橋

1. 鋪設柏油

　　在1964年的花東公路，只有零星的鄉治村落有鋪設柏油，大部分的花東公路只是碎石路面。汽車經過這條公路時，被喻為跳「曼波」，乘客有如被「馬殺雞」，此非身歷其境，無法體會得出。〔註258〕對於使用這條公路的行人而言，一遇下雨，地上泥濘。晴天時，汽車通過後，便是滿天飛塵。省議員黃金鳳認為花東公路，雖號稱四通八達，路面崎嶇多為單行道，運輸效率極低「小雨小不通」、「大雨大不通」、「颱風豪雨根本不通」。〔註259〕地方民眾則認為花東公路雖已全線通車，但因路基欠固，橋樑未建，利用河床便道通車，每遇豪雨即告中斷，而載重卡車易發生危險，且該縱貫公路縱貫花東兩縣主要鄉鎮，為兼具產業道路功能命脈，亟需全面改善，以利全面客貨運輸。建議省府在兩年內將花東公路全線鋪設柏油路。〔註260〕對於此需求，省議員洪掛於1966年5月3日在省議會質詢提出建議：

〔註258〕〈欣聞花東公路將於三年內拓寬完成〉，《更生報》，第二版，1981年6月24日。

〔註259〕〈設花東加工出口區積極開發東部資源〉，《更生報》，第二版，1970年1月24日。

〔註260〕王喬，〈向東來巡視的陳主席建言〉，《更生報》，第二版，1969年12月9日。

花東公路自光復二十年來，現各鄉鎮人口逐年增加，人馬及車輛來往
甚多，花東公路仍有部分未完善，每逢雨期交通即告斷絕，每逢雨期
原利用溪底行走之公路，被迫停駛，對農作物的運銷及行旅即不方便。
如無鋪設柏油路面，實有影響人民的健康，而西部幹線早已鋪設柏油，
為示公允，東部幹線刻不容緩，請省府列入預算辦理。〔註261〕

交通處陳處長來甲答覆：

關於花蓮至臺東公路幹線之橋樑及柏油路面鋪設問題，當然我們認
為東部交通實有改善必要，也希望能夠做到，但主要還是經費的問
題，這條公路現有一百八十公里長，目前由花蓮至光復一帶除便道
外，在本年底前均可完成柏油路面。至於光復以南沿線各鄉鎮街道
均已鋪好柏油，較小之河川便道，因為阻礙交通關係，也計劃分年
在做，沿線大橋以及全線鋪設柏油路，我們希望能列入五十九年度
預算完成。〔註262〕……。我們不是不想做，是受了經費的限制，我
們希望能縮短時間早日完成。〔註263〕

面對省議員的要求，省府為了解決當前的民意壓力。先開始從 1965 年由吉安
南華開始鋪設花東公路柏油路面。〔註264〕而之後未鋪設的路段，地方仍在繼
續要求省政府執行，希望能早日完成。1967 年花蓮縣汽車司機公會提案整修
花東公路南華至榕樹段路面不平部分以利行車安全。〔註265〕1968 年花蓮縣議
會建議公路局鋪設花東公路經過村落柏油路面公路。〔註266〕

對於鋪設柏油要求花蓮縣長黃福壽表示：「花東公路花蓮縣境 128 公里，
這條公路大半是砂石路面，灰沙飛揚，影響居民健康及行車安全，更使外來遊
客留下不良印象。在 1970 年度預算，列為重點建設之一。柏油鋪設問題，向

〔註261〕〈洪建議省政府改善東部交通花東公路路面〉，《更生報》，第四版，1966 年 8
月 5 日。
〔註262〕台灣省議會秘書處編，《台灣省第四屆省議會第三次大會專輯》，1969 年，頁
1215～1216。
〔註263〕台灣省議會秘書處編，《台灣省第四屆省議會第四次大會專輯》，1970 年，頁
1155～1156。
〔註264〕〈花東公路鋪油明天全部完成〉，《更生報》，第二版，1973 年 9 月 23 日。
〔註265〕〈整修花東公路以利行車安全〉，《更生報》，第二版，1967 年 8 月 28 日。
〔註266〕〈建築鐵路開發山地發展觀光興修水利〉，《更生報》，第二版，1968 年 4 月
11 日。

公路局接洽已獲支持。將儘可能在兩年內全線鋪設完成。」〔註267〕1969 年 5 月 14 日陳聲簧於花蓮縣政府交通座談會上，同意補助 100 萬元在花蓮縣政府鋪油計畫上。計畫內容為，1969 年自壽豐至光復先行鋪設。1970 年富里鄉縣界到玉里，1971 年由玉里鋪設至光復。〔註268〕黃福壽先於 1969 年 12 月 9 日向省主席陳大慶提出興建花東公路沿線橋樑及鋪設全線柏油，得到陳大慶支持後，〔註269〕隔年 1 月 10 日再專程前往台北，請公路局補助鋪設光復至富里之間的柏油路面橋樑，以配合觀光事業的發展。〔註270〕而在地方上，也繼續督促政府鋪設柏油工作完成。1970 年花蓮縣貨運公會請政府重視花東公路的改善，早日完成柏油路面的鋪設，加強沿線駁坎橋樑的興建，使成為全天候的公路，使花蓮與北部能貨暢其流。〔註271〕同年玉里鎮長邱慶來在花蓮縣議會座談會中提出花東公路玉里段面鋪設柏油路。〔註272〕地方的不斷督促及省政府努力下，最後在 1973 年 9 月 24 日花蓮縣境內花東公路全部鋪設完成。〔註273〕

　　在台東方面，1966 年台東縣政府補助池上修鋪中山路往富里段柏油路面，總工程費 27 萬元。〔註274〕1968 年池上鄉長建議台東縣府將大陂池土地劃為縣立公園及鋪設池上至海端的柏油道路。〔註275〕同年 7 月 26 日台東縣長黃鏡峰，在對台北市新聞記者訪問團做簡報時，指出台東縣發展方向為，改善花東公路及東靜公路鋪設柏油為全天候道路，〔註276〕再修建各風景區。〔註277〕台東縣政府於 10 月 22 日要求公路局鋪設花東公路海端池上的柏油公路及興建縣界橋樑。〔註278〕黃鏡峰表示花東公路鋪設柏油路面月眉、池上、關山已進行工程，由月眉及初鹿一段需興建高橋及過水路面。1974 年 1 月，花東

〔註267〕〈花東公路鋪設柏油決在兩年內完成〉，《更生報》，第二版，1969 年 3 月 23 日。
〔註268〕〈花東公路三年鋪柏油〉，《更生報》，第二版，1969 年 5 月 15 日。
〔註269〕〈黃縣長昨提六點建議修建蘇花鐵路修築花東公路〉，《更生報》，第二版，1969 年 12 月 10 日；〈陳大慶主席昨表示花極具有建設前途〉，《更生報》，第二版，1969 年 12 月 10 日
〔註270〕〈配合觀光事業發展花東公路決定修整〉，《更生報》，第二版，1970 年 1 月 11 日。
〔註271〕〈蘇花花東兩公路應鋪設柏油〉，《更生報》，第二版，1970 年 2 月 24 日。
〔註272〕〈玉里九項建設盼政府亟需補助〉，《更生報》，第二版，1970 年 1 月 17 日。
〔註273〕〈花東公路鋪油明天全部完成〉，《更生報》，第二版，1973 年 9 月 23 日。
〔註274〕〈東縣補助池上興建柏油路面〉，《更生報》，第二版，1966 年 8 月 23 日。
〔註275〕〈池上鄉長建議將大陂池土地改建為縣立公園〉，《更生報》，第四版，1968 年 8 月 25 日。
〔註276〕〈東縣積極建設改善生活繁榮地方〉，《更生報》，第五版，1969 年 7 月 27 日。
〔註277〕〈東縣發展觀光事業定四年長期計畫〉，《更生報》，第五版，1969 年 10 月 13 日。
〔註278〕〈池上海端公路有待改善〉，《更生報》，第五版，1969 年 10 月 23 日。

公路武陵檢至初鹿一段柏油路面正在進行,鹿鳴橋至初鹿總工程費 400 多萬,
也在辦理發包。〔註279〕未進行鋪油路段,省議員洪掛則加以催促要求:

> 初鹿至關山道路,因未鋪設柏油路面,不僅道路崎嶇不平,車行顛
> 簸的很屬害尤其塵埃滿天或泥濘載道,令行旅難以忍受,政府有鑒
> 於此據聞已編列預算,敷設柏油路面;然至今仍未見施工。應請早
> 日敷設,以利行旅。〔註280〕

省政府回覆,初鹿到關山段可在舖設柏油路面於 1974 年 6 月底完成。〔註281〕
最後 7 月花東公路全線柏油鋪設完成。〔註282〕（見表 3－4－2）

表 3－4－2　東部幹線路面分類長度的演變表

年　代	混凝路面	瀝青路面	砂石路面	合　計
1961	0.452	87.969	412.186	500.607
1962	0.452	87.969	412.186	500.607
1963	0.216	96.189	418.434	514.839
1964	0.180	114.965	399.694	514.839
1965	0.180	128.405	385.197	514.382
1966	0.050	186.630	327.802	514.482
1967	0.070	234.179	277.863	512.111
1968	0.070	280.439	224.107	504.616
1969		316.287	188.247	504.534
1970		374.071	129.429	503.500
1971	0.841	395.541	106.473	502.855
1972	0.841	420.144	81.876	502.855
1973	0.841	454.193	47.578	502.612
1974	0.841	454.193	47.578	502.612
1975	0.841	495.385	6.268	502.494
1976		499.361	0.245	499.606
1981		498.636	0.279	498.915
1991	11.305	457.986		469.291

出處:施添福主編,《關山鎮志·交通篇》,（台東縣關山鎮:台東縣關山鎮公所,2001）,
　　頁 447。

〔註279〕〈東縣各線公路六月全面改善〉,《更生報》,第二版,1974 年 1 月 19 日。
〔註280〕台灣省議會秘書處編,《台灣省第五屆省議會第一次大會專輯》,1973 年,頁 898。
〔註281〕台灣省議會秘書處編,《台灣省第五屆省議會第三次大會專輯》,1974 年,頁 407。
〔註282〕陳俊,《台灣道路發展史》,（台北:交通部公路局,1987 年）,頁 617。

　　鋪設花東公路柏油路面，除了上述史料外，從 1963 年～1974 年多達二十四件，洪掛提案次數六件，徐輝國兩件，黃國政四件，章博隆三件，加上其他省議員三件其中 1963 年兩件，1966～1974 年二十二件，跟以往的省議員花東公路相關提案數量比較針對鋪設柏油的議案相當的緊密，[註283] 顯示當時對於柏油需求的急切性。再從表 3－4－3、圖 3－4－1 來看的花蓮縣汽機車登記表來看。汽機車數量中以機車數量為大宗，所以就以機車來看。1962 年為 648 輛隔年為 741 輛，一直到 1967 年以前成長車輛數量皆在 100 台左右。而 1967 年成長數量突然增加到 1,000 輛左右，總計為 2,587 輛，隔年暴增近 6,000 輛，為 8,932 輛。之後到 1972 年以前，每年成長數量在 2,000 輛左右。而 1973～1975 每年機車平均成長數量高達 6,000 輛左右。而台東縣機車數量從 1972 年開始大量增加（見表 3－4－4、圖 3－4－3）。可見當時花東地區經濟成長之快。難怪 1967 年～1974 年這幾間，省議員會不斷要求省政府早日將花東公路柏油路面鋪設完成。以配合逐漸以機車為主要代步工具的花東民眾需求。但從整體來看，西部縱貫公路的全線柏油鋪設是連同 1954 年通車時就一併做好的，但 1959 年花東公路通車時，卻只是砂石路面，十年後也就是 1969 年時，才開始正式計劃編列鋪設花東公路鋪設柏油的預算，到 1974 年時花東公路才全線鋪設完成。這期間差距有二十年之久，從東部在 1963 年要求鋪設柏油到 1969 年開始動工，到 1974 年才全部完成，中間隔了十一年之久。上述

[註283] 台灣省議會秘書處編，《台灣省第二屆省議會第六次大會專輯》，1963 年，頁 1238；台灣省議會秘書處編，《台灣省第三屆省議會第一次大會專輯》，1963 年，頁 1243～1244；台灣省議會秘書處編，《台灣省第三屆省議會第七次大會專輯》，1966 年，頁 1176；頁 1298～1299；頁 1319～1320；台灣省議會秘書處編，《台灣省第三屆省議會第八次大會專輯》，1967 年，頁 196；台灣省議會秘書處編，《台灣省第三屆省議會第九次大會專輯》，1967 年，頁 919；頁 964～965；台灣省議會秘書處編，《台灣省第四屆省議會第一次大會專輯》，1968 年，頁 953；台灣省議會秘書處編，《台灣省第四屆省議會第二次大會專輯》，1969 年，頁 906；台灣省議會秘書處編，《台灣省第四屆省議會第三次大會專輯》，1969 年，頁 1215～1216；台灣省議會秘書處編，《台灣省第四屆省議會第四次大會專輯》，1970 年，頁 1155～1156；台灣省議會秘書處編，《台灣省第四屆省議會第五次大會專輯》，1970 年，頁 787～788；台灣省議會秘書處編，《台灣省第五屆省議會第一次大會專輯》，1973 年，頁 898；頁 1374；台灣省議會秘書處編，《台灣省第五屆省議會第二次大會專輯》，1973 年，頁 1130～1131；頁 1219～1220；台灣省議會秘書處編，《台灣省第五屆省議會第三次大會專輯》，1974 年，頁 407；頁 419；頁 1942；台灣省議會秘書處編，《台灣省第五屆省議會第四次大會專輯》，1974 年，頁 753。

所講黃杰上台後並無法解決花東公路鋪設柏油問題，或許必須考慮省府將花東公路相關經費用必須用至，同時還興建了沿線小橋樑及鉅資的海岸公路。筆者認爲或許是因爲海岸公路建設完成後，才有餘額改善花東公路，若是如此，從 1968 年完成東海岸公路後，也需花六年才能完成鋪設柏油及沿線小橋樑這兩種建設。但是再跟西部縱貫公路是一次完全全天候公路等級的情形比較，花東公路要達到這樣的水準，還要花很多個步驟，很長一段時間才有辦法達成。雖說到 1974 年這個時間點爲止，省府的施政狀況是有改善，但是在花東公路第一期修復工程後會出現的問題，應該是早在該公路通車後，省府就要設想到而繼續實施興建的，並非在透過地方不斷的要求，才能分到國家用剩的經費，來完成全天候公路的目標。對於西部縱貫公路設想得是如此周到，但對東部縱貫公路是如此對待，這樣的問題又會展現在還未改善的鐵公路橋問題上。

表 3－4－4　1962 年～1975 年花蓮縣車輛登記表

年底別	總　計	大　客　車	大　貨　車	小客車	小　貨　車	機踏車
1962	989	13	173	57	39	648
1963	1,108	15	175	71	43	741
1964	1,233	20	188	82	49	852
1965	1,527	23	204	98	68	1,091
1966	1,917	27	231	113	83	1,394
1967	3,242	27	241	142	106	2,587
1968	9,699	46	263	189	126	8,932
1969	12,081	57	278	213	224	11,178
1970	13,997	60	352	248	244	12,958
1971	16,847	71	413	343	271	15,611
1972	20,151	76	454	477	297	18,705
1973	24,212	79	505	791	409	22,284
1974	30,950	85	629	1,128	657	28,297
1975	38,273	104	744	1,324	843	35,089

出處：花蓮縣 38～85 年統計要覽網頁，

　　　http://web.hl.gov.tw/static/book/85book/85book.htm，查詢日期：2009 年 3 月 9 日。

備註：單位：輛。

表3－4－5　臺東縣小客車和機車的成長率表

年　代	小客車		機　車	
	實數（輛）	年平均成長率（％）	實數（輛）	年平均成長率（％）
1961～1966	29～85	38.62	569～1,212	22.60
1966～1972	85～263	34.90	1,212～12,792	159.24
1972～1977	263～881	47.0	12,792～34,669	34.20
1977～1981	881～2,179	36.83	34,669～69,036	24.78
1981～1986	2,179～5,812	33.35	69,036～96,819	8.05
1986～1991	5,812～18,743	44.50	96,819～125,988	6.03

出處：施添福主編，《關山鎮志‧交通篇》，（台東縣關山鎮：台東縣關山鎮公所，2001），
　　　頁452。

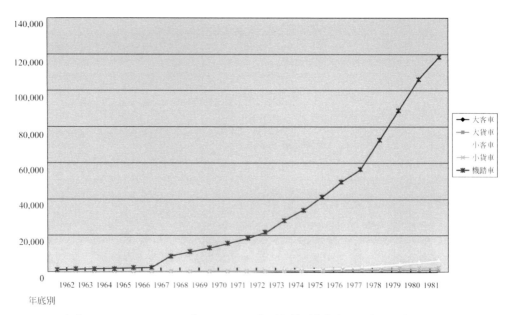

圖3－4－1　1962年～1975年花蓮縣車輛登記表曲線圖

備註：單位（輛）

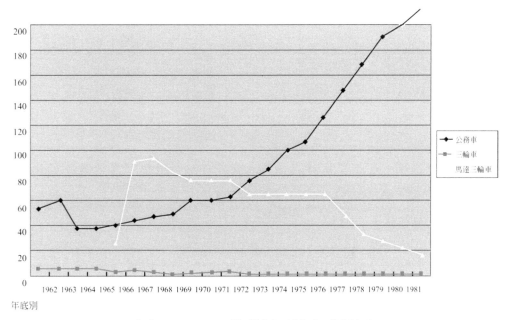

圖 3－4－2　花蓮縣三輪車成長圖

備註：花蓮縣三輪車從 1972 年以後就沒有人再使用，而馬達三輪車從 1967 年以後就
　　　開始下滑，逐漸被機車給取代。

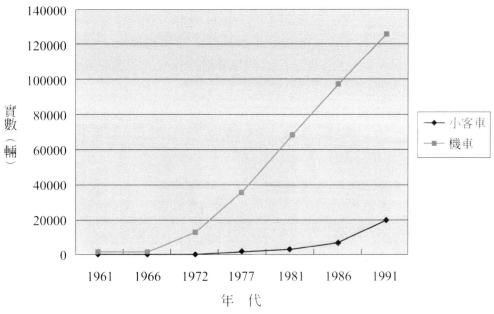

圖 3－4－3　臺東縣小客車和機車數量成長圖

2. 鐵公路橋

　　公路局爲節省經費使花東公路早日興建完成，將萬里溪、馬太鞍溪、太平溪、清水溪、新武呂溪等五座東線鐵路的鐵橋加鋪木板橋樑共同運用。因此各種車輛經過該處時，使用該鐵路大橋，不僅須繳交通費，且安全堪慮，如遇火車即將經過時，尚須在橋頭等候，浪費時間。〔註 284〕所以 1967 年省議員徐輝國要求：

> 東部花東公路，祇有四處橋樑未有修建，故全線不能暢通，配合開發東部政策起見，請主席特准予撥專款興建，以利交通爲禱。
> 〔註 285〕

但黃杰表示花東公路交通量不大，鐵公路橋足可應付。〔註 286〕不過徐輝國還是再要求改善鐵公路橋的問題。〔註 287〕之後，在 1966 年 6 月 3 日省府指示省交通處公路局，先在新武呂溪橋旁，興建海端大橋（後改名爲初來橋）。〔註 288〕其他未指示改善路段，鐵公路橋仍爲花東民眾通過萬里溪、馬太鞍溪、太平溪、清水溪、新武呂溪的主要方式。車禍事故繼續發生。因駕車者經過鐵公路橋情形需將兩排輪胎要剛好卡在兩片木板上，若無則會翻覆至橋下，但要每位駕駛人在兩條狹小的木板行駛高超的技術並非易事。對於此種狀況，省交通處卻發表聲明說是因駕駛人技術欠佳，與橋樑本身無太大關係。這樣不合理的回應，只是突顯出省政府輕視東部交通問題。所以地方民眾還是希望政府能早日興建公路專用橋樑，以確保行車安全。〔註 289〕1974 年 9 月 18 日花蓮縣長黃福壽於東部開發座談會的時候，表示花東公路有好幾條鐵公路橋橋面狹窄，行車不易，易發生車禍。〔註 290〕省議員吳水雲向省政府建議將五座鐵公路橋應予以另外興建專用公路橋。

〔註 284〕〈四座公路橋樑下年分期建設〉，《更生報》，第二版，1973 年 9 月 18 日。

〔註 285〕台灣省議會秘書處編，《台灣省第三屆省議會第六次大會專輯》，1967 年，頁 992～993。

〔註 286〕台灣省議會秘書處編，《台灣省第三屆省議會第六次大會專輯》，1967 年，頁 992～993。

〔註 287〕台灣省議會秘書處編，《台灣省第三屆省議會第六次大會專輯》，1967 年，頁 992～993。

〔註 288〕〈花東公路海端大橋近期籌措〉，《更生報》，第六版，1966 年 6 月 4 日。

〔註 289〕〈社論改善三條花連幹道公路設施〉，《更生報》，第二版，1975 年 4 月 14 日。

〔註 290〕〈花蓮各項建設有待努力加強〉，《更生報》，第二版，1974 年 9 月 19 日。

〔註291〕省議員章博隆則認為：

> 目前花東公路交通，仍尚利用鐵路橋，且沿線路基不固，路面崎嶇，較諸西部各地之高級公路，殊有天淵之別，東部居民，深引為憾。花、東兩縣，俗稱山後，然面臨太平洋，亦屬本省東部重鎮，地區交通，固不容忽視，國防運輸，尤關重要，乃花東公路，脆弱如此，能否負起時代使命，至堪疑慮，爰請迅速計劃全線修建，以資發展東部交通。〔註292〕

經過省議員及民眾數次反映後，公路局於 1966 年決定將改善花東公路及分期興建花東公路五座大橋專用橋樑等工程列入第五期四年經建計劃內分年辦理。〔註293〕1969 年經省府交通處的研議，決定將萬里溪橋、馬太鞍溪橋、太平溪橋、清水溪橋和新武呂溪橋另建公路橋，總長共 3,000 餘公尺，經費共需6,000 餘萬元。〔註294〕省政府在「台灣東部開發建設研究報告」內容中表示將投資 80 億 8,000 多萬元。並將其中經費用來改建公路專用橋樑五座，並加鋪路面，達成全天候公路，並拓寬為雙車道。〔註295〕並決定在 1974 年分期興建馬太鞍溪橋、萬里溪橋、清水溪橋、太平溪橋公路橋。〔註296〕1966 年～1967

〔註291〕〈五鐵公路橋樑省決定逐年興建〉，《更生報》，第二版，1974 年 7 月 24 日。台灣省諮議會網頁，http://www.tpa.gov.tw/，查詢日期：2009／5／8。吳水雲議員，1930 年生，花蓮人，初執教於花蓮師範，以教學認真，嶄露頭角。1957年，出任花蓮縣最具規模之明義國校校長，因辦理視聽教育成績卓著，被選為優良傑出校長之一，經教育部派赴日本考察。1964 年，兼任花蓮縣政府教育科中教股長，負責發展一鄉一鎮一初中之籌劃工作，由於計畫周詳，執行澈底，獲得上級賞識，1966 年，出長縣立初中，1968 年改制為美崙國中。自篳路藍縷中籌建校舍，改進教學，樹立校風，經教育部核定為生活教育優良學校，再膺選為全省最優校長之一。1971 年，參加在日本舉行之世界童子軍大露營，任國際營副主任，因表現傑出，被推薦前往美國接受專業訓練。曾代表中華民國童子軍出席在丹麥舉行之世界童子軍領袖會議。1972 年，經中國國民黨提名，當選臺灣省議員。
〔註292〕台灣省議會秘書處編，《台灣省第四屆省議會第一次大會專輯》，1968 年，頁953。
〔註293〕台灣省議會秘書處編，《台灣省第四屆省議會第一次大會專輯》，1968 年，頁1078。
〔註294〕〈花東公路五大河流決興建水泥橋〉，《更生報》，第二版，1969 年 4 月 6 日。
〔註295〕〈開發東部經濟建設省府已有通盤計劃〉，《更生報》，第五版；〈改善公路幹線增加行車安全〉，《更生報》，第五版，1971 年 9 月 13 日。
〔註296〕〈四座公路橋樑下年分期建設〉，《更生報》，第二版，1973 年 9 月 18 日。

年 3 月上述鐵公路木板相繼拆除板面。〔註297〕1976 年 6 月長約 400 公尺，工程費耗資 3,000 餘萬元的初來大橋完工，花東公路由原來的新武呂溪鐵公路橋改爲經過初來橋，再經過海端南迴公路行駛，銜接花東公路。〔註298〕1978 年新武呂溪鐵路橋拆除木板板面。〔註299〕1981 年興工建設新武呂溪大橋，1983 年 2 月 11 日竣工，命名爲「池上大橋」。

表 3-4-6　鐵公路橋改建表

鐵公路橋改建工程				
橋名	長度	寬度	動工時間	竣工時間
萬里溪橋	330公尺	7.5公尺	1974年6月	1976年4月
清水溪橋	575公尺	7.5公尺	1975年10月	1977年2月
馬太鞍溪橋	448公尺	7.5公尺	1975年12月	1977年2月底
太平溪橋	340公尺	7.5公尺	1975年12月	1977年3月

出處：交通部交通研究所編印，《交通年鑑》，1977 年，頁 216～217。

　　鐵公路橋問題與鋪設柏油及小橋樑問題，都是在 1963 年～1974 年同個時間發展並完成的，但是也突顯同樣一個問題，就是本來就一定會發生問題的花東公路，對這些必然性的事故，若以西部縱貫公路標準來看，省府應該一開始就要去完成的改善建設。對於花東公路的必然性問題，怎會由地方建議才再注意的。甚至對於鐵公路橋所造成的車禍事故，省府竟然把責任賴給地方，相當不合理的回應。筆者認爲再再都顯示出問題還是在於省府選擇性建設的態度，就是哪個區域具有什麼價值，才是省府會去積極投資的。也是在上節筆者討論出的「籌碼」概念。在歷代省主席到黃杰及陳大慶任內，都已經算是較積極重視東部建設的。按上述資料，就算是這兩位較積極從事東部建設的省主席，有時依照他們的意志，東部公路建設又無法滿足地方民眾的需求，東部公路建設還是完全任人宰割的狀態。

　　而此時的台灣經濟也正快速發展，人民所得的迅速提高，對於公路賦予

〔註297〕施添福，《關山鎮志・交通篇》，（台東縣關山鎮：關山鎮公所，2001），頁 354。
〔註298〕〈路局近日改善東成公路六座橋樑〉，《更生報》，第五版，1975 年 10 月 29 日。
〔註299〕《關山鎮志・交通篇》，頁 355。

的不只有活絡產業活動的功能，帶動地方觀光也成爲公路的另一項功能。而且東海岸公路在 1968 年通車以後，開發公路沿線觀光資源成爲國家與地方經營東海岸公路的主要方向。而朝向觀光發展的趨勢對於隔壁的花東縱谷內花東公路，也能夠成爲地方人民在於爭取相關建設時的「籌碼」？

三、經營觀光

　　在日治時代，花東縱谷區域藉由公路建設後稱爲風景地區的，就有花蓮港台東道的鯉魚潭，及馬太鞍台東道的烏石鼻。台東鐵路建設通車後，又增加紅葉溫泉及安通溫泉兩處景點。而且在戰後台灣從日治時期的菁英旅遊，開始轉變爲國民旅遊的型態。〔註 300〕1951 年國畫大師溥心畬（溥儒）來花蓮遊覽，文學家駱香林先生請他慕寫八景，分別是「大魯合流」太魯閣峽谷；「能高飛瀑」東能高山的瀑布；「八羅疊翠」花蓮市美崙山；「築港歸帆」；「澄潭躍鯉」鯉魚潭；「紅葉尋蹊」紅葉溫泉；「安通濯暖」安通溫泉；「秀姑漱玉」秀姑巒溪，其神形超越拍照之上。〔註 301〕之後就以此定爲花蓮縣八個著名的旅遊勝地。1960 年，台灣文獻委員會也遴選出台東十景，分別爲鯉山秋色（鯉魚山）、猿嶺長橋（舊台東大橋）、知本溫泉、桃源洞天（泰源盆地）、三仙雲台（三仙台）、靈嚴八洞（八仙洞）、關山飛雪（大關山）、池上垂輪（大坡池）、紅葉溪聲（紅葉谷）、龍門翠谷（龍門峽），〔註 302〕但以上這兩個八景最爲外來遊客所熟知的，只有其中的太魯閣峽谷，跟不屬於八景的阿美族舞蹈。因爲交通不便的關係，花東縱谷內的三景也被大多數外來遊客所陌生。不過，在 1961 年時花東公路仁壽橋開通後，民間機構「更生日報」社就在鯉魚潭舉辦攝影比賽，吸引眾多遊客，其中花東公路客運大概的疏運人數三千餘人。〔註 303〕隔年在同樣地方舉辦活動估計就有兩萬人參加。〔註 304〕以推廣花蓮觀光風氣。而 1960 年時瑞穗玉里地區民眾在要求建設瑞穗大橋時，就將發展瑞穗

〔註 300〕《台東縣史‧觀光篇》（台東：台東縣政府，2000 年），頁 240。
〔註 301〕駱香林，〈花蓮八景〉，收錄自《花蓮文獻》2，1953 年 10 月 10 日，頁 51～52。
〔註 302〕施添福總編纂，《台東縣史‧觀光篇》（台東：台東縣政府，2000 年），頁 240。
〔註 303〕〈花東道車潮湧湧鯉魚潭盛況空前〉，《更生報》，第二版，1961 年 8 月 21 日。
〔註 304〕〈鯉魚潭十九日加客車〉，《更生報》，第二版，1962 年 8 月 17 日；〈花東道鯉魚潭人聲滾滾〉，《更生報》，第二版，1962 年 8 月 20 日。

鄉的觀光事業，使之與瑞穗的紅葉溫泉及安通等溫泉之風景區的路線相連。〔註
305〕使瑞穗大橋的興建更加有經濟價值。地方民眾不是不知道發展觀光業可以
帶來的經濟效益。只是 1960 年代以前花東公路還沒改善，路況很差，外來遊
客在參觀完花蓮縣北端的景點，不太會想南下到花東縱谷觀光，以至於無法
吸引更多人前來遊玩，錯失了發展觀光事業的機會。所以在 1965 年地方人士
在《更生報》登載的文章中提到：

> 我們花蓮觀光資源得天獨厚，如聞名世界的太魯閣峽谷和阿美族跳
> 舞，已在國際觀光客中代表台灣觀光事業的標誌，其次是鯉魚潭，
> 瑞穗溫泉及玉里安通溫泉，均有先天的環境，但一直沒有加以人工
> 的修飾。尚未能如太魯閣峽谷一樣受到外籍人士的重視。所以目前
> 來花蓮的外籍觀光客，都是上午搭乘飛機前來到了太魯閣觀光後，
> 看看阿美族跳舞，下午就坐飛機北返了。無法把這些觀光客留在花
> 蓮渡夜，這是值得我們注意加以改進的地方。〔註306〕

1968 年《更生報》的社論中也談到：

> 發展觀光風景區另一項具備條件是交通便利與安全，再好的風景
> 區，如果因為交通不便，絕不會引起遊客的興趣。所以觀光事業的
> 發展，政府在交通設施密切配合。花蓮太魯閣風景區，假如沒有近
> 數年來的整建花蓮直達天祥的柏油路面，絕對不會有這麼多的中外
> 觀光客，使太魯閣名聞國際。鯉魚潭雖然比太魯閣路近，但是沿途
> 路面不平整，尤其是吉安南華村至仁壽橋那一段公路，路面狹窄。
> 坡度高而曲折，來往車輛到此，往往進退維谷，若遇雨天整條公路
> 泥濘不堪，以致發生意外。曾數度向公路局交涉，要求撥款擴建，
> 未獲採納，地方也未做橋，而有力的呼籲，至今仍維持原樣。此至
> 鯉魚潭無法發展。誠如議員們說的，花蓮有這麼好的觀光資源，竟
> 委棄不予以利用，殊為可惜。縣政府雖然財力不濟，但若能尋求民
> 間投資。一面全力促進省公路局修建通往該風景區公路，俾能吸引
> 更多遊客，對鯉魚潭有很大希望。〔註307〕

〔註305〕〈瑞穗鄉的前途〉，《更生報》，第三版，1960 年 1 月 17 日。
〔註306〕陳瑞滿，〈台灣各地風光優美社會生活安定〉，《更生報》，第二版，1965 年 12
月 20 日。
〔註307〕〈社論整建鯉魚潭風景區〉，《更生報》，第二版，1968 年 6 月 17 日。

花蓮縣議員張雲嬌則認爲：

> 花蓮縣如此豐富的觀光資源，過去未有計畫善加利用，這項有益地方
> 繁榮的先天富裕條件，形同毫無價值。花蓮縣除了天祥太魯閣以外，
> 還有瑞穗紅葉安通溫泉，都是發展觀光資源的最好場所，其餘各地觀
> 光資源。地方政府沒有主動去擬定開發計畫，也沒有輔導觀光業實在
> 是可惜。政府財政困難，需開源節流。開源方面，開發觀光業是最大
> 一條捷徑，鼓勵外來人士投資，讓遊客留下來過夜。〔註308〕

要怎麼樣讓遊客留下來過夜以發展經濟呢？同年在東海岸公路通車前，有人
將東海岸風景線的概念，應用在花東公路上。1973年花蓮縣議員彭德松建議，
花東公路應拓寬配合鯉魚潭風景區以發展觀光事業。〔註309〕同年5月26日行
政院長蔣經國巡視花蓮也指示鯉魚潭環境優美應發展觀光事業。〔註310〕1974
年地方人士則建議利用鯉魚潭環潭公路南北兩端連接花東公路並在數兩旁種
植樹木美化環境。〔註311〕同年8月12日花蓮縣長黃福壽指出發展鯉魚潭風景
區縣列爲1974年重點計劃。〔註312〕然而注重單點發展是不足以發展東部觀光
的。同年11月花蓮縣議員康德興建議花蓮縣政府發展觀光事業應做需跟台東
縣作配合系統規劃。〔註313〕

而在台東方面，1968年6月14日台東縣議員建議政府台東觀光資源優
厚，如池上大坡池、泰源村之世外桃源、成功長濱之水母丁、三仙台、八仙
洞。風景如畫引人入勝應速建開闢，吸引國際觀光客爭取大量外匯。〔註314〕
延平鄉鄉長胡祥考向台東縣長黃鏡峰提出要求早日開發紅葉溫泉的觀光資
源，以發展觀光事業，繁榮地方。

〔註308〕〈積極發展觀光事業議員表示一致重視〉，《更生報》，第三版，1968年6月
14日。

〔註309〕〈鯉魚潭風景區應建遊樂場所花東公路應拓寬〉，《更生報》，第二版，1973
年5月15日。

〔註310〕〈蔣經國院長巡視花蓮指鯉魚潭環境優美應發展觀光事業〉，《更生報》，第二
版，1973年5月27日。

〔註311〕劉富雄，〈加速計劃整建理想的鯉魚潭風景區〉，《更生報》，第二版，1974年
1月2日。

〔註312〕〈發展鯉魚潭風景區縣列爲重點計劃〉，《更生報》，第二版，1974年8月29
日。

〔註313〕〈發展觀光事業應做系統規劃〉，《更生報》，第二版，1974年11月8日。

〔註314〕〈風景如畫引人入勝台灣觀光資源優厚應速建開闢〉，《更生報》，第二版，1968
年5月24日。

　　爲了從點發展成線狀或帶狀的風景區。1974 年海岸公路的磯崎、石梯、秀姑巒峽口花蓮縣政府計畫開闢一個線狀的風景區，和太魯閣風景區相互呼應，加上鯉魚潭風景區，觀光事業可以由線而面，構成花蓮縣觀光區。〔註 315〕所以在 1975 年花蓮縣政府編列 281.9 萬元美化鯉魚潭及海岸公路進行沿線美化勘測工作。〔註 316〕1976 年台東縣政府爲了加強觀光事業的發展，促進地方早日繁榮，建議省交通處，對台東至長虹橋鋪設柏油道路，並改善彎道、坡度使與花蓮縣風景區連成一氣，在公路旁種植路樹，加強美化。並加強十三風景區的建設，把各風景區的點聯成一個面。〔註 317〕

　　1968 年以後花東兩縣計劃將觀光帶作爲花東公路的經營主題，企圖增加大量的地方收入，並進行相關規劃措施的討論，但只是停留在地方層級的決策，卻與現代花東兩縣設置的觀光景點是一致的。而身爲當時政治層峰的蔣經國，也認同並鼓勵此觀光發展策略。顯示東部地方與國家對觀光的互動上，是由地方取得主導的地位。筆者認爲也確立觀光作爲東部爭取國家經費支持該區域發展的「籌碼」。

第五節　戰後的國家訴求

　　戰後，花東兩縣財政窮困，必須要仰賴國家的金援，才有辦法進行公共

〔註 315〕〈海岸公路風景及具開發價值〉，《更生報》，第二版，1974 年 2 月 15 日。
〔註 316〕〈縣美化鯉魚潭經費兩百萬〉，《更生報》，第二版，1975 年 6 月 23 日。
〔註 317〕〈台東計畫整理全縣風景名勝〉，《更生報》，第三版，1969 年 5 月 6 日。台東縣府訂定「台東縣觀光事業發展計畫綱要」及「名勝古蹟整建計劃」，專案報請交通部觀光局核示，希望能在技術方面及經費方面予以全力支援規劃開發。台東縣府函送觀光局的台東縣觀光事業發展計畫綱要，擬請配合開發的風景區，計有以下多處：（一）八仙洞、（二）胆曼、（三）石雨傘、（四）三仙台、（五）新港港口公園、（六）世外桃源、（七）杉原海水浴場、（八）鯉魚山、（九）知本溫泉、（十）延平鄉紅葉溫泉、（十一）池上大坡池、（十二）綠島風光、（十三）蘭嶼海上公園。在古蹟方面計有：（一）台東天后宮、（二）海山寺、（三）鯉魚山石版棺墓葬遺址、（四）卑南巨石文化遺址、（五）都蘭巨石文化遺址、（六）成功小港天后宮、（七）八仙洞長濱文化遺址以及請省交通處提前鋪設完成成功至長虹橋柏油路面，改善公路路基彎道、坡度、使與花蓮風景區連成一貫。整理台東縣境內沿岸公路兩旁環境衛生及種植路樹，美化路容。其中八仙洞、胆曼、石雨傘、三仙台、新港港口公園、世外桃源、杉原海水浴場、都蘭巨石文化遺址、八仙洞長濱文化遺址，屬於東海岸公路沿線景點。延平鄉紅葉溫泉、池上大坡池、卑南巨石文化遺址、知本溫泉屬於花東公路沿線景點，其他因超出研究範圍，不予以討論。

建設工程，達成地方繁榮的目標。花東縱谷民眾呼籲建設公路以發展地方第一級產業經濟的需求。透過在地省議員，要求省政府重視花東公路的建設，這些省議員大多都同時具備資本企業家的身分，但是他們的建議與地方利益一致，常需要跟國家做角力戰。因國共戰爭關係，蔣介石重視東部地理位置上的國防價值，於 1954 年指示花東公路的修築。唯有符合國防需求才得以進行工程，滿足此國家需求後，從 1959 年～1964 年這段時間花東縱谷的民眾就難以獲得國家的支援，只能靠任何方式的自力救濟解決交通需求。花東公路於 1959 年 6 月 17 日完成第一期修復工程。1963 年 1 月 20 日將花東南北兩端客運都延伸至玉里，於是花東公路全線通車。但還有多許多問題仍未解決，顯示出地方發展受制於國家態度，再加上區域的經濟效益高低來衡量地方建設優先與否，一直以第一級產業為主的花東縱谷區域其產值，比西部二三級產業低，自然就被忽略掉了。

　　一直要到 1963 年以後黃杰就任省主席後，需解決台灣人口壓力問題，鼓勵西部居民移入東部發展，開始進行公路大規模工程的預算編列與動工。花東公路才得以全線鋪設柏油，而五座鐵公路橋樑終於開始另建公路專用水泥橋樑，到 1976 年花東公路才得以完成全天候公路的規模，但這是台一線在 1954 年早已達到的規模，東部民眾的需求必須多花二十年，才得以完成。對西部民眾而言，公路的發展一切為理所當然順利發展出的公共建設，台一線才六年就全線通車，但對於東部民眾，該地公路所有的相關建設必須是千呼萬盼才得以建出來的過程，這樣地方發展受制於國家態度，並嚴重影響到地方民眾企圖繁榮東部兩縣的目標。

　　東海岸公路的發展，屬於秀姑巒溪以南的東成公路，因日治時期的舊有公路基礎，一直到 1954 年不到十年的時間，就恢復到日治時期的運輸水準，而且公路承載力向上提升。1951 年豐濱開始要求建設聯絡花蓮市、吉安鄉的海岸公路，以加速拓墾，發展東海岸第一級產業。但海岸公路的相關工程，都未動工。也因 1960 年代，台灣國家政策在解決人口壓力問題，配合西部移民大量進入東部發展，開始進行公路大規模工程的預算編列與動工事項，再加上美援相關官員重視東海岸的開發價值，於 1965 年正式動工。在建設過程中，在美方的金援與壓力下，公路局在三年之內，於 1968 年完成海岸公路的建設，此年也為東部發展的轉戾點。而該路開通之際，國家與地方都飽覽了海岸公路沿線的自然美景，並且計算該地自然觀光背後所隱藏的龐大商機，

搭上各國都以發展觀光產業做爲爭取外匯的世界潮流。尤其是大量中央政府高層官員都親臨東海岸，深表重視該地的自然風景後，地方也開始緊鑼密鼓籌備海岸公路沿線的觀光產業計劃。

　　但從 1968 年東海岸公路通車後，東部民眾有了可以跟國家要求經費，以便達到繁榮該地方經濟的另一項籌碼。因地方將花蓮的觀光從北端的太魯閣遊覽及花蓮市的阿美族舞蹈表演，隨著海岸公路開通後，延伸到深具觀光價值的東海岸美景，也成爲到東部旅遊的新選擇，於是花東公路的功能也開始附上觀光意義，地方以觀光帶做爲東部縱貫公路經營主題，是當時屬於政治層峰的蔣經國所認同。以上，就戰後的東部公路建設來看，地方雖受到國家的擺佈。但就觀光發展而言，是爲地方所主導，國家則是站在配合協助的角色。而筆者認爲發展觀光產業，也開始成爲地方向國家爭取經費以繁榮的有利籌碼。

第四章　公路改善與觀光大道
（1975 年～1982 年）

　　從 1964 年～1975 年這段期間，花東公路中段橋樑完工，達成全年全線通車的目標。之後也完成了公路柏油的鋪設及興建五座大型公路水泥橋樑。在經營模式上，因海岸公路通車後，所產生建構此區域沿線為一條觀光帶的概念，影響到花東公路的經營模式。而從 1968 年以後，國家與地方之間是如何以自然觀光帶的理念經營花東連絡公路，而影響其建設及經營的發展狀況？

第一節　東海岸艱辛的柏油之路

一、東海岸公路的改善

　　花東沿海公路，南起台東市，至終點成功鎮之間，全長約 59 公里，為東成公路段。而成功至花蓮則長達 120 公里之多，包括成靜公路段（成功到花蓮縣豐濱鄉靜浦村）與海岸公路段（靜浦至吉安），三條公路銜接起來稱為東海岸公路（見圖 4－1－1）總共全長 184 公里。該路沿線途經台東縣卑南、東河、成功、長濱及花蓮縣豐濱與壽豐鄉等，數以十萬計的民眾，唯一之交通僅靠公路而已，該路交通工具除了公路局客運，花蓮客運及安東客運外，另外則是計程車。

〔註1〕自 1968 年前興築通車後，一直都只有設砂石的簡陋路面，行車時間要在五個小時以上，對于沿線風光勝景的開發，農業資源的運輸，始終無以發揮其真正的功能，是為地方人士所深表惋惜的一件事。〔註2〕東海岸公路的路況改善問題，首先來看發展得較早的是東成公路。1965 年開始台東縣政府要求的鋪設東成公路柏油工作。至 1970 年還沒完成，1971 年時章博隆在議會中要求：

> 關於東部交通的問題，就是花東公路及海岸公路改善的問題。花東公路如果是要全面改善的話，費用是非常龐大，那麼就不能在短期內改善，但是起碼對路面的改善是應該可以做得到的，尤其是花東公路是省道，海岸公路也是省道，這兩個省道的路面都是要地方的配合款才能夠改善路面，這種情形在西部是沒有的，而在我們東部兩縣路面的改善都由地方配合款，這實在不合理。雖然是路基近年來都已經列入預算，但是預算很少，比方說海岸公路自臺東至花蓮一共是一百七十多公里，現在只能做到五公里至十公里左右。還有一百六十多公里要到什麼時候才能完工，預算只有一兩百萬元，如果以一公里要三十萬的標準的話，只能做五公里至十公里左右，那麼若照這樣來做就要十年以後才能完成，但是這兩線是省道，尤其是海岸公路，只有一條公路，沒有鐵路。所以對於這一點，希望處長能夠編列預算，希望於短期內能夠全面予以改善。

交通處長陳來甲答覆：

> 關於花東公路及海岸公路加強整理的問題以及路面改善問題，現在是這樣，花東公路今年可能完成四座過水橋樑，大概預算要一千萬，這一千萬計劃列入六十年度的預算，先把公路橋樑做起來，以免車輛從河底經過影響交通。海岸公路現在正由公路局分段改善中，路面部分是從臺東大橋到成功鎮，今年可以施工到東河，今年可以把路面鋪到東河。〔註3〕

〔註1〕〈東海岸公路欠佳民眾希望改善〉，《更生報》，第二版，1976 年 11 月 28 日。
〔註2〕〈東海岸景象萬千觀光資源深厚〉，《更生報》，第二版，1978 年 9 月 10 日。
〔註3〕台灣省議會秘書處編，《台灣省第四屆省議會第六次大會專輯》，1971 年，頁986～987。

再加上 1974 年省議員洪掛也要求早日鋪設完成東成公路。〔註4〕在省議員要求下東成公路東河至都歷一段鋪設柏油路中，都歷至成功，總工程費 820 萬元於 1974 年 6 月份動工。〔註5〕在同年 8 月 28 日鋪油工作全部完工後，相當迅速。〔註6〕民眾就感覺成功鎮向南進行的東成公路業經鋪設柏油路面後，頗為便利，數以百計班車往返，高雄直達，對號金馬號公車更對開四班次，每日營運情況尚屬不錯。〔註7〕但海岸公路公路局因為經費考量，暫時不能進行施工，東成公路以北尚未鋪設柏油所造成的問題，只能由地方人民去承擔。

　　再來是從台東縣成功鎮北行至花蓮的成靜公路及海岸公路，則因依山面海，崎嶇不平，復峰迴路轉，幾乎是羊腸小徑，連錯車也得選擇地點，才能順利行車，同時又缺乏鋪柏油路面，路基未能鞏固，致因車輛陷落懸崖及撞車之事，時有聞之。〔註8〕東海岸的居民僅靠公路交通輸送商旅，載運農產品與魚類出售等，在在都需要交通之便利。〔註9〕省議員章博隆認為東部海岸公路（成靜公路及海岸公路），是很重要的道路，沿途老百姓有六、七萬人，老百姓希望早日改進。〔註10〕如經費有限，其中的成靜公路建議分期完成該線柏油路面工程，以利交通。〔註11〕省政府則回覆分期完成成靜公路柏油路面有關財源情形，分年分期列入預算辦理。〔註12〕

〔註 4〕　台灣省議會秘書處編，《台灣省第五屆省議會第三次大會專輯》，1974 年，頁419。

〔註 5〕　〈東縣各線公路六月全面改善〉，《更生報》，第二版，1974 年 1 月 19 日。

〔註 6〕　〈東成公路鋪設柏油八月底將全部完工〉，《更生報》，第五版，1974 年 8 月28 日。

〔註 7〕　〈東海岸交通路面極待改善〉，《更生報》，第六版，1976 年 11 月 22 日。

〔註 8〕　〈東海岸交通路面極待改善〉，《更生報》，第六版，1976 年 11 月 22 日。

〔註 9〕　〈東海岸交通路面極待改善〉，《更生報》，第六版，1976 年 11 月 22 日。

〔註10〕　台灣省議會秘書處編，《台灣省第四屆省議會第四次大會專輯》，1970 年，頁1155～1156。

〔註11〕　台灣省議會秘書處編，《台灣省第四屆省議會第一次大會專輯》，1968 年，頁953。

〔註12〕　台灣省議會秘書處編，《台灣省第四屆省議會第一次大會專輯》，1968 年，頁1078。

圖 4－1－1 舊海岸公路重建圖

　　而花東兩縣政府，爲了將東海岸公路提升爲高級公路水準以發展觀光事業。台東縣政府於 1969 年定四年長期計畫，先將東靜公路（含花東公路）鋪設柏油，改爲全天候公路再修建各風景區。〔註 13〕1973 年編列海岸公路鋪油工作經費，約 5,000 萬元，企圖能進一步開發沿途美景，吸引外地客前來。〔註14〕同年海岸公路改善工程由新成立的豐濱工務所負責，以經費 5,600 萬元。從水璉以南至靜浦路基改進行加固工作。〔註 15〕及加鋪柏油路面，並對台東境內 7.5 公尺，花蓮縣路段 5 公尺的寬度公路進行拓寬作業。但到 1976 年民眾看到實際工程狀況爲：

> 長約五十九公里之東成線，（即台東——成功），雖然已鋪設了柏油路面，不過爲時不久，又有瘡孔的現象，是興築經費不充足，抑或其另有因素，局外人當然不得而知，但是養護道路的工作，是大眾唯一之要求。自成功以北至長濱、靜浦，二、三十公里路程的路，早經政府列有計劃，也許經費有著落，可是工程經分段實施，進行

〔註13〕　〈東縣發展觀光事業定四年長期計畫〉，《更生報》，第五版，1969 年 10 月 13 日。

〔註14〕　〈花東公路分期整建鋪油〉，《更生報》，第二版，1973 年 8 月 18 日。

〔註15〕　〈海岸公路改善自下半年度實施〉，《更生報》，第二版，1973 年 3 月 16 日。

　　極爲緩慢，幾成膠著停滯狀態，其「牛步化」之進度，實在使人感
　　到莫衷一是，而嘖有煩言，紛紛議論，異口同聲籲請主持單位，
　　從速促其實現，而裨益交通行旅，並間接促進發展八仙洞之觀光事
　　業。〔註16〕

1965 年所要求的東成公路柏油鋪設到 1974 年才完成，花費近九年時間的品質
卻相當糟糕，顯示公路局態度不只是會拖而且沒有用心來建設該公路，連最
基本的鋪設柏油也都會做不好。而東靜公路的施工情形牛步化一點一點的進
展。筆者認爲在探討東部公路建設過程中，並不能以省府及公路局編列預算
或開始建設的相關內容，就認爲東海岸公路的建設必是平步青雲。其實不然，
公路的施工狀況，都會讓人覺得不知何時才會鋪設完成，無法適應持續增加
的花東汽機車數量，造成更多的交通問題。就如同花東公路建設過程一樣，
只是一個相當基本的鋪設柏油工程，就要花費至少十年以上的時間，及相當
多的力氣。這樣的問題在海岸公路更是明顯。

二、海岸公路柏油鋪設與拓寬

　　海岸公路僅是水璉段部分見到柏油路面，豐濱村及靜浦村僅限於村內而
已，其餘路段則是崎嶇不平，千瘡百孔，有時雨天更是泥濘不堪。而且海岸
公路問題不只是如此，負責營運的客運汽車運輸是更爲嚴重的問題。例如，
花蓮客運在壽豐鄉水璉村北方落崖翻下海灘之慘劇，傷亡多人。繼之公路局
在東成線興昌附近橋邊失事，亦有傷亡，又有安東客運又在長濱鄉永福招呼
站附近，以機件失靈而翻下數十公尺海灘，造成二十幾人之不幸。當時所有
肇事的車禍，不是機件失靈，則是方向盤有問題。所以民眾希望在東部海岸
花東公路，應由有關當局從速設法拓寬路面，穩固路基，早日撥款全程鋪設
柏油路面，而公路及客運的「老爺車」一律淘汰，或經過嚴格之檢查，方可
使用，如此始能免除險象環生，而維交通便利與安全。〔註17〕對於以上問題，
洪掛要求：

　　因東成公路有部分爲碎石路面，客車行駛顛簸異常，然而使用車輛
　　已是換修又換修，很多是逾齡的「老爺車」，路面崎嶇，客車老舊，
　　旅客坐於車上，如坐針氈，惶惶不安，請公路局注重行車安全，應

〔註16〕〈東海岸交通路面極待改善〉，《更生報》，第六版，1976 年 11 月 22 日。
〔註17〕〈東海岸公路欠佳民眾希望改善〉，《更生報》，第二版，1976 年 11 月 28 日。

公平分配新客車至該段行駛，並擬定計畫逐年抽換。〔註18〕

對於海岸公路鋪設柏油問題，省議員吳水雲認爲：

> 花蓮至臺東之海岸公路興築多年，唯花蓮境內迄今尚未鋪設柏油路
> 面，現交通量日益增加，嚴重影響交通之不便，地方一再反映政府
> 早日鋪設柏油路面，應請政府重視民意反映，儘早實施。海岸路兩
> 旁，風光明媚，氣勢萬千，觀光資源豐富，若能改善公路交通，將
> 可促進觀光事業之發展，帶來地方繁榮。〔註19〕

洪掛認爲：

> 花東海邊公路，現在路面太差，如完成柏油路面，交通量會比花東
> 公路大。我常聽到旅客說：花東海邊公路，一邊看山，一邊看海，
> 風景很好，不會比外國風景差。路面改善之後，觀光客增多，可以
> 幫助東部的繁榮！請處長及有關單位重視。〔註20〕

交通處長陳樹曦答復：

> 關於花東濱海公路，章博隆議員也提到這問題。公路局預定分三個
> 年度，六十八、六十九、七十等三個會計年度，完成鋪柏油。六十
> 八年可以到長濱。當然東部老百姓都很希望加速進行，我們如能籌
> 到可靠財源，當儘量縮短提早完成。〔註21〕

於是在省議員及地方民眾的再次督促下，1976 年 9 月公路局又正式核定以一
千萬元拓寬海岸公路崎嶇狹窄的部分。〔註22〕並將靜浦以南未鋪的 34 公里，
預計將 1979 年度完成，花蓮至靜浦間 62 公里，於 1977 年自花蓮溪橋至新社
開始鋪設。〔註 23〕東海岸公路長濱、樟原、大俱來段，鋪設柏油路面工程，
計畫在 1978 年度內鋪設完成。〔註24〕1975 年公路局編列鋪設成功到長濱的柏

〔註18〕 台灣省議會秘書處編，《台灣省第五屆省議會第二次大會專輯》，1973 年，頁
1130～1131。

〔註19〕 台灣省議會秘書處編，《台灣省第五屆省議會第十次大會專輯》，1977 年，頁
1095。

〔註20〕 台灣省議會秘書處編，《台灣省第五屆省議會第十次大會專輯》，1977 年，頁
773～774。

〔註21〕 台灣省議會秘書處編，《台灣省第五屆省議會第十次大會專輯》，1977 年，頁
773～774。

〔註22〕 〈花東公路專款千萬改善〉，《更生報》，第二版，1974 年 8 月 3 日。

〔註23〕 〈海岸公路積極鋪設柏油〉，《更生報》，第二版，1977 年 1 月 6 日。

〔註24〕 〈花東公路長濱等段鋪油工作完成〉，《更生報》，第六版，1977 年 7 月 8 日。

油路面，預算共 1,100 萬元，計畫在 1976 年 6 月底完工。〔註25〕之後省政府又列六年計畫辦理，改善花蓮至台東海岸線公路，進行花東海岸線公路柏油路面鋪設工程，預計至 1981 年度全線都是高級柏油路面。〔註26〕1977 年 10 月 18 日台東縣府建議省府迅速籌撥專款 4,500 萬元，一次完成即東海岸公路全線柏油路面鋪設工程，加以改善不斷增加的慕名前來觀光海岸公路的遊客，及大幅增加民運軍輸車輛，造成的灰砂飛揚狀況。〔註27〕1977 年 8 月 5 日省公路局函覆台東縣府，已在 1978 年度內列有經費一千萬元，預期在 1980 年度前全線改善完成。〔註28〕

　　省政府編列出多項鋪設海岸東路柏油計畫及預算，但實際工程進行狀況是，1978 年時的成靜公路鋪設柏油工程緩慢，每年僅鋪 5 公里需費時八年，省議員高崇熙決向交通處提出交涉。〔註29〕省議員高崇熙指出：〔註30〕台東縣東靜公路路成功至靜浦段，有關改善鋪設柏油路面，多年來屢經台東縣各有關機關反映，省府已計劃分年分期慢進行自 1976 年開始每年僅鋪設 6 公里，尚有 25 公里待辦，依此進度，地方各界有緩不濟急，稱之為「急驚風遇到慢郎中」的譏評。〔註31〕台東縣府建設局長沈金雄在晉見省交通處長常撫生時，希望至遲在 1979 年度完成鋪設至八仙洞，常撫生答應盡量提前完成。但這個承諾只是用來敷衍地方而已，海岸公路花蓮縣境內的一段，迄 1978 年尚未開始鋪設，讓花蓮縣人士頗為不滿。〔註32〕公路局在海岸公路的鋪設柏油過程，真得是相當的誇張，編列出 1,000 萬元的經費，換得每年只鋪設 6 公

〔註25〕〈路局近日改善東成公路六座橋樑〉，《更生報》，第五版，1975 年 10 月 29 日。

〔註26〕〈海岸公路鋪柏油今起將分段完成〉，《更生報》，第二版，1977 年 8 月 16 日。

〔註27〕〈東線海岸公路風光起立美中不足沙塵飛揚〉，《更生報》，第六版，1977 年 10 月 18 日。

〔註28〕〈改善東部海岸公路編訂一千萬〉，《更生報》，第六版，1977 年 8 月 6 日。

〔註29〕〈成靜公路鋪油工程進度太慢〉，《更生報》，第六版，1978 年 1 月 29 日。

〔註30〕台灣省諮議會網頁，http://www.tpa.gov.tw/，查詢日期：2009／5／8。高崇熙，1930 年生，南投縣人。早歲隨父遷居臺東。高議員農學出身，對於森林學著有研究，獲有農學博士，並於大學講授相關農學課程。儘管高議員，學有專精，但其特別重視公共服務，遂於服務公職多年之後，競選第六屆省議員，當選並連任三屆之久，成為省議會少數之常青樹。

〔註31〕〈成靜公路路局以預算鋪設柏油〉，《更生報》，第五版，1978 年 6 月 26 日。

〔註32〕〈花東海岸公路鋪油省決定提前完工〉，《更生報》，第六版，1978 年 2 月 2 日。

里的進度，海岸公路的柏油每公里的柏油需要花上數百萬嗎？再加上常撫生的承諾並未執行。以上又顯示自 1975 年以後省府的態度又恢復 1963 年以前的狀態，並沒有因為東部民眾長期以來的要求，而對於東部交通問題的覺醒。還只是敷衍性回應民眾的需求，海岸公路還是未能全線鋪設柏油。

花蓮縣籍省議員張俊雄，〔註 33〕於 1978 年 2 月底前往省公路局，竭力爭取加快海岸公路花蓮到靜浦段的柏油路面工程速度。在張俊雄的要求下，公路局決定將再動用 500 萬元在 1979 年 6 月底以前把完成此段公路鋪設柏油工作，將徹底有效改善沿海地區民眾的交通行便。並且公路局為改善全台公路狀況編列 7 億多元的公路工工程費預算，其中海岸公路只編列了 3,000 萬元（台東縣 2,000 萬元，花蓮縣 1,000 萬元），關於這點，張俊雄深表不滿，認為太不重視東部的交通建設了。張俊雄表示，花蓮溪橋至靜浦海岸公路鋪設柏油路面，只花費新台幣 1,000 萬元，不足已徹底有效改善海岸公路路面。所以又在省議員的要求下，公路局請求省府列入 1978 年度追加預算，並同意先行預撥，以利工程需要。公路局擬自 1978 年度，增加預算 500 萬元。〔註 34〕再由 1979 年度花蓮縣庫先墊撥 2,000 萬元配合辦理海岸公路施工。〔註 35〕但實際上，花蓮縣內海岸公路卻只施工 3.5 公尺即告停工。花蓮縣長吳水雲為促成海岸公路鋪設柏油路面早日完成，又親自前往公路局拜訪局長胡美璜希望早日完成鋪油工作。1979 年 3 月 16 日省議會交通委員會在張俊雄的邀請下前來花蓮考察公路狀況，勘查後形容，海岸公路是全台風光最美麗的公路，也是路況最差勁的公路，他們決定促請交通處全面予已改善。沿線路面狹窄，崎嶇不平，車輛過處，塵土飛揚的情況，頻頻搖頭嘆息，不敢相信台灣的省道公路還有如此標準的差勁公路。基隆市籍省議員周滄淵等人，當面促請交通處要求公路局將全線公路加以拓寬並鋪施柏油路面。交通處長表示，海岸及豐光公路已決定全面加以改善，除拓寬外並將鋪設柏油路面，以配合地方觀光事業的發展。〔註 36〕

〔註 33〕 台灣省諮議會網頁，http://www.tpa.gov.tw/，查詢日期：2009／5／8。張俊雄，1940 年生，花蓮人。曾任豐濱客運公司董事長。花東地區在省議會頗具份量之重量級議員。對於省政建設，除注意花東地區外，多以全省性之問題為問政取向；深受各界重視，尤其省政首長，對其頗為敬重。

〔註 34〕 〈海岸路靜浦斷決定改善鋪油〉，《更生報》，第二版，1978 年 3 月 18 日。

〔註 35〕 〈海岸公路鋪設柏油決定六八年後鋪〉，《更生報》，第二版，1978 年 3 月 21 日。

〔註 36〕 〈海岸公路風光全省最美〉，《更生報》，第二版，1979 年 3 月 17 日。

　　而台東縣府也因轄內鋪設海岸公路柏油的工程進度過於緩慢，再度函請公路局在 1979 年度內一次鋪設完成。此年待鋪設柏油路面的長度，尚餘 24 公里，依過去三年施工狀況每年只鋪設 6 至 7 公里的進度，尚須三至四年的時間，將延至 1981 年度才能全線鋪設完成。地方人士認為海岸公路近年來交通流量大增，但因尚未鋪設柏油的路段路況欠佳，妨害行車安全，應加快柏油鋪設進度。台東縣政府建議省府促請公路局在 1979 年度內全線鋪設完成，以平衡東西部交通建設的趨勢。〔註37〕

　　省議員高崇熙表示：

> 目前西、北部所有縣市省道已全部進入高級路面化，連縣鄉甚至村里鄰道亦處處鋪成柏油路面，而台東縣號稱幹道的省道，經地方千呼萬喚連最起碼之柏油路面，僅四十三公里卻需六、七年時間才能鋪設完成，不但對平衡發展本省交通有礙，對於開發東部，加速台東縣農村建設，形同徒具口號。希望林主席多予重視，關懷偏遠地區建設。〔註38〕

經地方人士暨縣長蔣聖愛，高崇熙向省府一再爭取，終獲如願。公路局決定動用經費 4,000 萬元，將東部海岸公路自長濱鄉烏石鼻至大峰村落縣界鋪設高級柏油路面，〔註39〕全程 25 公里，寬 6 公尺，公路局第三工務段業測設竣事，估計需經費四千萬元，在 1978 年 9 月施工，1979 年 6 月前完成東海岸公路台東縣境內即可全部成為高級柏油路面。〔註40〕再加上花蓮縣籍省議員張俊雄聯合省議會交通委員會議員對公路局形成更大的壓力，以致於公路局決定自 1979 年度分兩年施工海岸公路原計劃按照 8 公尺路基，7 公尺路面鋪設柏油，為使路面標準提高而且一次完成，經重新改變計劃後，按照 7 公尺路基，6 公尺路面全面鋪設高級柏油路面一次施工，預計三年內完成，包括花東兩縣全線總預算經費約 3.68 億元。〔註41〕可大為改善交通運輸情形，便利觀光資源的開發，並改善沿海居民的生活。〔註42〕而 1981 年省政府決定再增加投資 4

〔註37〕　〈海岸公路鋪設柏油進度過於緩慢建議一次完成〉，《更生報》，第五版，1978 年 3 月 21 日。
〔註38〕　〈改善海岸公路路況將全線鋪柏油〉，《更生報》，第五版，1978 年 7 月 8 日。
〔註39〕　〈成靜公路路局以預算鋪設柏油〉，《更生報》，第五版，1978 年 6 月 26 日。
〔註40〕　〈改善海岸公路路況將全線鋪柏油〉，《更生報》，第五版，1978 年 7 月 8 日。
〔註41〕　〈沿海公路改善六八年分年鋪油〉，《更生報》，第二版，1978 年 5 月 9 日。
〔註42〕　〈海岸公路鋪油工程計劃變更標準更高〉，《更生報》，第二版，1978 年 12 月 24 日。

億餘元，於年底完成東部濱海全線拓寬，及鋪設高級柏油路面工程，使該道路發揮交通及觀光資源開發雙重功能。〔註43〕又在張俊雄要求下，海岸公路（花蓮——靜浦）段，公路局決定將在 1983 年度完成全線拓寬，路寬 8 公尺雙車道柏油路間，經費 4.8 億元。〔註44〕

　　從 1968 年海岸公路開通後，花東地方除了工商產業發展外，也加上發展觀光產業爲鋪設柏油及拓寬海岸公路的訴求。但省政府及公路局都只用口頭來改善海岸公路，實際上該路就是還沒鋪設柏油或粗糙的施工下造成的破損情形，這個很明顯已存在的問題，而且柏油路面也是現代公路應有的基本設施。省府也不是沒有注意到，但實際工程品質低落，施工進度又極致緩慢，試問花東的省道公路價值就會比西部鄉村公路低嗎？花東兩縣籍省議員的要求只獲得敷衍性的回應，試問海岸公路有這麼難以鋪設柏油嗎？按以上論述來看，筆者認爲自 1975 年後，對於省府而言，東部的地位比西部的鄉村還要低。尤其是海岸公路沿線更是邊陲中的邊陲，但是這樣的原罪需要海岸公路沿線民眾來扛嗎？東部必須先完備其公路建設，才能發展的道理。先前省議員馬有岳已對省府提出，省府還是一再的忽略，自 1975 年以後更是嚴重。必須要藉助張俊雄聯合眾省議員形成更爲龐大的壓力，才能在迫使公路局眞正訂出日程表，完成東海岸公路的柏油鋪設。這也是 1975 年後，東部公路要改善完成需走的必經之路。以觀光建設做爲訴求改善公路的口號，對公路局而言也非令該局重視的價值，由此可見，如何選出一位有能力做事的省議員，才是東部要求省府補助建設的「籌碼」。但東海岸公路柏油鋪設的地方與政府的要求及回應中，都提到可以促進東海岸發展觀光的事情。顯示東海岸公路以觀光爲主要經營核心的現象。由上節可知，花東公路觀光帶的規劃內容，呈現地方開始居優勢。而當時地方與政府又是如何經營東海岸公路，這條以觀光爲主要功能的路線呢？

三、東海岸風景帶的營造

　　海岸山脈東路蜿蜒盤曲于太平洋岸，織成旖旎綺麗風光，公路或沿海岸，或盤旋山脈，循地形之起伏而低昂。沿途村莊，皆古樸阿美族部落，爲沿線

〔註43〕〈發揮交通資源觀光雙功能東部全線拓寬工程政府投資四億今年年底完成〉，《更生報》，第二版，1981 年 1 月 18 日。

〔註44〕〈花東公路重建大橋順遂〉，《更生報》，第二版，1981 年 2 月 27 日。

漫長路程增添情趣，若略加人工點綴暨遊樂設施，足以導致花蓮、台東兩縣觀石梯海坪。氣象萬千。〔註45〕1977 年地方人士在《更生報》登載推廣東海岸風景的文章說道：

> 此處是出產奇形怪樣，多彩、多姿的熱帶魚類，也是豐濱鄉熱帶魚，唯一的繁殖區，此魚可供作豪華大飯店、餐廳、酒樓、公司、行號、室內的裝飾，飼養在玻璃水箱裏，姿態萬千，在此海灘，除了出產熱帶魚外，沙灘在浪濤的沖襲下，經常發現浪送各種彩色，半透明體的玉石，與珊瑚礁，這類石子、石塊，在其他的海岸裏，是不易見到的，只要到過此處的遊覽客，都會多多少少拾取，當作紀念品，甚至留連忘返，多好玩呦！〔註46〕

除了此推廣性文章外，也有相當多的民眾對於如何經營東海岸沿線的觀光規劃提出自己的看法。〔註47〕1971 年花蓮縣政府為使各風景區能點線面連成一個觀光路線網，完成大港口觀光道路沿線措施。〔註48〕1974 年花東兩縣政府更加以規劃海岸公路沿途古樸的阿美族村落，為漫長的路程添增情趣略加人工裝飾及遊樂設施。對此花蓮縣議員康德興更建議花蓮縣政府發展觀光事業應做需跟台東作配合系統規劃。〔註49〕同年 8 月 17 日花蓮縣海岸公路沿線風景區由交通部、省交通處、花蓮縣政府組成的勘察小組勘查後，認為海岸公路最值得開發的為石梯坪、大港口、秀姑巒峽口。〔註50〕所以花蓮縣政府計劃 1976 年時開放海岸線磯崎海水浴場、石梯坪風景區、

〔註45〕〈東海岸沿線風景如畫將整建成觀光景點〉，《更生報》，第二版，1979 年 4 月 2 日。

〔註46〕〈豐濱美景最宜闢建觀光區 3〉，《更生報》，第四版，1977 年 7 月 6 日。

〔註47〕〈豐濱美景最宜闢建觀光區 1〉，《更生報》，第二版，1977 年 7 月 4 日；〈豐濱美景最宜闢建觀光區 1〉，《更生報》，第二版，1977 年 7 月 4 日；〈豐濱美景最宜闢建觀光區 2〉，《更生報》，第二版，1977 年 7 月 5 日；〈豐濱美景最宜闢建觀光區 3〉，《更生報》，第四版，1977 年 7 月 6 日。；〈豐濱美景最宜闢建觀光區 4〉，《更生報》，第二版，1977 年 7 月 7 日；〈豐濱美景最宜闢建觀光區 5〉，《更生報》，第二版，1977 年 7 月 10 日；〈東海岸春遊好去處〉，《更生報》，第五版，1981 年 2 月 15 日。

〔註48〕〈開發東部經濟建設省府已有通盤計劃〉，《更生報》，第五版；〈改善公路幹線增加行車安全〉，《更生報》，第五版，1971 年 9 月 13 日。

〔註49〕〈發展觀光事業應做系統規劃〉，《更生報》，第二版，1974 年 11 月 8 日；〈海岸公路沿線美化縣府協助開闢〉，《更生報》，第二版，1974 年 8 月 11 日。

〔註50〕〈海岸公路沿途風光勘查後極具開發價值〉，《更生報》，第二版，1974 年 8 月 18 日。

秀姑巒溪峽口三處風景區。〔註 51〕而且花東兩縣政府進行東海岸風景線整合規劃。〔註 52〕

但這些觀光計畫開發僅停留在「紙上談兵」的規劃階段，花蓮縣議員彭德松、黃耀輝於同年 5 月 11 日對花蓮縣政府提出抨擊。彭德松表示：

> 花蓮東西橫貫公路太魯閣、天祥一帶風景區，近年來已成為聞名中外的觀光勝地，前來此間遊覽的觀光客勢必逐年增加，如果僅憑一處的觀光勝地，長此以往將會削弱遊客的吸引力，所以必須擇定具有發展潛力的區域加以開發建設，推動本縣觀光事業的全面起飛。
>
> 並認為花蓮海岸公路沿線，除具有壯麗的海岸景色外，同時漁、農業的蘊藏資源亦極為雄厚，只要能夠作計劃性的開闢建設，發展前途不可限量。

黃耀輝指出，他曾經主編過一期《青商青年》封面即採用海岸公路磯崎的彩色畫面，獲得全面各地青商會員的讚賞，一致認為磯崎景色如畫，希望能親臨觀光賞地遊覽。並認為海岸公路可以發展為一系列的「觀光帶」，由政府規劃籌辦和民間投資經營，都要儘快辦理。〔註 53〕議員孫照昌指出，海岸公路沿線，猶如一塊處女地，無論農牧、漁業、觀光、林木等都有開發潛力，尤其該公路驚險情況，與蘇花公路相似，且沿途風景例如石梯坪、蝙蝠洞、秀姑巒溪、親不知崖等處，風光綺麗，為發展觀光最佳場所。〔註 54〕針對縣議員的質詢，花蓮縣政府編列 281.9 萬元美化鯉魚潭及海岸公路沿線美化勘測工作。〔註 55〕縣長黃福壽表示，縣府繼完成鯉魚潭風景區規劃整建後，於 1976 年度規劃海岸公路沿線磯崎、石梯坪、秀姑巒峽等風景區，使花蓮的「觀光帶」伸展到偏遠的沿海岸，不再侷限於遊覽太魯閣行程的當日往還。〔註 56〕

〔註 51〕 〈海岸線三處風景區計劃下年規劃開〉，《更生報》，第二版，1975 年 1 月 15 日。

〔註 52〕 〈東海岸風光明媚花東兩縣政府明年進行規劃〉，《更生報》，第五版，1975 年 4 月 24 日。

〔註 53〕 〈花東海岸公路沿線觀光農漁業資源豐富〉，《更生報》，第二版，1976 年 5 月 12 日。

〔註 54〕 〈海岸沿線多資源豐富應做多角開發〉，《更生報》，第二版，1977 年 5 月 14 日。

〔註 55〕 〈縣美化鯉魚潭經費兩百萬〉，《更生報》，第二版，1975 年 6 月 23 日。

〔註 56〕 〈規劃海岸風光發展觀光事業〉，《更生報》，第二版，1976 年 3 月 20 日。

　　在台東方面，1975 年交通部觀光局到三仙台視察，並表示環境優美宜闢建海底公園。〔註 57〕1977 年再核撥專款補助 50 萬元，進行三仙台風景區規劃工作，〔註 58〕並要求三仙台地區不應任由民間無計劃的濫建，因而應予禁止，不再破壞該處的自然景觀及觀光資源。而且該局要求八仙洞長濱文化遺址的特殊歷史文化古蹟及擴張海濱遊憩資源，必須定範圍，予以公告並加保護。〔註 59〕同年交通部觀光局副局長李正暨該局技術人員一行數人自花蓮循海岸公路來東。經兩天勘察後決定自花蓮起至台東止，將作整體有計劃的開發，而在台東轄內開發的重點，計有「八仙洞」、「三仙台」及「杉原」等三處。〔註 60〕7 月觀光局又組團抵東調查東海岸線資源將做整體規劃發展觀光事業。

　　不過在地方人士，及花東兩縣政府與交通部觀光局等單位，規畫東海岸沿線風景區之際，1978 年 9 月以「秀姑漱玉」為名，被列為花蓮八景之一的秀姑巒溪沿岸奇岩怪石，被商人經由經濟部礦務局同意下採礦，公路附近交通比較方便地區，都被搬運一空，過分巨大無法一次搬走者，也用空氣壓力鑽，鑽孔劈開。這項破壞東海岸風景的行為，引起地方人士極大的關切，並且一致表示，希望經濟部能慎重考慮禁止該區的採礦，以免破壞了大自然可愛美麗的景觀。對於此項保護花蓮自然景觀的呼籲，張俊雄向議會要求有關單位立刻阻止相關開採工程，以免影響花蓮未來的觀光事業。花蓮縣長吳水雲表示自然形成的觀光價值，要遠超過礦石的利用。〔註 61〕1978 年 9 月 9 日交通部長林金生由觀光局長等一行人陪同，自花蓮出發沿東海岸公路沿線巡視，沿途曾在長虹橋，八仙洞、三仙台等處下車參觀，對這些地方風光明媚及自然景觀的優美曾讚不絕口，指出這幾處風景區由觀光局會同省交通處暨

〔註57〕〈三仙台環境優美宜闢建海底公園〉，《更生報》，第五版，1975 年 4 月 24 日。
　　　　當時的觀光局規劃課長到三仙台勘察風景區規畫，並親自下海潛水半個小時之久，在眾人擔心之際，他浮出水面，大喊：「三仙台的珊瑚礁實在是太漂亮了。周末有時間的話我一定要帶我老婆小孩來玩一整天。」
〔註58〕〈東海岸公路觀光路線正在逐步劃定範圍〉，《更生報》，第六版，1976 年 7 月 22 日。
〔註59〕〈開發三仙台風景區東線擬訂計畫〉，《更生報》，第六版，1976 年 12 月 22 日。
〔註60〕〈台東地區風景優美及具觀光價值〉，《更生報》，第六版，1977 年 2 月 1 日。其他還有蘭嶼、鯉魚山、知本溫泉等項目進行調查。
〔註61〕〈東海岸景象萬千觀光資源深厚〉，《更生報》，第二版，1978 年 9 月 10 日。

台東縣府進行規劃中，其中三仙台風景區且已規劃完成，並著手開發。〔註62〕
交通部長林金生，對沿線的風光景色留下極為深刻的印象，強調自然景觀不
容破壞，即使是一草一木都要加以珍惜維護。林金生說了一句語重心長的話：
「自然景觀破壞容易，維護復舊難啊！」他將協調礦務局做好維護工作。林
部長將和有關單位，取得密切協商，採礦不容破壞自然景觀，儘管少數業者
的權益將遭受損失亦在所不惜。

　　為維護花蓮縣自然景觀，不影響開礦事業。該年12月初經濟部礦業司司長
吳伯楨，建設廳長楊金欉，礦務局長邱岳等人前來花蓮，與花蓮縣政府及花蓮
觀光協會研討有關問題。並決定為了保護自然景觀，及不影響開礦發展，花蓮
縣境內風景區已依其規模予分類為六大類：1.省定風景區一處，2.縣定風景區五
處，3.溫泉風景區四處，4.登山道二處，5.自然保護區三處，6.地方性遊憩區五
處。以上六大類風景區將一律不允許開礦採石，破壞天然景觀。省縣定風景區，
自然保護區，由縣府負責規則整建及管理維護，地方性遊憩區由鄉鎮市公所及
有關單位負責規劃，整建及管理維護，縣府並將加以協助。〔註63〕

　　同年11月8日總統蔣經國巡視東海岸，指示花蓮縣長吳水雲，台東縣
長蔣聖愛，應對東部海岸公路沿線綺麗的風光，天然的景觀做全面的規劃
與開發，使東部的觀光由點，發展到線而至面。〔註64〕1979年1月3日在
觀光局要求下台東縣府三仙台風景特定區，報請省府暨觀光局核定闢為風
景特定區，附近區域並實施禁建。〔註65〕配合蔣經國指示花蓮縣政府計畫
自花蓮市沿海岸公路至大港口風景區，再由大港口沿秀姑巒溪至瑞穗紅葉
溫泉，然後自瑞穗取道花東公路經鯉魚潭返花蓮市，成為一個三角形的觀
光帶，延長花蓮旅遊行程已吸收觀光客。〔註66〕1979年經省政府核定縣有
風景特定區，為磯崎海水浴場特定區面積約二百公頃，秀姑巒峽、大港口

〔註62〕　〈東海岸風景幽美極具觀光開發前途〉，《更生報》，第五版，1978年9月10日。
〔註63〕　〈維護自然景觀有關單位將進行研議〉，《更生報》，第二版，1978年11月26日。
〔註64〕　〈總統提示花東兩縣縣長加強地方建設照顧民眾〉，《更生報》，第一版，1978
　　　　　年11月9日。
〔註65〕　〈三仙台風景區六日起全面禁建〉，《更生報》，第五版，1979年1月4日。台
　　　　　東縣成功鎮三仙台風景特定區計畫範圍內禁建一年六個月，台東縣府於正式
　　　　　公告實施，禁建期限自本1979年11月6日起，至1981年5月5日止。禁建
　　　　　地區範圍為：三仙台本島及其對岸陸地，北自白守蓮南側水溝，南至基翬，
　　　　　西至高台道路南端山崎分界線，東以海岸線作為禁建範圍，面積一九〇公頃。
〔註66〕　〈積極開發觀光資源決建設景觀三角帶〉，《更生報》，第二版，1979年3月4日。

風景區、石梯坪海濱公園等三處，合併面積有五百五十公頃。〔註67〕

　　東海岸公路的建設狀況，長期以來涉入的最高層級，只限於省府及相關單位。除了通車剪綵外，很難得可以看到，中央政府層級官員會關心東部的公路建設。但對於觀光建設，行政院交通部及相關交通局以及經濟部等這些屬於中央政府級的官員，並且是持續地關心重視東海岸觀光資源的發展及協助花東兩縣進行相關設施的規劃，加上蔣經國對於要如何經營東海岸觀光的指示。相較花東兩縣的公路建設事業，該縣觀光事業發展真得是得到很有份量的助益。以上顯示東海岸沿線觀光資源的地位，對國家而言是相當的重要。

　　1979年7月在中央政府指示下，花蓮縣政府編列專款開始進行整建磯崎海水浴場，石梯坪海濱及秀姑巒峽等三處風景區連成一氣，並且擬定的一套完整建設藍圖，為海岸風景勝地展現一副美麗的遠景。〔註68〕另外，為維護

〔註67〕　〈豐濱沿線風景區省府確定進行規劃〉，《更生報》，第二版，1979年3月13日。
　　　　——磯崎海水浴場：位于磯崎村東方，唯東海岸少見之砂灘淺海水灣，若在海灣兩側之天然突提加以人工增高，遏阻巨浪內侵，實不失為一良好海水浴場。同時利用淺灘，養殖海菜蠔類等海產，興建設備良好的海產餐廳，有助於觀光遊客的駐足留踪。
　　　　——石梯坪公園：位于石港口村迤北2公里，故石梯坪向海深出巨岩如長堤，更橫生橫岩排比如梯階，故名石梯。海流巨岩區分成田狀，田內海水靜如鏡，田外海灘擊巨岩水花四濺若揚雪，波瀾激盪若銀潮。
　　　　——秀姑巒溪及大港口：位于秀姑巒溪下游，橫斷海岸山脈至港口村入海一段，長約21公里，此段流路悉在峽谷之中，其山水之美，視太魯閣峽又別具境界，台灣八景曾議列秀姑巒溪峽為八景之一，終於交通不便而罷。若論台灣風景唯有秀姑巒溪，堪與太魯閣峽並列。

〔註68〕　共計有十個項目：
　　①自石梯灣漁港至石梯坪部落間，公路以東之地列為建設區域。
　　②自石梯灣漁港沿海岸線開闢遊觀道路，兩端均與海岸公路銜接。成弧形環狀路線，並在兩端設出入口管制站，酌收遊覽費，保養風景。
　　③利用突出海面，不受海浪而沒之巨岩建釣魚台、顏面崎嶇難行之處加以整修。
　　④利用巨岩間狹處架橋，以便通過往各巨岩間並以此增加景色。
　　⑤利用最突出，最巨大岩石，塑造海神媽祖之巨大神像，作為本風景區之號召。
　　⑥利用面積較大之海田，建海底餐廳，成為風景區內特色之一。
　　⑦陸地建設具有規模之花園，使與海之設備對稱。
　　⑧利用大小灣澳與海田，養殖海菜或試殖真珠，既可生產，亦收宣染風景之效。
　　⑨利用海岸路地建一面積寬闊之停車場。
　　⑩上述建設由縣府投資建設，或交由民營公司建設經營均可，總之，使其成為具有規模之海上公園，招徠更多觀光遊客。

觀瞻，也將港口靜浦兩村，由豐濱鄉公所優先列入社區建設。〔註 69〕東部海岸公路沿線這三處風景特定區，整體規劃工作在 1979 年年底前完成公告，自 1980 年後進行整建工作，三處風景區整建經費爲 2,070 萬元。〔註 70〕之後花蓮縣政府決定自 1981 年起開始，以十二年分五期的時間整建石梯坪及秀姑巒風景特定區，北自「人定勝天」石碑北方 500 公尺水溝，南到秀姑巒溪 300 公尺，東起太平洋、西至東部濱海公路左側 100 至 500 公尺山脊線，總面積五百三十公頃。〔註 71〕

　　在台東方面，1979 年 7 月 13 日省主席林洋港到台東巡視的時候時，對東部海岸公路沿途風景的優美暨農林的進步繁榮讚不絕口。在長濱鄉八仙洞下車巡視時，指示蔣聖愛暨長濱鄉長黃連發應予整建，使其成爲東海岸著名的觀光勝地。〔註 72〕在省府指示下，1981 年 3 月 12 日台東縣政府將

〔註 69〕 〈東海岸沿線風景如畫將整建成觀光景點〉，《更生報》，第二版，1979 年 4 月 2 日。

〔註 70〕 〈東海岸三風景區年底完成規劃公告〉，《更生報》，第二版，1979 年 4 月 29 日。

　　各風景區計劃整建的內容包括：

　　一、磯崎海水浴場特定區：實施規劃面積二百公頃，將建公廁、自來水、管理是、道路及停車場。

　　二、石梯坪海濱風景特定區：規劃面積二百公頃，將建環岸道路、公廁、自來水、管理是、步道及公共設施。

　　三、秀姑巒峽大港口風景區：規劃面積三百五十公頃，興建景觀配合各項設施。

〔註 71〕 〈石梯秀姑巒風景區政府分十二年五年辦理〉，《更生報》，第二版，1981 年 2 月 14 日。石梯坪、秀姑巒風景特定區計畫，由花蓮縣政府委託省住宅及都市發展局代編，計畫特色就地區內環境及風景區遊憩資源規劃以觀光遊憩爲主，居住爲輔，使之成爲花東海岸遊憩的重點。風景特定區的土地使用方面，選擇「人定勝天」、「石梯坪」、「大港口」，秀姑巒溪入海口之「長虹橋」、「獅球嶼」五個重點開闢爲風景遊憩區或自然景觀區，期遊憩設施以靜態爲主，配合設置公園、停車場、遊客中心、青年活動中心……等。同時在各遊憩區之間，規劃爲步道系統、相互連絡。至於在社區方面，將原有部落規劃爲社區，配設商業區、市場、學校、醫院、加油站、車站，以改善居住環境。盡量減少人爲設施，功用以發展國民旅遊爲主，國際觀光爲輔。同時風景特定區採取人車分離的方式，極力避免不必要的商業、觀光行爲介入山地部落，希望長期保持山胞原有生活型態與秩序。

〔註 72〕 〈東海岸風景秀麗主席重視開發整建〉，《更生報》，第五版，1979 年 7 月 14 日。

長濱鄉八仙洞風景特定區計劃範圍實施禁建。〔註73〕

　　為使東海岸各風景區銜接稱一個線或面更具規模的大型風景區，以符合日漸興盛的國民旅遊和國際觀光需要的遊憩環境。交通部觀光局規劃東海岸開發，該特定計畫區涵蓋的範圍北起花蓮水璉村、南至台東的富岡漁港，東臨太平洋，西以海岸山脈之稜線及新港山西部部分山區為界，包括秀姑巒溪穿過海岸山脈之部分河堤。陸上面積共八萬一千九百三十七公頃，海上面積三千七百十九公頃。本區關觀光遊憩資源可分為下列四種：一、具有觀光價值者：「水璉」砬岩區、「石門」海灘區、「長虹橋」、「八仙洞」為史前文化遺址與陸升證據之海蝕洞穴。二、具有文化價值者：長濱文化：台灣唯一發現最早的舊石器文化遺址。先住民之土著遺風：阿美族文化。三、具有科學價值者：河川襲奪作用秀姑巒溪襲奪花蓮溪上游。地質構造。考古學之長濱文化。具有生態價值：台灣海棗：為本省本區所特有。野生動物：可提供作為各種動物的避難所。〔註74〕

　　而花東民眾認為政府在高喊發展東海岸觀光事業聲中，由成功鎮至靜浦的柏油路面，遲遲未能鋪設，沿岸民眾怨聲載道：「東海岸公路為省道，由省公路局分年編列預算，何以不能在兩年內鋪設完竣。」公路局以經費困難為由，自可分期動工興建，但是數十公里路程，也不必費幾年時光來磨洋工，何況東部地區偏遠，地方政府財源有限，不易提出配合款辦理，但為全面發展觀光事業，東部西部自應連成一貫建設。

　　況且海岸公路通車後，救國團開始辦理東海岸健行活動數期，來自全國的大專社會青年至少有一萬人以上徒步東海岸公路，盛讚沿岸自然風光優

〔註73〕 〈八仙洞風景區省核禁建半年〉，《更生報》，第五版，1981 年 3 月 12 日。禁
　　　　建範圍：北面：以樟原橋北側橋頭沿河岸延伸至海岸線兩側橋頭往山脈沿河
　　　　岸至 200 公尺距離之線為範圍線，西側以 100 公尺至 200 公尺等高線順山脊
　　　　依現場地形陡度情形而定範圍。南面以樟原南側橋頭向南面沿台十一號公路
　　　　至 1,330 公尺之距離處為基點向海岸及山脈沿伸之線為範圍線。東面以海岸
　　　　線為範圍。禁建面積為五十三公頃。禁建理由：該風景區計劃已規劃完竣，
　　　　為避免該計畫地區在特定區計劃公佈實施以前發生濫建情事，並減少公私損
　　　　失外，應將擬定風景特定區範圍予以實施禁建台東縣府是依照都市計畫法第
　　　　八十一條規定報請省府核定實施禁建，禁建期限自 1981 年 3 月 15 日起至 1982
　　　　年 8 月 14 日止，共一年零六個月。
〔註74〕 〈開闢東部海岸線風景區成為國際觀光遊憩環境〉，《更生報》，第二版，1979
　　　　年 9 月 20 日。

美，觀光局亦決定開闢三仙台、八仙洞、長虹橋、石梯灣等風景區。〔註75〕
筆者認為同樣是東海岸建設工作，交通部觀光局一連串的下鄉勘查規劃動
作，相對於公路局建設的慢好幾拍狀況，可以說是積極得多。〔註76〕但是也
呈現出國家機構對於從事地方建設的協調不足，造成東部無法滿足建設觀光
所應具備舒適公路條件的扭曲現象。

然而回到原點，東海岸公路的建設，尤其是海岸公路的興建，最初都
是因為1951年以前花蓮縣豐濱鄉民眾有感於對外交通不便造成豐濱落後，
要求政府改善所造成的。而從1968年～1978年這十年間，豐濱鄉又產生怎
麼樣的變化？1968年省主席黃杰，主持海岸公路通車時，同時到達豐濱鄉
公所巡視，目睹一片破舊不堪的樣子，危險欲倒的趨勢，面允專款補助50
萬元，纔有巍峨的鋼筋水泥大廈。〔註77〕花蓮縣議員謝中光說：「豐濱鄉是
本縣最落後的地區，但該鄉具有觀光的價值和豐富的資源，所以，盼望柯
丁選縣長任滿回到省府之後，為開發豐濱鄉多多爭取財源。」議員孫照昌
補充說：「豐濱鄉民太苦了，政府應輔導他們從日常生活而至住行。」縣長
柯丁選答覆說：「開發豐濱鄉一個現代化鄉村，將來一定可以實現。該鄉的
鄉民收入，比平地鄉少二倍，即平地鄉民收入3元，豐濱鄉民祇有1元，
差距太遠了。要做全面開發，諸如道路之改善，闢建產業道路及開採石礦
等等。」〔註78〕柯丁選回省府之後，在1978年七月起，對豐濱鄉無條件投
資新台幣4,000萬元，使這個低收入的地區，走向繁榮，使貧富的差距拉近。
同年11月9日蔣經國先生蒞臨花蓮巡視後指示，要求花蓮縣長吳水雲。加
強照顧沿海地區及低收入民眾生活。輔導退除役官兵及山地同胞就業，以
改善他們的生活環境。東部高級貝類養殖條件甚佳，應全力加以輔導發展。
〔註79〕交通處長陳來甲改善壽豐、豐濱沿海居民生活，三年後可達效果。
〔註80〕花蓮縣府並已著手進行農牧養殖業之類等產業輔導。〔註81〕

〔註75〕〈美化東海岸公路〉，《更生報》，第六版，1977年7月24日。

〔註76〕或許牽涉到兩個不同部門機關各自的行政風格，然而實際情形是如何，因非
　　　　本論文主題，筆者並不加以探討。

〔註77〕〈豐濱美景最宜闢建觀光區1〉，《更生報》，第二版，1977年7月4日。

〔註78〕〈省府決定投資四千萬促進豐濱繁榮進步〉，《更生報》，第二版，1977年12
　　　　月4日。

〔註79〕〈總統提示花東兩縣縣長加強地方建設照顧民眾〉，《更生報》，第一版，1978
　　　　年11月9日。

〔註80〕〈改善沿海居民生活有關單位在線會報〉，《更生報》，第二版，1979年6月
　　　　22日。

　　國家內部協調不足而造成東部發展的扭曲現象，是個問題，但剛開始發展觀光產業才十年的豐濱鄉，對於該鄉的繁榮發展似乎影響有限，按上述資料顯示，該鄉已由海岸公路的開通及觀光作為該路經營主題的過程，豐濱鄉的經濟問題得到了國家的協助，作為被國家忽視的豐濱也獲得較高度的重視。換言之，豐濱鄉民眾從 1951 年以來，嘗試著以各種不同的「籌碼」得到公路的建設以刺激經濟發展。1968 以後東海岸公路沿線的觀光資源，確立了成為東海岸民眾的重要「籌碼」，雖然不足以推動該路能限期完成改善工作，但是所謂的公路建設及其他附屬的要求，不過是繁榮豐濱鄉的數種管道之一，該鄉民眾應已滿足其最初的目標。所以就這點而言，筆者認為對於東部建設的發展來講，如何提出值得國家重視的「籌碼」內容，就是東部可以求得自主發展的關鍵手段。以下將以花東公路的發展與經營來加強這個論點。

第二節　省議員推動花東公路拓寬

一、池上大橋與木瓜溪大橋的興建

　　1975 年之後隨著花東公路沿線的橋樑、駁坎、暗渠興建完成後，花東公路的通車問題，終於不再為洪水中斷而困擾著。而在這段時間花東的汽機車數量也在急速增加，再加上北迴鐵路的開通。原來花東公路的寬度與路線，也開始不符合花東使用狀況，產生出新的問題。而到 1982 這段時間，地方與國家對於這些新的交通問題，是如何論述的？是否又會像在爭取東海岸公路拓寬鋪設柏油工程至完工時，每步都是相當艱辛？而有關於 1982 年以後的發展，因為已經超過研究範圍了，而且爭論的內容也跟 1982 年以前的狀況差不多。所以只會重點提示公路硬體建設完成時間。

　　原來是鐵公路橋樑的萬里溪橋、清水溪橋、太平溪橋、馬太鞍溪橋在 1977年，1978 年初來大橋分別通車後，花東公路的駕駛人不用冒著性命危險，行駛鐵公路橋，終於全線都得以行駛汽車在水泥公路橋上。而新武呂鐵路橋通行公路汽車功能在 1978 年 5 月 31 日封閉，至此專供鐵路火車行駛，也不再

〔註81〕〈海岸公路鋪設柏油決定六八年後鋪〉，《更生報》，第二版，1978 年 3 月 21日。

通行汽車。〔註 82〕但在花東公路駕駛人享受新公路橋便利的時候，公路局決定除了馬太鞍溪橋外，其他四座均依省府規定辦理收費，用來償清建設這些橋樑的貸款，規定貨車二十塊，小車十塊。〔註 83〕而這樣的收費遭到地方上極大的反彈，很多貨車因為要規避那個二十塊，會行駛替代道路，但是替代道路原本的設計就不是用來長期讓重車去擠壓的，導致路面破損不堪，造成之後經過的車子發生事故。最終使得新建的公路橋使用率降低，新建的公路橋會形同浪費。〔註 84〕省議員張俊雄認為這樣的收費制度，反而會降低民眾相信政府想要開發東部的決心。〔註 85〕後來採納民眾不收過橋費之建議，公路局以汽車燃料稅的方式，來作為清償興建公路橋貸款的替代方案。〔註 86〕

過路橋費問題解決後，新武呂溪大橋鐵公路雙用橋樑封閉後，未建設該路段專用公路橋，造成池上關山百餘地方人士來往困難。〔註 87〕所有車輛必須遠繞至南橫公路出口處的初來大橋通行，繞道達 12 公里之多，至感不便，如以該路線每日交通量甲種車輛 866 輛，乙種車輛 1,698 輛計算，每日行車浪費時間及燃料甚多，對於國家能源乃一重大損失，有於鐵路橋下游的原路興建公路大橋的必要，以縮短花東公路的行徑。根據公路局初步測量橋長 800 公尺，估計需款 7,400 萬元，無論就經濟、交通、政治、文化及國防軍事上而言，均有其重要性。〔註 88〕因為五座橋樑中只有新武呂溪專用公路橋未建設，其他在花蓮縣的四座公路橋已興建，所以台東縣府埋怨省公路局有偏愛花蓮的心理，深感不是滋味，同年 9 月 15 日專案報請省府早日興建。〔註 89〕最後公路局於 1981年興工建設新武呂溪大橋，1983 年 2 月 11 日竣工，命名為「池上大橋」。

北端的花蓮縣壽豐民眾也飽受迂迴路線之苦。花蓮壽豐直線距離僅 16 公里，因木瓜溪之阻隔，數百台交通車輛必須經由銅門仁壽橋經鯉魚潭而至壽豐，

〔註82〕 〈花東路新武呂大橋月底通車〉，《更生報》，第二版，1978 年 5 月 30 日。
〔註83〕 〈花東公路五座橋樑橋面工程完工〉，《更生報》，第二版，1977 年 3 月 16 日。
〔註84〕 〈社論早日廢除花東公路橋樑收費〉，《更生報》，第二版，1978 年 1 月 24 日。
〔註85〕 〈張俊雄函請省主席要求取消玉里橋興建〉，《更生報》，第二版，1979 年 12月 19 日。
〔註86〕 〈玉里大橋收費決定先行取消〉，《更生報》，第二版，1979 年 7 月 26 日。
〔註87〕 〈池上地方百餘民眾要求興建新武呂大橋〉，《更生報》，第五版，1979 年 12月 7 日。
〔註88〕 〈花東公路五座大橋僅新武呂橋未動工〉，《更生報》，第五版，1978 年 9 月16 日。
〔註89〕 〈花東公路五座大橋僅新武呂橋未動工〉，《更生報》，第五版，1978 年 9 月16 日。

而且山路彎曲，危險叢生，往返皆然，全長27公里，使所有交通車則需增加11公里的路程。也使得木瓜溪中游以南的吳全、志學、平和三村爲交通死角。〔註90〕1969年時志學村村民就自己興建木瓜溪便橋與對岸的吉安鄉南華村、干城村聯繫。〔註91〕地方首長民意代表則極力爭取該橋興建。壽豐鄉長鍾曉一認爲國軍演習即選該地爲跳傘地點，可說明軍事價值之高。木瓜溪大橋興建後，花東公路改道，可將鯉魚潭建設以觀光養觀光的風景勝地。〔註92〕花蓮縣議員彭德松認爲壽豐鄉志學村，人口有五千餘人，並爲無子西瓜區，早日興建公路，以方便交通。〔註93〕而且花蓮縣長黃福壽積極規劃擴大花蓮市，志學則可以成爲鄰近的工業區。黃福壽表示曾向上級爭取，但是經費太大，交通量不多，不敢保證任內可以完成這事。〔註94〕於是1974年7月木瓜溪橋省政府決議暫緩。〔註95〕1976年12月23日花蓮縣政府認爲花蓮縣仁里至南華鄉道及志學至壽豐鄉道中間，有木瓜溪迄未架設橋樑，致無法全線暢通，所有車輛均繞道行駛台九號省道，由花蓮市經過慶豐、南華、榕樹、池南到壽豐。因爲榕樹、池南、壽豐一段路基狹窄，且沿山曲折陡坡，經常發生車禍。而木瓜溪大橋係來往花蓮、壽豐間之捷徑，因此亟待興建，以利交通。〔註96〕木瓜溪大橋新建橋樑三座，總長度約600公尺，另需新闢引道及河床路五處約1公里，估價需工程費4,300萬元，實非花蓮縣政府財力所能負擔，故函請省交通處專款補助興建，以加速農村建設，促進地方繁榮。〔註97〕1977年5月16日花蓮縣議員彭德松等多人，再度大聲疾籲請政府早日興建這座橋樑。

　　彭德松表示，花東公路五座專用橋樑已相繼完成，木瓜溪大橋完成興建後，可縮短該線路程10公里左右，爲提高公路行車通車，該橋的興建刻不容緩。議員李傳芳表示：「發展東部公路交通，木瓜溪大橋應早興建，該橋完成興建後，由於兩端土地排水良好，水資源豐富，將來可供工業開發之用。」議員邱逸民則認爲：「木瓜溪橋興建，財源應該不成問題，政府貸款興建或鼓勵民間投資興建，

〔註90〕　〈壽豐鄉長促建木瓜溪公路橋樑〉，《更生報》，第二版，1974年11月11日。
〔註91〕　〈志學村興建木瓜溪橋康復農場出力〉，《更生報》，第三版，1969年11月7日。
〔註92〕　〈壽豐鄉長促建木瓜溪公路橋樑〉，《更生報》，第二版，1974年11月11日。
〔註93〕　〈花東路木瓜溪橋應拓寬〉，《更生報》，第二版，1973年5月16日。
〔註94〕　〈木瓜溪大橋請縣向省積極爭取〉，《更生報》，第二版，1974年11月12日。
〔註95〕　〈五鐵公路橋樑省決定逐年興建〉，《更生報》，第二版，1974年7月24日。
〔註96〕　〈木瓜溪橋請省補助興建〉，《更生報》，第二版，1976年12月24日。
〔註97〕　〈木瓜溪橋請省補助興建〉，《更生報》，第二版，1976年12月24日。

通行後以收取過橋費方式償還資金，都是行得通的辦法，問題就是政府當局有無意思早日興建這座大橋。」謝中光、吳春生議員表示：「木瓜溪大橋興建，以往預估資金約需新台幣 1,000 餘萬元，唯據實際勘察結果，無須上述數字，縣府應該主動積極爭取補助款，配合地方財源，早日完成木瓜溪橋的興建。」花蓮兼代縣長柯丁選表示：「跨越木瓜溪、花東公路的這座捷徑大橋實有早日興建的必要，運用貸款方式或鼓勵民間投資興建都是可行的方式，他則會邀集有關單位，針對此事進行研商，以早日興建這座大橋。」〔註98〕

但公路局總是以河床不穩，日漸淤積爲理由，遲遲不肯規劃，動工興建木瓜溪橋，張俊雄深表不滿，經常到省公路局交涉，力促公路局應早日動工興建。公路局規劃處處長張澎，於 1 月 21 日親口答應，該月底派該處工程計劃課長簡國欽來花蓮，實地勘查木瓜溪橋。〔註99〕又在 1978 年 3 月 7 日公路局工作人員，〔註100〕應張俊雄的邀請，前往木瓜溪作實地勘察。〔註101〕同年 9 月 15 日交通處決定動用六年經建計劃的款項興建。自 1979 年度起編列專款，興建花蓮縣木瓜溪大橋。〔註102〕1980 年 7 月 27 日正式動工共有主橋一座，全長 480 公尺，以及另一座下荖溪橋 250 公尺。南北兩端的引道是：北端全長 6,600 公尺，南端 5,700 公尺，爲東部地區最長的公路引道，共耗資新台幣 1.85 億元。費時一年半後，於 1982 年 3 月 1 日花東公路木瓜溪公路大橋通車。〔註103〕銜接花蓮——志學——壽豐段公路，全程 13.89 公里，屬於花蓮市都市計畫道路拓寬爲 40 公尺，其餘路寬 11 公尺，並改爲台九線，花蓮壽豐間改由台九線行駛縮短行程 14.6 公里。〔註104〕

公路局對東部的忽視態度，又展現在花東公路的截彎取直上。木瓜溪大橋的新建，從 1969 年開始地方已經在呼籲，一個明顯已存在的問題，還要好幾位省級、縣級民意代表不斷的呼籲十一年之久，使公路局受到長時間的壓力，才促使該橋的興建。東部公路的改善總是要花好多力氣才能完成。

〔註98〕 〈花東路木瓜溪大橋議員呼籲早日興建〉，《更生報》，第二版，1977 年 5 月 17 日。

〔註99〕 〈花東公路木瓜橋本月進行測量〉，《更生報》，第二版，1978 年 2 月 4 日。

〔註100〕 〈建木瓜溪大橋實地勘查〉，《更生報》，第二版，1978 年 3 月 2 日。

〔註101〕 〈籌建木瓜溪鐵路局派員勘查〉，《更生報》，第二版，1978 年 3 月 7 日。

〔註102〕 〈省下年興建木瓜溪大橋〉，《更生報》，第二版，1978 年 9 月 15 日。

〔註103〕 〈木瓜溪大橋明正式開放啓用耗資一億八千五百萬費時一年半〉，《更生報》，第二版，1982 年 2 月 28 日。

〔註104〕 交通部交通研究所編印，《交通年鑑》，1982 年，頁 490。

二、花東公路的拓寬

　　1982 年木瓜溪大橋的通車同時，對花東民眾最困擾的是花東公路寬度只有 6～7.5 公尺，這樣狹窄的距離已經不能容納快速增加的汽機車數量了（見表 4－2－1），〔註 105〕

表 4－2－1　花蓮縣汽機車登記表

年底別	總計	大客車	大貨車	小客車	小貨車	機踏車	公務車
1962	989	13	173	57	39	648	54
1963	1,108	15	175	71	43	741	58
1964	1,233	20	188	82	49	852	37
1965	1,527	23	204	98	68	1,091	38
1966	1,917	27	231	113	83	1,394	40
1967	3,242	27	241	142	106	2,587	43
1968	9,699	46	263	189	126	8,932	47
1969	12,081	57	278	213	224	11,178	49
1970	13,997	60	352	248	244	12,958	59
1971	16,847	71	413	343	271	15,611	59
1972	20,151	76	454	477	297	18,705	63
1973	24,212	79	505	791	409	22,284	76
1974	30,950	85	629	1,128	657	28,297	85
1975	38,273	104	744	1,324	843	35,089	100
1976	44,798	127	822	1,518	1,028	41,127	107
1977	53,745	143	831	1,897	1,174	49,508	124
1978	61,968	143	784	2,353	1,283	57,211	146
1979	78,484	170	940	3,110	1,536	72,527	167
1980	96,814	198	1,058	4,278	1,909	89,152	190
1981	115,693	217	1,065	5,123	2,280	106,786	199
1982	128,731	220	1,031	6,147	2,634	118,468	211

出處：花蓮縣 38～85 年統計要覽網頁，

　　　http://web.hl.gov.tw/static/boo/85book/85book.htm，查詢日期：2009 年 3 月 9 日。

〔註 105〕〈政府決在七十七年前將花東公路拓寬工程完成〉，《更生報》，第二版，1982年 6 月 20 日。

　　花東公路路基雖然逐漸改善，鋪設柏油路面，行旅稱便，但路基依然狹窄。花東公路大部分地段，寬度僅 5、6 公尺左右，在大型遊覽車，大卡車日益增加的時代，車輛於該條公路上會車，發生重大困難，致時常造成車禍，犧牲不少生命財產。據一位遊覽車司機表示，他駕駛遊覽車跑遍全省，發現主要幹線以花東公路最為狹窄，不但會車困難，且險象環生，他沿途小心翼翼駕駛，所幸無任何事故發生，他說，今後絕不再行駛這條公路，甚至加多薪水也不幹。地方民眾認為，這條縱貫東部峽谷平原的公路，應該從速進行拓寬，否則不但無法適應，且北迴鐵路通車後，東部工商業更為發達後，更將不能配合。民眾均希望，省公路局能逐年編列預算，分段進行拓寬，以利東部公路交通。〔註 106〕

　　1971 年地方人士指出花東公路通過市鎮地區路段，不是車輛雍塞不通，便是頻頻發生事故，籲請公路局早日規劃花東公路全面拓寬計畫，並在經過市鎮地段另擇新線。〔註 107〕同年省政府在「台灣東部開發建設研究報告」中，預計投資 808,000 多萬元。其中部分經費將改善花東公路段，改建公路專用橋樑五座，並加鋪路面，達成全天候公路，並拓寬為雙車道。〔註 108〕1972 年度省府編列了花東公路的拓寬經費 3,261,248 元，1973 年度 17,129,038 元，1974 年度 29,325,252 元，1975 年度 14,204,466 元，1976 年度 99,264,694 元。〔註 109〕1976 年花東公路全線還有許多小型狹橋，影響交通安全，公路局也另編列預算分別拓寬。〔註 110〕（見表 4－2－2）

〔註 106〕　〈民眾呼籲路局拓寬花東公路〉，《更生報》，第二版，1977 年 1 月 4 日。
〔註 107〕　〈拓寬花東公路省列入重要工作〉，《更生報》，第二版，1971 年 8 月 20 日。
〔註 108〕　〈開發東部經濟建設省府已有通盤計劃〉，《更生報》，第五版；〈改善公路幹線增加行車安全〉，《更生報》，第五版，1971 年 9 月 13 日。
〔註 109〕　〈欣聞花東公路將於三年內拓寬完成〉，《更生報》，第二版，1981 年 6 月 24 日。
〔註 110〕　〈花東公路橋樑兩年內興建〉，《更生報》，第六版，1976 年 1 月 24 日。

表 4－2－2　台東縣小客車與機車持有率表

年　代	總人口	總戶數	小客車持有率 (車/人) %	小客車人人車比 (人/車) 人	機車持有率 (車/人) %	機車人車比 (人/車) 人
1961	217,155	40,875	0.01	7,488.10	0.26	381.64
1966	269,048	49,868	0.03	3,165.27	0.45	221.99
1972	291,826	54,378	0.09	1,109.60	4.38	22.81
1977	286,741	56,132	0.31	325.47	12.09	8.27
1981	281,100	58,396	0.78	129.00	24.56	4.07
1986	272,477	60,488	2.13	46.88	35.53	2.81
1991	255,887	62,834	7.32	13.65	49.24	2.03

出處：施添福主編，《關山鎮志・交通篇》，（台東縣關山鎮：台東縣關山鎮公所，2001），
　　　頁 452。

　　從表 4－2－1 及表 4－2－2 單以小客車 1972～1976 年成長數量來看，花
蓮縣 1974 年小客車數量成長了 100 多台之後，每年成長數量都會增加 100 台
左右。到了 1976～1977 年增加數量為 400 多台。1977～1978 年增加了 700 多
台小客車。後來到 1982 年為止，每年都以 1,000 台左右的數量開始增加。而
台東縣 1972 年時小客車持有率是 0.09%至 1976 年大增為 0.31%，到 1981 年
0.78%。代表的是花東地區越來越多人依賴花東公路，國家與地方也會越來越
熱烈爭論該路拓寬的問題。所以此節就從突然增加小客車數量的 1978 年，來
探討到 1982 年這段過程，也可以從這段時間花東公路的拓寬實際情形，來看
1978 年以前編列的各年度預算有沒有執行下去，地方是否又要花一堆的力
氣，不斷的突顯這個因未拓寬而造成的明顯問題，才能讓省府有決心去解決
本該是政府主動要解決的問題。

　　1978 年 9 月花蓮縣籍省議員張俊雄、莊金生於省議會中提案建議，公路
局徹底整修，加速拓寬花東公路為双車道（包含海岸及光豐公路），並鋪設柏
油，以利東部濱海地區交通運輸。並表示行政院曾一再指示積極發展偏遠地
區，而主管交通單位似未配合此項指示，貫徹政令。在張俊雄等人要求下，
省府主席林洋港指示公路局分年辦理花東公路橋樑拓寬，於 1981 年前辦理完
成（見表 4－2－3）。〔註 111〕花東地方也要求省府重視東部建設，1978 年 11
月 26 日花蓮縣議員孫福來表示：

〔註111〕〈林洋港主席重視花東海岸等路改善〉，《更生報》，第二版，1978 年 9 月 19
　　　　日。

西部各地公路有如蜘蛛網密佈，又有高速公路連貫北南交通，真
是「錦上添花」，惟獨對東部不能「雪中送炭」。東部地區最主要
的花東公路，不但路基狹窄，且許多路段路況極為不佳，車行其
上，不但影響行車速率，亦容易發生意外車禍。由於東部工商業
與觀光事業發展迅速，花東公路車輛流量急劇增加，如不從速加
以拓寬，興建高速路面，實在難以應付未來發展需求。希望省公
路局能編列車款，分年分期拓建花東公路為符合標準的寬敞大
道。

花蓮縣建設局長廖宗盛則表示，花東公路為公路局代管的省道公路，縣府已
擬定構想計劃，即為配合未來東部工商運輸的需要，在都市計畫內的公路拓
建為 20 公尺寬，都市計劃外為 30 公尺，並建請公路局採納辦理。〔註 112〕

表 4－2－3　1977 年～1982 年花東公路沿線橋樑改建後情形

年份	橋名	長度（公尺）	寬度（公尺）	備註
1977	第三上大和橋	63.7	7.5	
	鹿野橋	604	7.5	
	斑鳩橋	14.8	7.5	
	光復橋	402	20	改建斜張橋一座
	鹿鳴橋	40	7.5	
1978	安通橋	63.42	7.5	
1979	清水溪橋	920	7.5	
1980	加鹿溪橋	105	7.5	新建
	檳榔橋	468	7.5	
1981	瑞北橋	20	11	
	德高橋	31.2	7.5	
	榮橋	31.2	7.5	
1982	石牌橋	9	14	

出處：交通部交通研究所編印，《交通年鑑》，1977 年，頁 216～217；1978 年，頁 232；

〔註 112〕〈花東公路路基狹窄未能發揮運輸功能〉，《更生報》，第二版，1978 年 11 月
　　　　26 日。

1978年，頁234；1979年，頁361；1980年，頁361；1981年，頁45；1982年，頁48。〈安通大庄兩橋新年內拆除〉，《更生報》，第二版，1976年12月31日；〈改善花東東靜公路省決定在下半年動支〉，《更生報》，第六版，1976年5月2日；〈改善花東公路狀況工程昨日完成〉，《更生報》，第六版，1977年6月29日。

台灣省政府在1979年12月舉行的省建設座談會，由新聞處長趙守博主持，省交通處長常撫生做主題報告，討論的主題是：「台灣地區今後陸上交通發展的方向。」花蓮《更生報》社長謝膺毅應邀參加，並在會中發言建議：

> 近年政府對東部交通建設，已在積極進行，如興建北迴鐵路，拓寬東線鐵路，改善公路。對於東部陸上交通建設，事實上仍無法配合人口的增加，資源的開發，以及交通流量的增長。東部現有的陸上交通，可以說大部分是光復初期所建，如花東公路，為早年的牛車道改建，開闢該路時，標準極低，甚至大部分主要橋樑亦未興建，以鐵路橋架設木板維持通車，直到1979年才完成公路專用橋樑，但收費卻比過去增加一倍。而大部分路基迄未拓寬，各地車禍頻傳，所以對於東部陸上交通，在公路方面，希望省府能先將所有的省道公路，包括蘇花公路、橫貫公路、東部海岸公路、南迴公路，全部拓寬成双車道為目標，使公路能發揮預期的功能，而加強交通安全。
> 其次，便是提高公路安全及載重的標準，東部各線公路，坡大道彎，載重限制遠比西部公路為低。可是近年在客運方面，各種遊覽車都朝大型發展，因遊覽車無法通過東部之公路，各旅行社只好放棄東部遊覽的行程，使東部觀光事業損失極大，貨運方面也因東部的路線，橋樑載重限制極嚴，大型貨櫃車無法行駛，所載礦產，木材又多是龐然大物，如為配合道路載重之限制，再加分割分載則使產品價值降低，增加運輸成本，如冒險超載，則易受罰。在工業建設方面，中華紙漿廠、亞洲水泥花蓮廠，在建設工程進行時，從國外運來的大型機械，即因東部道路交通載重限制，使建廠工程深受影響，耗費可觀的運費，還要曠費時日，希望各幹道公路，和橋樑，今後能盡量提高標準，柏油路面全部改用五公分以上之高級瀝青混凝土路面，以配合東部資源開發和加速工業發展。〔註113〕

〔註113〕〈社論改善東部陸上交通〉，《更生報》，第二版，1979年1月5日。

為了促使早日完成拓寬，1979 年 3 月 16 日省議員張俊雄，在台灣省議會交通委員會來花考察座談會上，要求請明訂花東公路拓寬期限，以配合東部地方發展需要。〔註 114〕交通處長常撫生表示，拓寬花東公路，所需經費約計 5 億元，1979 年度已編列了 1.23 億元，著手興建花東公路的木瓜溪大橋工程。花蓮地方各界要求訂定各線公路的改善日程表，表示相當困難。他說，公路建設必須要有長遠的計畫及考慮施工的技術問題，唯政府重視東部開發建設，東部這三條主要動脈公路將會逐年獲得改善。並特別強調，蘇花、花東及海岸路線的改善並非一蹴可及的事，必須通盤省慎研究，從長議計。〔註 115〕同年 8 月 23 日花蓮縣長吳水雲，在交通建設座談會上，向省府提出三點建議：拓寬花東公路瓶頸路段，用地取得及地上物補償約需 34,000 多萬元，地方均須配合三分之一的款項，幾等於是花蓮縣一年的經建經費，請省府體認地方財源的困窘，予以金額專款補助。〔註 116〕而其中 1979 年度的花東公路拓寬工程，只編區區的 200 萬元，實在只是敷衍地方民意的需要，而無誠意改善東部交通，後省議員張俊雄透過各方面的關係，才力促交通處，把此一公路經費追加 3,000 萬元，才變相為此花東公路拓寬工程為 3,250 萬元。〔註 117〕而 5 月 9 日公路局規劃處長嚴啟昌，在張俊雄的邀請下，專程前來花蓮，實地巡視花東公路沿線拓寬工程的可行性及進行規劃的腹案。探勘後於省府于 1980 年度編列的預算有：拓寬花東公路工程 3,250 萬元，朝路寬 11 公尺，双線快、慢車道的現代化公路目標邁進。〔註 118〕張俊雄要求花東公路拓寬成四線道，但是省主席林洋港答覆說：因為政府財政困難，先拓寬為二線道，把四線道列為公路長期發展計劃。〔註 119〕

　　1980 年時地方人士對於花東公路的拓寬提出自己的看法：

> 省議會交通小組將由本縣籍省議員張俊雄特別安排考察的是花東公
> 路、橫貫公路、蘇花公路、海岸公路等的拓寬工程，目前的進度到
> 底如何？據張省議員在他一份東部交通建設的質詢資料中指出：東

〔註 114〕〈花東公路拓寬政府應定期限〉，《更生報》，第二版，1979 年 3 月 17 日。
〔註 115〕〈蘇花花東海岸三路政府決定分三期拓寬〉，《更生報》，第二版，1979 年 8 月 26 日。
〔註 116〕〈花東公路瓶頸所需三億請省府補助〉，《更生報》，第二版，1979 年 8 月 23 日。
〔註 117〕〈花蓮交通邁入新的里程碑〉，《更生報》，第二版，1979 年 4 月 12 日。
〔註 118〕〈花東公路拓寬將邁進現代化〉，《更生報》，第二版，1979 年 5 月 6 日。
〔註 119〕〈東部公路整體開發省府擬訂重點開發計畫〉，《更生報》，第二版，1979 年 9 月 11 日。

部的公路交通建設一向緩慢牛步，有待加速腳步進行的需要。他説東部的公路交通主要有四條：即花東、橫貫、蘇花、海岸等，皆為路面狹窄的單行道。隨著工商業的發展，交通流量日增，拓寬益形迫切，但目前由政府編列的拓寬預算工程費，僅如杯水車薪，根本不敷運用，以致進度非常緩慢，且均係現於局部的施工，因此何時才能全部拓寬可以説遙遙無期。（見表4－2－5）

對於張省議員的此項資料顯示，吾人可以明白的感覺到，公路局實有「重西輕東」之嫌。根據統計，十年來的花蓮對外交通建設僅為六億二千餘萬元（不包括北迴鐵路興建及東線鐵路拓寬經費在內），尚不及公路局十年來建設經費的卅五分之一。君不見，在西部任何一個縣市，隨便興建一條公路或一座橋樑，動輒都是上億或數億，唯獨花蓮（包括台東）則為象徵性的一點小數目，難怪張議員上任後，要大力呼籲，全力奔走，東部交通建設的改善。但目前進行的腳步仍嫌緩慢，而仍被遠拋在西部之後。請當局加速交通建設。〔註120〕

西部早在 1978 年國道一號（又稱中山高速公路）便全線通車，而且省道公路網也頗具規模。東部縱貫公路連拓寬都做不到，更遑論公路網的建設。而且公路局對東部建設速度之慢，行之有年，所以地方才要求公路局明定時間表，但公路局的回應通常以「輕重緩急」的理由敷衍，顯示地方對於東部公路拓寬的迫切需求，還是必須以省府的意見為最優先，地方只能花更多的力氣，尋求不同的管道達成目標。以當時花東公路的橋樑改善工程為例。公路局第三工務段表示：台東縣境內對外交通的改善問題，地方人士經常有建議，但由於各項經費過於龐大，省府決定分輕重緩急，分年分期辦理，其中初鹿到鹿鳴橋路段，包括鹿鳴橋的改善，第三工務段已報請省公路局先行撥款 7,700 萬元提前改善。〔註121〕花東公路十三座狹橋改善計劃經費，業由公路局第四區工程處第三工務段完成擬訂（見表4－2－3）。8 月全部十三座狹橋拓寬為 12 米，僅需經費 5,300 萬元左右。另花蓮縣境豐坪橋拓寬，已發包動工。〔註122〕

〔註120〕　〈東部交通建設必須加速腳步〉，《更生報》，第二版，1980 年 7 月 17 日。
〔註121〕　〈改善花東公路彎道省列六億辦理〉，《更生報》，第二版，1980 年 9 月 22 日。
〔註122〕　〈花東公路十三狹橋建議改善拓寬〉，《更生報》，第二版，1980 年 9 月 29 日。

表4-2-4 花東公路十三橋樑改善計劃表

1980年花東公路十三座狹橋改善計劃經費			
橋名	寬度（公尺）	經費（萬元）	
花蓮以南地區			
復興橋	4	216	
溪口橋	7	49.5	
馬蘭鉤橋	4.6	2,421	
卓溪橋	4	1,326	
壽豐橋	4.6	238	
玉里以南地區			
一七五號橋	5	98	
竹田橋	4.6	66	
榮興橋	4.6	96	
石牌橋	4.6	334	
中興橋	4.6	134	
華興橋	4.5	96	
富南橋	4.6	118	

出處：〈花東公路十三狹橋路局規劃下年度改善〉，《更生報》，第二版，1980 年 9 月 22 日。

　　花東公路狹橋本應拓寬，還要省議員張俊雄及地方人士一再建議改善，才獲得公路局的重視採納。1981 年 1 月起以 5,200 萬元的經費，拓寬花東公路花蓮縣境內的十三座狹橋，拓寬工程由公路局第四區工程處第三工務段完成設計。復興橋、溪口橋、馬蘭鉤溪橋、卓溪橋、中山橋，以上五座橋樑均將由 4 公尺或 6 公尺等的寬度加寬為 12 公尺；壽豐橋、一七五號橋、竹田橋、榮興橋、石牌橋、華興橋、富南橋、中興橋，以上八座橋面均改建為 9 公尺寬度。〔註123〕

　　這樣被動的工程態度，花東公路是否能夠在限定時間內拓寬完成，讓人產生質疑。而且該路的交通流量，一天比一天多起來了，尤其是從花蓮到鯉魚潭這一段道路，每天來來往往的車輛有時候真如過江之鯽，沿途居民都希望公路局能早日拓寬這條馬路，使他們和馬路的距離拉近。居住花東公路兩旁的居民，以為公路局既然已完成了定線打樁，拓寬工程就應該早日進行，因為他們蓋房子都是依照規定，在 20 米寬道路兩旁，如今房子和馬路連不到

〔註123〕〈花東公路十三狹橋將拓寬改建〉，《更生報》，第二版，1981 年 4 月 19 日。

一起，房子前面的空地不是飛砂就是灰塵，一週天雨，行走很不方便，另外電訊局和電力公司的電桿，也應該依照公路局路線規定，把電桿重新搬移位置，以利公路局施工。〔註124〕1981 年 2 月省議員張俊雄認為公路局對花東公路的施工，在進度上已經慢了半拍，希望今後能夠加緊趕工，免使往來花東線上的車禍發生不便的情況。公路局副局長楊廷美表示花東公路將於 1983 年度完成花蓮至光復路段的拓寬工程。〔註125〕

　　以上顯示公路局只是在紙上拓寬花東公路，民眾早已將相關拓寬配合準備好，可是未見公路局有任何實質上的動作，以致民眾嘖有煩言，相對西部高速公路的通車，咸認政府「重西輕東」，有欠公允。但花東的地方財力不足以支撐這樣浩大的工程，省府的態度才是決定是否建設的關鍵，但省府只是會做書面的拓寬動作，沒有對現存問題作實質上的解決動作，令人感覺無奈。

　　而且據公路局長胡美璜的預估，拓寬花東公路不過 20.83 億元，如果分三年逐編，每年均約 7 億元即可徹底改善完成，是以無論就運輸需要，將來發展以及施工經費而言，都是迫切而且可行的最佳抉擇。所以民眾認為只是政府對該公路的拓寬，因限於經費，只能杯水車薪，分輕重緩急而已。以近十年為例，省府於 1972 年度編列了花東公路的拓寬經費 3,261,248 元，1973 年度 17,129,038 元，1974 年度 29,325,252 元，1975 年度 14,204,466 元，1976 年度 99,264,694 元，1977 年度 51,747,407 元，1978 年度 35,741，600 元，1979 年度 51,148,756 元，1980 年度 207,786,000 元，1981 年度 146,32 萬元。詳觀其數字，有增有減，若以物價指數之上漲率為計算標準，則等於沒有增加，而且十年合計，不過 6 億餘元，因此改善效果，微乎其微。〔註126〕比較當時被人詬病的「只為有錢人蓋」，花費 480 億元，全長 373 公里且不到十年就已經全線通車的國道一號公路。而花東公路全長才 125 公里，不到國道一號的一半距離，而且拓寬問題至少在 1971 年就已經提出，到了 1981 年，已經十年之久了，經費不過是國道一號公路的二十分之一，竟然還只是停留在地方促成花東公路拓寬的階段，每年編列出的預算經費沒有執行下去，到底有何意義？

〔註124〕〈花東公路完成打線定裝應速拓寬〉，《更生報》，第二版，1981 年 3 月 9 日。
〔註125〕〈花東公路重建大橋順遂〉，《更生報》，第二版，1981 年 2 月 27 日。
〔註126〕〈欣聞花東公路將於三年內拓寬完成〉，《更生報》，第二版，1981 年 6 月 24 日。

對花東公路歷年經費問題，張俊雄表示，就拓寬道路用地的取得而言，公路沿線住宅及工商建設較少，如不趁現在地廣人稀的情況下，先行購置，殆至人口稠密，房屋櫛比，地價高漲，寸土寸金時，再行拓寬，耗費之鉅，執行之難，當可想像。並認為花蓮到台東的 200 餘公里路段，有必要把路面拓寬為 11 公尺的四線道，同時提高聯絡道的標準，尤其花東民眾在飽受颱風來襲，花東公路柔腸寸斷，公路交通幾陷於癱瘓的不便後，感受更為深刻。堂堂一條省道，狹窄蜿蜒，遠比西部任何鄉鎮道路都不如，而且路況之差，簡直讓人不忍卒睹，車輛行經其間，被喻為跳「曼波」，乘客有如被「馬殺雞」，此非身歷其境，無法體會得出。所以利用交通領導人口、礦業、林木之發展，因為在公路建設上，充分利用舊有道路，加以整建，拓寬和延伸，使其達到理想的使用標準而符合實際需要，才是最確切而經濟的原則。而如何督促省政府及附屬機構持續進行工程，張俊雄在此時扮演了極重要的角色。

三、省議員張俊雄的積極態度

1981 年 6 月 23 日張俊雄在省議會交通質詢時，再度促請林主席應重視東部的交通建設，不可再重西輕東了。並表示花東公路沿線另外還有好多處坑坑洞洞，積水污泥遍地，花蓮地區的民眾一直被行的問題困擾著，但公路局卻一直沒拿出具體的辦法，作一勞永逸的解決。林洋港聽了張俊雄的這番陳述後，表示將盡力籌款，在 1982 年度或 1983 年起，分三年將花東公路拓寬完成。張俊雄問「從那一年開始呢？」林主席斬釘截鐵的答覆：「1982 年度如有經費，就從 1982 年度開始，否則，便從 1983 度開始」。〔註127〕會後張俊雄對採訪記者說：「省議會大會期間，有錄音、有錄影，因此林主席絕不會空口說白話，何況他是一位信守言諾，果決勇斷的長者呢！〔註128〕經過長久以來艱辛的爭取下，聽到確定可以花東公路拓寬完成對東部六十餘萬民眾來說，是一個天大的喜訊。」〔註129〕

〔註127〕〈71 到 73 年底花東公路完成拓寬〉，《更生報》，第二版，1981 年 6 月 17 日。
〔註128〕〈欣聞花東公路將於三年內拓寬完成〉，《更生報》，第二版，1981 年 6 月 24 日。
〔註129〕〈欣聞花東公路將於三年內拓寬完成〉，《更生報》，第二版，1981 年 6 月 24 日。

表4－2－5　台九線花東公路（213k～317k）路面改善狀況

台九線花東公路（213~371k）路面改善工程狀況		
年代 里程數（處）	所在處地名	備註
1977 溪口火車站前彎道改善	溪口	
1979 221k中正橋拓寬工程，四百萬元	壽豐	公路局預算
235k路基改善，四百萬元	林榮至鳳林	公路局預算
241k路基拓寬，三百萬元	鳳林至萬榮	公路局預算
241k狹橋拓寬，九十萬元	鳳林至萬榮	公路局預算
263k路面改善，二百萬元	富源至瑞穗	公路局預算
327k安通橋改建，四百萬元	玉里	公路局預算
329k大庄橋	玉里	公路局預算
241k路基拓寬改善，一千萬元	鳳林至萬榮	公路局預算
豐坪橋（今壽豐橋）一千萬元		公路局預算
1979 南通段土丘剷平	玉里至富里	地方人士
志學~壽豐~豐田~溪口路樹剷平		縣議員建議
1980 255k+020_25k+362及263k+740_265k+320	光復至富源	拓寬完成
263k+800_265k+380	富源	拓寬完成
364K+104彎道改善及新建橋長140公尺	檳榔	完工
595公尺的豐平橋拓寬（今壽豐橋）	壽豐鳳林	完工
1981 鹿野火車站前花東公路改直		完工
加農溪公路橋架高	鹿野	
崇光至光榮路基改善拓寬	壽豐	完工
壽豐村街道拓寬		省同意補助
1982 333K+014_333k+990路基改線工程	關山至月眉	完工
281K附近富源北端平交道改建工程路基，加高改善平交道		完工
木瓜溪橋新建工程	壽豐	完工

出處：交通部交通研究所編印，《交通年鑑》，1980年，頁361；1981年，頁452；1982
　　年，頁486；1982年，頁490；1983年，頁504；1984年，頁423；1986年，
　　頁455；1987年，頁446；1989年，頁415。〈路局編列億餘專款改善三十項公
　　路〉，《更生報》，第二版，1978年9月18日；〈花東與海岸公路省將全力改善〉，
　　《更生報》，第二版，1979年10月22日；〈花東公路溪口彎道〉，《更生報》，
　　第二版，1977年5月2日；〈花東公路將改線拉直〉，《更生報》，第二版，1981
　　年4月9日；〈花東公路南通段小丘突出成急轉彎〉，《更生報》，第三版，1979

年 9 月 5 日；〈花東公路沿途樹木應速砍除〉，《更生報》，第二版，1979 年 10
月 17 日；〈花東鐵路公路橋樑部分決定延長拓寬〉，《更生報》，第二版，1981
年 4 月 3 日。；〈木瓜溪仁壽橋工程七月底颱風來臨前完成〉，《更生報》，第二
版，1981 年 5 月 4 日。

備註：以上改善工程，拓寬路面爲 12 公尺。

　　但我們從表 4－2－2、4－2－3、4－2－4 三張表來看花東公路從 1977～
1982 年拓寬狀況來看。花東公路全長 125 公里，只是這三張表的拓寬長度道
路加上橋樑估計不到 40 公里，而且有些只是公路局的預算與計畫，而就算執
行下去以東部的各項公共工程，幾乎都有或多或少的延誤，諸如漁港、國宅、
公路工程等，能夠如期完工者幾乎並不多見，然而，由公路局發包的橋樑道
路新建或改善工程，動輒一拖數年無法完工，〔註130〕甚至有些路段還是民眾
自己義務勞動改善的。就算林洋港已口頭承諾公路完成期限，但花東公路要
如何能在三年內就寬完成拓寬工程？

　　所以在 1982 年時，花東縣籍省議員林忠信、高崇禧、莊金生、陳學益
等都在省議會質詢中都在問，花東公路到底何時可以拓寬完成？張俊雄更大
肆抨擊前任主席開出支票卻未能兌現，花東公路拓寬三年完成，遙遙無期。
他說，省府這種因「人在政就舉」，「人去政就息」的作法，他感到很失望。
並氣憤地指出，花東公路拓寬勢在必行，現在不做，將來會後悔。省主席李
登輝表示花東公路的拓寬，省府已著手整理中，但是因爲該段公路長達 185
公里，所需經費也高達 35 億元，所以必須逐年辦理，省府在 1983 年度已編
列 1.15 億元的預算支應這項工作，爲了加速辦理，決定再第三預備金追加 2
億元經費合計爲 3 億餘元。至於花東公路的全線拓寬工程，李登輝答應將在
1988 年前完成。張俊雄希望李登輝嚴守信用，確切訂出花東公路拓寬之期
限。〔註131〕

　　於是公路局計畫，自 1982 年度起，在六年內將花東公路全線拓寬爲 12
公尺寬之四線道路，包括快車道和慢車道。可適應未來二十年東部地區之

〔註130〕〈地方道路橋樑工程緩慢地方交通深受影響〉，《更生報》，第六版，1977 年 5
　　　　月 30 日。
〔註131〕〈政府決在七十七年前將花東公路拓寬工程完成〉，《更生報》，第二版，1982
　　　　年 6 月 20 日。

需要，投入經費預計 28 億。〔註 132〕配合省府這項交通政策政策，公路局
計畫，自 1982 年度起，在六年內將花東公路全線拓寬為 12 公尺寬之四線
道路，包括快車道和慢車道。可適應未來二十年東部地區之需要，經費預
計 28 億元。〔註 133〕自 1983 年以後開始進行拓寬，〔註 134〕於 1989 年 7 月
完工。〔註 135〕

　　花東公路的拓寬過程中，在各鄉聚落中除了原有道路拓寬外，還配合省
住宅與都市計劃局在 1982 年度以 8,200 萬元於花、東兩縣十四個鄉鎮市道路
工程進行外環公路建設，稱為一號道路，總長 10,571 公尺。並委託各縣鎮市
公所自行辦理，並進行督導。依照各都市計劃預定路線要求標準進行。由省、
縣、鄉鎮市各負擔三分之一。壽豐鄉台九線市區拓寬工程，路寬 12 公尺，
全長 1,400 公尺，工程費 1,600 萬元。因該路屬於省道將由公路局負責設計
施工，路局負責工程費 750 萬元。瑞穗鄉一號道路工程，全長 800 公尺，路
寬 15 公尺，工程費 600 萬元。玉里鎮一號道路工程，全長 800 公尺，路寬
30 公尺，工程費 1,200 萬元。富里鄉一號道路工程，全長 600 公尺，路寬 15
公尺，工程費 450 萬元。〔註 136〕以這些一號道路銜接花東公路的路線。加
上其他路段拓寬工程部分（見表 4－2－4）。最後在 1989 年 7 月花東公路拓
寬完成。〔註 137〕

〔註 132〕陳俊，《台灣道路發展史》，台北：交通部公路局，1987 年，頁 617。
〔註 133〕陳俊，《台灣道路發展史》，台北：交通部公路局，1987 年，頁 617。
〔註 134〕交通部交通研究所編印，《交通年鑑》，1983 年，頁 504。
〔註 135〕交通部交通研究所編印，《交通年鑑》，1989 年，頁 418。
〔註 136〕〈花東十四鄉鎮道路工程省住都局列新年度辦理〉，《更生報》，第二版，1981
　　　　年 10 月 8 日。
〔註 137〕交通部交通研究所編印，《交通年鑑》，1989 年，頁 418。

表 4−2−6　1983 年以後花東公路改善情形

年　代	里程數（處）	所在位置	備　註
1983	240K+800～242K+160 路基路面長 1.3 公里	鳳林至萬榮	拓寬
	328K+420 彎道改善工程	德高	改直
	247K+800～250K+800 路基路面	馬太鞍橋	拓寬
	244k+400～247K+800 路基路面長 3,3 公里	萬榮	拓寬
	242k+340～244K+400 路基工程寬長 2 公里	萬榮	拓寬
	新武呂溪橋改建工程橋長 850 公尺寬 9 公尺	池上至關山	改建後
	新武呂溪橋兩端引道長 12,340 公尺寬 9 公尺	池上至關山	改建後
	北庄橋 10.50 公尺，寬 9 公尺	玉里	改建後
	鹿鳴橋改建工程橋長 350 公尺，寬 9 公尺	鹿野	改建後
	鹿鳴橋兩端引道 1,050 公尺，寬 8 公尺	鹿野	改建後
	大富橋拓寬改建工程橋長 63.9 公尺寬 12 公尺	玉里	改建後
	大富橋引道長 764.9 公尺寬 13.5 公尺。	玉里	改建後
1984	269K+000～272K+335 路基路面改善工程	瑞穗	改建後
1986	291K+900～295K+100 路基路基長 3 公里	玉里	拓寬

出處：交通部交通研究所編印，《交通年鑑》，1983 年，頁 504；1984 年，頁 423；1986
　　　年，頁 455；1987 年，頁 446；1989 年，頁 415。

　　對於花東公路拓寬工程，在 1981 年以前得不到省府的實質回應，但是張俊雄還是為公路局可能的財政問題及地方能夠擴寬公路的情況下，提出具體意見創造出兩者雙贏的局面，這些動作只是要讓拓寬能夠早日實現，花東公路能夠符合日增的車流量而解決問題。但是同樣也是車流量問題，國家就可以積極促成國道一號完成。顯示國家是知道這些狀況須面對解決的問題，對花東公路的拓寬卻還要東部地方不斷的要求，甚至為國家設想具體解決方案。從 1971 年～1982 年超過十年以來做出的種種表現，得到的回應幾乎是等於零。無怪乎張俊雄會如此生氣，強烈要求李登輝訂出時間表，必須在時限內完成。而筆者認為這十年間的互動關係，就是整體花東連絡公路建設歷史發展的寫照。而根本問題是在公路建設上，地方並無任何可以跟國家談判的優勢，被國家予取予求。但從以觀光作為籌碼，用來經營花東兩線縱貫公路經營主題，地方又會如何以具有主導性的地位，來跟政府互動，達成爭取大量經費，繁榮花東兩縣的目標？

第三節　觀光大道

一、花東連絡公路觀光面的形成

　　1968 年～1982 年兩條花東連絡公路的拓寬事業，因省政府長期以來的輕視，使得整個工程狀況持續呈現緩慢的進度，幸有省議員的強力監督下，才使 1983 年完成東海岸公路的改善。並在該年省政府再補助花東公路拓寬相關經費，促使該路在 1989 年時，完成全線拓寬為 12 公尺工程。這樣倍極艱辛的協調拓寬過程中，是地方與省政府之間的角力競賽，從這點也看出從戰後東部的地方建設是一直不受到國家重視的。然而自 1968 年東海岸公路通車之後，國家開始去重視東海岸沿線的觀光資源，之後行政院觀光局、省政府觀光處，積極的與花東兩縣政府進行東海岸風景區的規劃與建設，也為地方人士所支持。這樣的現象也感染到花東縱谷內花東公路的經營也趨向觀光帶經營的作法，而 1975 年～1982 年這段時間花東公路地方會如何去呈現沿線的觀光事業，而國家方面又會以什麼樣的態度介入花東縱谷的觀光事業？

　　1968 年以後花東縱谷已經呈現觀光帶的經營模式，而且也與東海岸風景帶作聯繫的規劃。而 1975 年以後出現更多景點與花東公路沿線做結合的規劃。以下將分別探討花東兩縣的觀光經營建設，而整體部分則以省政府及行政院來做結論。

二、花蓮縣觀光帶的建立

　　首先是花蓮縣部分，1976 年 3 月花蓮縣府繼完成鯉魚潭風景區規劃整建後，將規劃海岸公路沿線磯崎、石梯坪、秀姑巒峽等風景區，使花蓮的「觀光帶」伸展到偏遠的沿海岸，不再侷限於遊覽太魯閣行程的當日往還。〔註 138〕10 月鯉魚潭風景區規畫完成，但規劃欠當。將現有住宅商店拆除搬遷，並將住宅商用建地、劃為公園綠地、運動場及露營地。縣議員彭德松表示，鯉魚潭西側的商店及住宅，大多為鋼筋水泥建造，居民有卅多戶，賴在該地經商維生，並已生根成長，一旦廢棄，政府亟需龐大補償費，無要「削足適履」，此外，公路兩旁劃為農業區，農民耕作期間，難免使用堆肥水肥，或噴灑農藥，這對觀光客身心均有不良影響，似此情形，顯然規劃欠當，應做檢討修

〔註 138〕〈規劃海岸風光發展觀光事業〉，《更生報》，第二版，1976 年 3 月 20 日。

正。〔註139〕花蓮縣長吳水雲答覆：為使鯉魚潭風景區獲得整體長遠的發展，縣府委請省公共工程局進行規劃，經費計達百餘萬元，鯉魚潭附近的建築均係自然形成，雜亂無章，無法配合未來發展需要，同時潭邊的各類雕像缺乏藝術感，破壞了自然的美麗景觀。吳水雲並強調，整建鯉魚潭風景區，政府將投耗鉅資，主要是為了長遠的發展需要，當地居民亦應將眼光放遠一點，支持政府這項決策。〔註140〕於是花蓮縣政府又繼續辦理鯉魚潭風景區環境景觀工程、環潭道路工程。〔註141〕

鯉魚潭風景區規畫後卻迫使居民必放棄生計，必須遷移。在花蓮縣政府以觀光做為整理鯉魚潭為主導政策時，當初在強調以觀光繁榮的地方的鯉魚潭一帶的民眾，最後也必須以縣政府的政策為主，向觀光產業靠攏。然而這也是當時花蓮縣居民企圖繁榮地方的管道，在花東縱谷區域成為風潮。1978年5月萬榮鄉與瑞穗鄉民指出：北迴鐵路在1979年即將通車，花東鐵路進行拓寬，東部地區的繁榮指日可待，而國民對於觀光旅遊及遊樂活動的需求也日益增強。紅葉風景區除現有設備簡陋、交通閉塞的瑞穗、紅葉兩家溫泉外，其他則無可供遊樂觀賞之處，外來旅客，雖是聞名而來，都是敗興而歸。該兩鄉的民眾認為，目前應充分利用紅葉風景區內的土地資源，發展溫泉觀光遊樂事業，因萬榮、瑞穗鄉限於人力財力之不足，希望上級洽請專家實地勘查規劃設計，進行建設，則對地方繁榮，經濟成長，萬榮瑞穗兩鄉發展前途，均有裨助。〔註142〕

地方人士認為瑞穗除了紅葉外，希望將「蝴蝶谷」建設為最大、最美觀光區。因為蝴蝶谷的景色有煙霧瀰漫四季如春、白川溫泉群山環抱、鳥語花香世外桃源、迷魂林陣等優點絕對能讓遊客嘆為觀止。〔註143〕這樣景緻極美麗，瑞穗鄉代表許豐松請瑞穗公所開發，若能付諸實施，認為瑞穗鄉的前程不可限量。〔註144〕鯉魚潭、蝴蝶谷、紅葉溫泉，這些在縱谷內花東公路沿線

〔註139〕〈鯉魚潭風景區規畫縣政府預定六期完成〉，《更生報》，第二版，1976年10月7日。

〔註140〕〈鯉魚潭風景特定區規劃欠當未切實際〉，《更生報》，第二版，1978年5月13日。

〔註141〕〈吳縣長表示加強觀光規劃風景區〉，《更生報》，第二版，1978年5月18日。

〔註142〕〈瑞穗萬榮鄉民建議速規劃紅葉風景區〉，《更生報》，第二版，1978年5月23日。

〔註143〕〈將蝴蝶谷建設為最大最美風景區〉，《更生報》，第二版，1978年12月1日。

〔註144〕〈富源蝴蝶谷景致美麗代請鄉公所開發〉，《更生報》，第二版，1978年5月17日。

的景點發展，也能讓來花蓮的遊客改變旅遊型態。花蓮縣議員王文昭表示：「幾年來到花蓮觀光的行程，幾乎可以套上一個公式，那就是固定的走下北埔機場後，即乘車到太魯閣、天祥遊覽，然後參觀榮民大理石工廠，下午看一場文化村的山地歌舞表演，這些節目完畢後，就搭機北返，這幾個點實在不能留住更多的遊客在花蓮花錢，所以整建太魯閣風景區，闢建鯉魚潭環潭徒步區及海岸獨特景觀的開發，都應該全面加以建設。」吳水雲則回覆：「花蓮自然景觀優美，觀光資源豐富，觀光遊客逐年增加，為期拓展觀賞境域，延長遊覽行程，增加地方收益，對縣內風景區的規劃整建，允為當前縣政建設要務。有關海岸公路沿線磯崎、石梯坪、秀姑巒峽等風景區的規劃，已委託省公共工程局辦理中，已辦妥地形測量，規劃工作自 12 月底完成。此外，萬榮紅葉溫泉風景區均已刊定範圍，依核定後即可進行規劃。」

　　為讓遊客能在花蓮待得更長時間，必須要擴大花蓮縣風景區規模。而實際執行上，吳水雲表示：1.鯉魚潭風景區潭北第三期公共設施已經完成，環潭道路用地亦已協調林務局同意使用，函請公共工程局施工。2.太魯閣風景區大禹嶺地區公共設施已完成規劃，第一期整建經費 903 萬元，經爭取中央全額補助，預定下月間發包營建。3.海岸公路沿線風景區規劃完成後，所需整建費用，經爭取中央支持，初步已獲同意全額補助，並自 1980 年度起分三年完成。〔註 145〕並進行花蓮縣內幾處遊覽風景勝地在五年內全面開發，由中央省府協助支持建設規劃，而整建內容均經縣府訂定。內容細節中，鯉魚潭風景區的整建，1978 年度起三年內，每年均投資 1,000 萬元，逐年完成環潭道路，遊艇碼頭，給水排水系統、商業區、露營區、山地文物館等工程，並計劃將道路旁之各種藝品店集中到商業區來，以改善觀瞻，維持交通之暢通與安全。東海岸風景區規劃與興建：磯崎海水浴場、石梯坪、大港口、秀姑巒溪口等風景區，業以委託省公共工程局規劃，並已進行測量中，於 1979 年年底前完成，1979 年起三年內政府將投資 2,000 萬元加以開發。〔註 146〕

　　而要如何規劃花蓮縣風景區內容主題。1978 年 8 月 4 日進行相關會議討論。行政院經濟建設委員會組長游漢廷、交通處專員何純熙、觀光局組長李士鎔、花蓮觀光協會理事長謝膺毅、花蓮縣議長王慶豐、國大代表楊守全、

〔註 145〕〈花蓮觀光資源極豐可惜未做全面觀光建設〉，《更生報》，第二版，1978 年 1月 22 日。
〔註 146〕〈九處遊覽勝地在五年內全面開發〉，《更生報》，第二版，1978 年 8 月 9 日。

省議員張俊雄等人，都列席了這項會議。花蓮縣觀光協會理事長謝膺毅強調，發展觀光必須重視地方特色，像花蓮的太魯閣峽谷，山地文化村、海岸景色及高爾夫球場等，均應做有計畫性的規畫與開發，使吸引更多的遊客東來旅遊渡假。〔註147〕

　　在這樣積極的風景區規畫下，卻還是有商人藉由經濟部礦業局賦予的合法權限，對花蓮風景區造成破壞，為了解決這個問題。1978年11月為經濟部礦業司司長吳伯楨，建設廳長楊金欉，礦務局長邱岳等人，於12月初前來花蓮，與花蓮縣政府及花蓮觀光協會研討有關問題。最後決議，花蓮縣境內風景區已依其規模予分類為六大類：1.省定風景區一處，2.縣定風景區五處，3.溫泉風景區四處，4.登山道二處，5.自然保護區三處，6.地方性遊憩區五處。以上六大類風景區將一律不允許開礦採石，破壞天然景觀。縣府建設局表示：省縣定風景區，自然保護區，由縣府負責規則整建及管理維護，地方性遊憩區由鄉鎮市公所及有關單位負責規劃，整建及管理維護，縣府並將加以協助。〔註148〕省定風景區一處為太魯閣風景區縣定風景區六處是鯉魚潭，磯崎海水浴場、石梯坪海濱、秀姑巒峽大港口、清水斷崖、八通關。溫泉特定區五處為紅葉溫泉，紅葉溫泉（民營）、瑞穗溫泉、安通溫泉、文山溫泉。登山道二處為瀧澗、能高山登山道。自然保護區三處為三棧幽谷、神秘谷、花蓮溪河口。遊憩區（地方性）四處為鳳林鳳凰瀑布，吉安鄉慈雲、壽豐鄉白鮑溪瀑布、新城鄉佳民瀑布。〔註149〕

　　而且吳水雲企圖推動這個計畫自花蓮市沿海岸公路至大港口風景區，再由大港口沿秀姑巒溪至瑞穗紅葉溫泉，然後自瑞穗取道花東公路經鯉魚潭返花蓮市，成為一個三角形的觀光帶。由於海岸公路的磯崎、石梯坪、大港口等地均極具觀光潛力，秀姑巒溪的「秀姑漱玉」，自大港口至瑞穗沿途的景色，較之太魯閣至天祥一段，別繞情趣。吳水雲相信此一三角形的觀光帶完成之後，必能充分吸引遊客，延長花蓮縣的遊覽行程。〔註150〕按上述資料顯示出，

〔註147〕〈重點開發觀光資源帶動地方經濟繁榮〉，《更生報》，第二版，1978年8月15日。

〔註148〕〈維護自然景觀有關單位將進行研議〉，《更生報》，第二版，1978年11月26日。

〔註149〕〈維護自然景觀有關單位將進行研議〉，《更生報》，第二版，1978年11月26日。

〔註150〕〈積極開發觀光資源決建設景觀三角帶〉，《更生報》，第二版，1979年3月4日。

省府對於地方已經決定好的觀光經營內容，是積極配合相關措施，並加上中央政府的協助，支持東部觀光景點的維護與發展。

　　而要如何使來花蓮的遊客舒適的遊玩花蓮，公路的改善是必須的。1979年 3 月 16 日省議會交通委員會與省府交通處有關官員，在花蓮縣籍省議員張俊雄的力促下，特地前來花蓮視察觀光建設，在座談會中張俊雄提出在 1980年開始改善花東及海岸公路的建議，獲得與會委員及交通處官員的重視。企圖藉由公路的改善，以為地方發展展現美麗的風景。〔註 151〕並且在 1980 年時。花蓮縣觀光發展中程計畫自 1980 年至 1985 年發展觀光六年計畫整建十一處風景區，以一億鉅款改善各項設施，兩年內優先完成三個特定區，花東縱谷區域內的有壽豐鄉鯉魚潭風景區、豐濱鄉磯崎海水浴場、豐濱鄉石梯坪海濱風景區、豐濱鄉秀姑巒峽谷、東海岸北迴歸線標誌新建工程、紅葉溫泉風景區。〔註 152〕花蓮縣政府這些花蓮觀光帶的建設，使得民眾可藉由花東公路及海岸公路，來欣賞花蓮各景點的設置及內容。

　　像是在 1979 年 12 月 15 日。一位家住台北市的遊客陳正平寫信給花蓮縣府機要秘書陳新寶，建議將該標碑樹立在花東公路旁，以供遊客攝影留念。在信上說，北迴歸線在台灣經過路現僅有花蓮的瑞穗鄉與嘉義的水上鄉，可說是地理上一項珍貴的紀錄，除了加以維護外，並應擇定醒目地點設置，以吸引觀光遊客。這位有心人士說，這兩處陳舊的北回歸線界標，應豎立新的界標在公路旁，以供遊客攝影留念，並增進民眾的地理常識。花蓮縣府陳新寶祕書將該函送請瑞穗鄉長石朝富參考辦理。瑞穗鄉長石朝富對這位遊客的建議甚表重視，以決定重新整建「北回歸線」標碑，並選

〔註 151〕〈花蓮交通邁入新的里程碑〉，《更生報》，第二版，1979 年 4 月 12 日。

〔註 152〕一、壽豐鄉鯉魚潭風景區，興建環潭道路，潭南北區公共設施，露營地，公園景觀設施，碼頭等，預算經費 27,300,000 元。

　　　　二、豐濱鄉磯崎海水浴場：公廁、自來水、管理室、道路、停車場、經費 4,200,000 元。

　　　　三、豐濱鄉石梯坪海濱風景區：環岸道路、公廁、自來水、管理室，步道及公共設施，經費 6,000,000 元。

　　　　四、豐濱鄉秀姑巒峽谷：景觀配合設施，經費 6,000,000 元。

　　　　五、東海岸北迴歸線標誌新建工程：興建標塔，公園設施，停車場，土地收購等，經費 700,000 元。

　　　　六、紅葉溫泉風景區：道路、停車場、公園綠化工程經費 3,000,000 元。參自〈發展觀光資源計畫整建十一處風景區〉，《更生報》，第二版，1979 年 4月 6 日。

在花東公路上明顯的地點設置，以收發展地方觀光之效。〔註153〕

　　1980 年《更生報》登載在春節時，要如何遊玩花東縱谷區域的文章：

> 素有「東部日月潭」之譽的鯉魚潭，是春節假期的最佳去處。鯉魚
> 潭位於壽豐鄉池南村，花東公路經過其旁，離花蓮市十八公里，潭
> 東與橋高六百零一公尺的鯉魚山密接，南北最長處約二千公尺，東
> 西最寬處一千五百公尺，周圍四千四百公尺，面積一百零四公頃。
> 鯉魚潭潭水清澈平靜，常年不涸，潭的西畔間鄰木瓜山、奉山、銅
> 門山，層巒綿延，波光與風景交輝，景色美妙，使人流連忘返。鯉
> 魚潭風景區正在加緊規劃建設中，目前潭畔已有不少出售手工藝品
> 以及飲食店出現，並有一間旅社，觀光客泛舟期間，欣賞山光水色，
> 足以悅目怡情。三處溫泉水質良好。花蓮縣境的三處溫泉，由於水
> 質良好，新春期間，將吸引許多遊客。瑞穗溫泉位於萬榮鄉紅葉村，
> 距瑞穗車站西約三公里，泉水自紅葉溪下游虎頭山南麓湧出，水色
> 微黃濁，食鹽鹹性炭酸泉，泉溫攝氏四十五度，聞可療皮膚、胃腸、
> 關節炎等症，內有溫泉旅社一間，附近林木蒼翠，環境幽靜。安通
> 溫泉在玉里鎮樂合里，距安通車站東約二公里六，溫泉自紅葉溪中
> 游右岸湧出，無色透明，為含食鹽硫化氫泉，泉溫攝氏六十四度，
> 亦有溫泉旅社一間。泉東有瀑布，為該風景區一景。〔註154〕

除了報紙宣傳還是不足，所以跟這些風景區有直接關係的業者。在 1981 年 6 月 23 日發展花蓮縣觀光事業座談會上說：花蓮雖然聞名遐邇的觀光區，但實際上真正能吸引旅客來花的僅有天祥一帶的風景，所以外來觀光旅客，多晨自北乘機車來晚即北返，花蓮獲利不大，惟為促進地方繁榮，經建發展之效花蓮觀光資源之豐冠居全省各地之首，計沿花東公路有鯉魚潭，北回歸線，掃叭石柱，瑞穗、紅葉、安通溫泉；沿海岸公路有磯崎、石梯坪、大港口等天然風景區。可惜未加人工修建，兼之缺乏宣傳，所以無法使外來觀光的旅客前往欣賞，更無法使外來觀光旅客在花流連忘返，因來花觀光的旅客消費不多，對地方的繁榮與經濟發展貢獻不大，為了使稱為無烟囪之工業真正能促進地方繁榮、經濟發展，開發花蓮縣的現有風景區，的確是刻不容緩的事

〔註153〕〈瑞穗北回歸線指標應設在花東公路旁〉，《更生報》，第二版，1979 年 12 月 6 日。

〔註154〕〈春節假日何處去風光明媚迎遊人〉，《更生報》，第二版，1980 年 2 月 15 日。

情。並請花蓮縣府在地方總預算中每年寬編預算及爭取上級補助互相配合分年分期開發蘇花、花東、海岸沿線之風景區。〔註155〕要求花蓮縣政府每年編列預算建設花東連絡公路沿線的景點，促進花蓮觀光發展。

三、台東縣觀光帶的形成

而在台東部分，1976年10月省民政廳派員至台東縣縣督導考核山地鄉公共造產事業時，紅葉村距離延平鄉公所所在地桃源村於 7 公里多，自花東公路鹿鳴橋至紅葉道路沿紅葉溪谷進入紅葉村、沿途山巒重疊、高聳入雲，溪谷流水潺潺，山谷瀑布如瀉，滿山紅葉如詩如畫、而紅葉溫泉水質，尤為全台第一，且紅葉地區尚無旅遊設施，遊客裹足不前，如能加以開發，興建各項設施，將可成為東部最佳的遊樂與避暑勝地。台東縣府說：紅葉村為我國少棒的發源地，慕名前往紅葉遊覽與訪問的旅客甚多，均認該處有闢建為觀光遊樂區的價值，縣府根據這些反應，前已擬定開發計劃，但以所需經費過鉅，因而暫於擱置，希望省府或觀光局重視該地區自然條件的優越，能予經費上的支援，俾期早日著手開發工作。〔註156〕

1978年9月10日省交通處認為台東縣延平鄉紅葉溫泉極有開發為觀光區的價值，並做出三項結論：

（一）延平鄉紅葉溫泉觀光區，自然景觀與溫泉資源，甚具開發價值。

（二）列入 1980 年度規劃，所需經費 45 萬元，由觀光局、省交通處、台東縣府等三單位平均負擔。

（三）著手規劃時，應就桃源村至龍門，再至蘇鐵區作一整體性綱要計劃，對於「紅葉谷」地區約一〇〇公頃則作細部計劃，據以開發。
〔註157〕

除了紅葉村以外，台東縣還有其他多處的風景區等待建設。1976年 11月13 日台東縣府函送觀光局的台東縣觀光事業發展計畫綱要，擬請配合開發的風景區，計有以下多處：

〔註155〕〈花東公路景點〉，《更生報》，第二版，1981年6月24日。

〔註156〕〈紅葉溫泉風景優美省立開發觀光〉，《更生報》，第六版，1976年12月23日。

〔註157〕〈東海岸風景幽美極具觀光開發前途〉，《更生報》，第五版，1978年9月10日。

　　（一）八仙洞、（二）膽曼、（三）石雨傘、（四）三仙台、（五）新港港口公園、（六）世外桃源、（七）杉原海水浴場、（八）鯉魚山、（九）知本溫泉、（十）延平鄉紅葉溫泉、（十一）池上大坡池、（十二）綠島風光、（十三）蘭嶼海上公園。

　　在古蹟方面計有：（一）台東天后宮、（二）海山寺、（三）鯉魚山石板棺墓葬遺址、（四）卑南巨石文化遺址、（五）都蘭巨石文化遺址、（六）成功小港天后宮、（七）八仙洞長濱文化遺址。〔註158〕

　　1979年台東縣縣府為拓展觀光擬訂發展「台東縣觀光事業發展計劃綱要」並設立觀光課。主要針對海岸公路八仙洞、膽曼先民遺址、石雨傘、三仙台、成功港公園、泰源世外桃源、東河橋景、杉原海水浴場、加路蘭海濱公園、台東市鯉魚山。花東公路則有初鹿牧場、延平鄉紅葉溫泉、池上大陂池，加以規劃開發。〔註159〕1981年觀光課在「台東縣觀光事業發展計劃綱要」中設計為遊客擬定觀光帶，分一日及二日遊覽行程，以及多日的遊覽路線。包括海岸公路上的長濱八仙洞，膽曼先民遺趾，石雨傘、三仙台、成功港口公園，泰源世外桃園、杉原海水浴場以及台東市的鯉魚山，花東公路上的初鹿牧場，紅葉溫泉、池上大坡池，南迴公路上的知本溫泉，金龍湖和南部橫貫公路沿線的美景。而且此時台灣國民生活水準不斷提高，赴國內外觀光旅遊，亦已蔚為風尚，凡未到東部的民眾，藉由這些觀光帶的行程規劃有機會到花東兩地的遊客，作數日之遊。又配合當時東線鐵路進行拓寬，南迴鐵路的動工，南迴公路已大為改善，東部海岸公路於1981年全線可完成柏油路面。台東縣政府預期這些交通建設的進步，勢必帶動該縣觀光事業加速發展。〔註160〕

　　正當台東地方積極籌劃發展觀光事業之時，地方人士建議主政當局能採擇實施：建立地方觀光的特色，台灣各地風景區之建設，大同小異，連地方的土產、特產，也到處有售。如1978年交通部長林金生到東部海岸巡視，認為東部海岸風景區之整建，要「返璞歸真」做到樸實無華，來表現地方的特色。〔註161〕

〔註158〕〈台東發展觀光事業訂定發展綱要〉，《更生報》，第六版，1976年11月14日。
〔註159〕〈縣府拓展觀光擬定發展計畫綱要〉，《更生報》，第三版，1981年4月9日。
〔註160〕〈發展觀光事業便於旅遊台東已設計觀光帶〉，《更生報》，第六版，1981年9月18日。
〔註161〕〈台東發展觀光事業前途似錦〉，《更生報》，第三版，1979年4月17日。

於是在民眾要求下，1978 年 8 月台東縣池上鄉大坡池因經省府列入南橫公路東段觀光開發計劃整體發展的觀光勝地，爲保護該持的自然景觀，台東縣府於 20 日函囑池上鄉公所注意辦理以下事項：

（一）大坡池附近的水田應予辦理禁建

（二）大坡池四周應興建涼亭與座椅，供遊客休憩。

（三）大坡池應增添划船遊樂項目設施。

（四）大坡池沿池四週應遍植花木，予以美化。〔註 162〕

而在省府方面，歷年來籌措經費補助花蓮台東兩縣政府中，相繼完成鯉魚潭、磯崎石梯坪、大港口及三仙台等地區的規劃，並計劃在 1979 年內，規劃五處風景區，並整建三處，以倡導旅遊，發展觀光事業。而五處風景區分別是：台北縣觀音山、台中縣石岡水壩、澎湖縣林投、花蓮縣紅葉溫泉、宜蘭縣五峰旗瀑布。整建的三處是：花蓮鯉魚潭、嘉義縣大埔、高雄縣蝴蝶谷。省府協調交通部觀光局及有關縣市政府，分別籌措規劃及建設經費，就現有風景區及現有觀光資源分年與已規劃、整建、管理、增加國民旅遊去處。而該年度規劃的風景區有：桃園小烏來、蝙蝠洞、花蓮縣秀姑巒溪、新竹清佳溫泉等四處。〔註 163〕在 1981 年在進行規劃的，尙有台東縣的八仙洞、紅葉溫泉、東河橋。〔註 164〕

按上述資料而言，在 1968 年以後花東兩縣政府與省政府積極配合，建設花東縱谷區域內的風景區，並規劃出能夠使來花東的遊客，藉由花東海岸兩公路來參觀沿途景點，在這樣的努力下，這種公路旅遊的行程安排，有了一定的規模與知名度。1980 年在《更生報》便出現了一篇以公路爲主題來介紹花東風光的文章：

> 東海岸山光映海波在 1980 年路況已經有很大的改善，由花蓮大橋至蕃薯寮間約二十公里路段，現在已鋪設平坦的 AC 路面，這段路程行車舒適，風光也不錯。東海岸公路風景的起點，應以磯崎爲起點，該處爲柔美的海灘。離開磯崎不久，大家可以在沿途九孔、龍蝦養

〔註 162〕〈大坡池列入觀光計畫須妥保護自然景觀〉，《更生報》，第三版，1978 年 8 月 21 日。

〔註 163〕〈花蓮觀光前途似景省府已訂計畫協助發展〉，《更生報》，第一版，1978 年 10 月 20 日。

〔註 164〕〈開拓東部觀光事業省府極爲重視〉，《更生報》，第二版，1981 年 1 月 18 日。

殖產場，過新社至豐濱，途中海濤拍岸、奇石崢嶸。經過近三小時
的旅程，在豐濱稍事休息，然後再回大港口出發，約四十分鐘可抵。
大港口的長虹橋、秀姑巒溪出海口海景，也令人佇足一觀。過長虹
橋即達靜浦，不久可遙望山腳下的石梯漁港，這裡的奇石為數可觀。
在過去就是台東縣境了，八仙洞即在花、東兩縣交界不遠處。如果
還想往下游覽，風景仍然不虛此行。東線縱谷風景綿延。自花蓮市
出發約半小時就可到達富有湖光山色的鯉魚潭。經壽豐至鳳林，你
可以至林榮吃聞名的山產風味。過光復不久，有處溪谷風光甚佳，
往前的路線是在光復與富源之間的蔗田附近，右轉通過鐵路涵洞，
約三公里可達。富源有個蝴蝶谷，充滿原始氣息。入歲的紅葉溫泉
不能放棄，由瑞穗市區到溫泉區約三公里，泉水水質佳，可以洗個
溫泉浴舒暢筋骨。自瑞穗到玉里鎮，距離約二十公里，玉里的安通
溫泉，早為大家所嚮往。從花東公路安通火車站前不遠處，有條山
路左轉，直達安通溫泉。安通至富里，可以朝東邊山脈遠眺羅山瀑
布。〔註165〕

這些景緻都是從 1945 年以來花東縱谷區域內地方民眾政府，在建設花東公
路及東海岸公路後，並且在 1968 年以後確立藉由這些自然景色作為經營公
路的主題，以繁榮花東兩縣的東部發展方向。而省府依賴地方已決定的景
點設施內容，積極訂為省級風景區，以發展台灣觀光事業。1981 年行政院
在東部區域綜合開發計畫，有關觀光遊憩地區的整建工作，初步決定動用
經費 22 億餘元辦理自 1981 年至 1992 年度止，以十年時間分期完成，東
部觀光遊憩地區的整建工作。中央核定六項，原則上，前五年度斥資 11
億餘元，後五年度 11 億餘元。整建所需經費由中央、省府、地方分別補助，
其中東部海岸風景區之公共建設，經費 2 億 400 元。花蓮縣各風景區公共
設施補助，經費 9,200 萬元。臺東縣境內各風景區之公共建設（不包括海
岸公沿線），經費 1.16 億元。東部區域整體觀光開發計畫，經費 17 億元。
〔註166〕

〔註165〕 〈花蓮獨特景觀風貌英加保持〉，《更生報》，第二版，1980 年 8 月 24 日。
〔註166〕 〈整建東部遊憩地區政府決用二十二億辦理〉，《更生報》，第二版，1981 年 2
月 12 日。

四、東部區域計畫的意義

　　1982年2月18日行政院正式通過投資金額達到1,291億的「東部區域開發計畫」，將引導為台灣後山屏障的花東地區即將邁入歷史性的新紀元。這個計畫包括花蓮縣與台東縣。計畫背景在於花東地區的山明水秀，因受到高大的中央山脈「天然屏障」，三十年來開發速度落後西部地區，而且台灣海域已經遭到工業污染，唯有花東沿線海岸格調非常特殊。而行政院東部區域開發計畫，內容指出力求各項建設與原始景觀配合，創造出「與眾不同」的風格。並且要求花蓮地區的觀光建設，應展現出濃厚的地方情調為原則，也不可用西部的觀光建設來建設東部。地方人士也冀望以此計劃發展東部觀光並保持特有的淳樸民風。能根據地方的生活習性和環境特性，創造出一條與西部不同的觀光大道來。〔註167〕

　　從1975年～1982年這段時間，花東縱谷區域的觀光風景區規劃建設，一直都是相當積極的在持續發展，不管是地方人士、花東兩縣政府、省政府及中央政府的投入。而台灣在進行整體觀光事業的建設過程中，相當重視東部這一塊的觀光發展。按上述資料一再顯示，國家依照地方層級已經決定好的觀光經營內容，就積極的給予大量經費投資，地方佔有絕對的優勢。以致花東兩縣以觀光做為發展的主題，而且相較於兩縣公路建設的爭取過程，發展觀光事業可以很容易的得到國家立即性的支持，所以也確立觀光作為以後花東兩縣發展的主題。換言之，觀光是花東兩縣的重要籌碼，如何的活用，也是兩縣企圖達成繁榮的關鍵手段。

第四節　地方與國家互動中的主導籌碼

　　戰後，花東兩縣財政窮困，民眾希望國家投入經費發展建設，以達成地方繁榮的目標。但東部地方是如何爭取國家經費，藉由公路的發展與經營，以圖5-1、5-2、5-3，說明1945～1982年的發展狀況。

〔註167〕〈發展東部各項建設應保有地方特色〉，《更生報》，第二版，1982年2月20日。

圖 5-1　戰後花東連絡公路建議及建設時程干梯圖

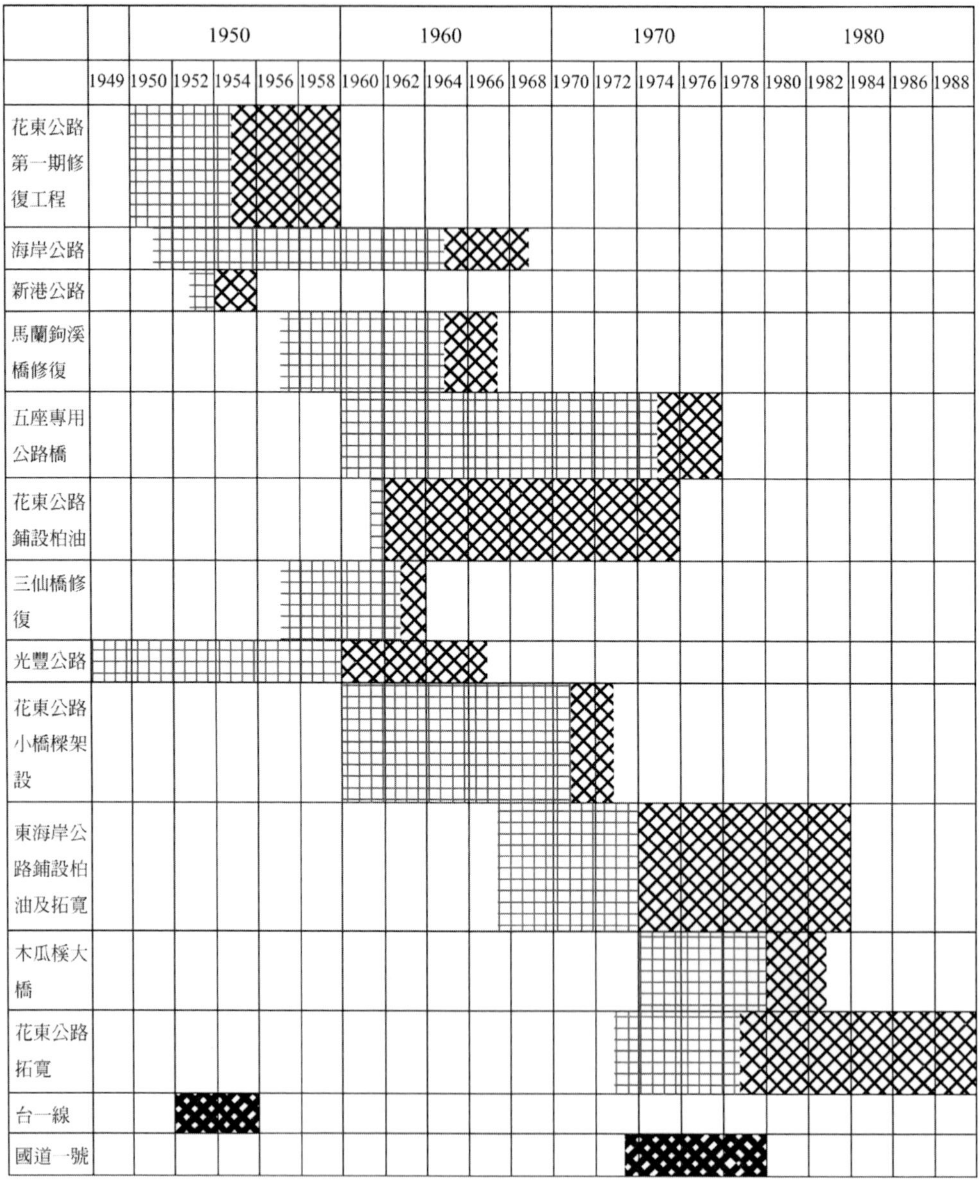

項目	1949	1950	1952	1954	1956	1958	1960	1962	1964	1966	1968	1970	1972	1974	1976	1978	1980	1982	1984	1986	1988
花東公路第一期修復工程	要	要	要	實	實	實															
海岸公路		要	要	要	要	要			實	實											
新港公路				實																	
馬蘭鉤溪橋修復					要	要	要		實	實											
五座專用公路橋							要	要	要	要	要	要	要	實	實						
花東公路鋪設柏油							要	實	實	實	實	實	實	實	實						
三仙橋修復						要	要	實													
光豐公路	要	要					實	實													
花東公路小橋樑架設							要	要	要	要	要	實	實								
東海岸公路鋪設柏油及拓寬											要	要	要	實	實	實					
木瓜橚大橋														要	實						
花東公路拓寬															要	要	實	實	實	實	實
台一線		西																			
國道一號												西	西	西							

備註：
- 要求建設時間
- 實際工程時間
- 西部公路實際工程時間

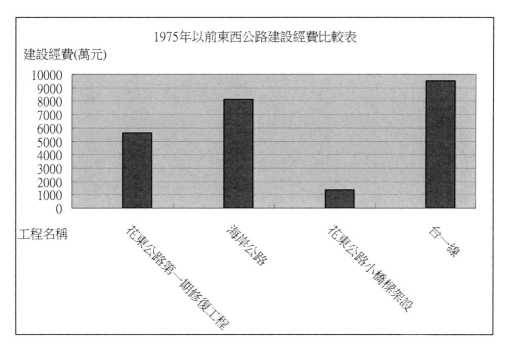

圖 5－2　1975 年以前東西公路建設經費比較表

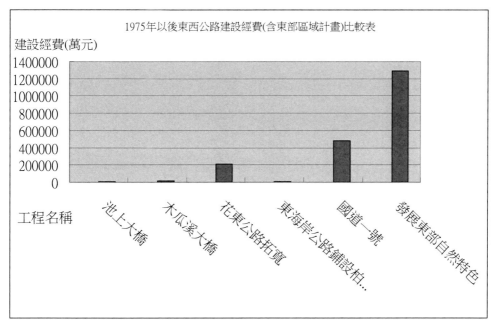

圖 5－3　1975 年以後東西公路建設經費（含東部區域計畫）比較表

地方向國家爭取經費的籌碼內容轉變過程，以達到地方繁榮的目標，豐濱鄉是最為明顯的例子。當初以 1951 年發展第一級產業已發展地方經濟為訴求，要求對外公路建設，到 1963 年才開始動工，延宕了十二年之久，若非美援介入及要求公路限期完成，孰不知海岸公路要建設多久才能完成。而在 1968 年後，其先天美景受到了國家及全台民眾的注意，國家每年都會派官員進入東海岸，進行風景區的規劃、建設、保護等措施，與地方一同實行東海岸公路觀光帶產業建設，而且這樣的概念是地方已經決定好的政策，國家則是提供大量人力與財力支援。但 1967 年以後的公路改善還是呈現緩慢的趨勢，東海岸地區民眾雖以發展自然觀光，作為東海岸公路拓寬及鋪設柏油的改善訴求，又很難獲得國家有效的支持，所以延宕六年後，公路改善工程才在 1974 年開始進行，相較前期海岸公路建設工程要求時程而言，該路改善工程日程已縮短了一半時間，筆者認為應是以自然觀光作為訴求才得以縮短時程。但之後實際全線改善工程，還需要省議員不斷要求及形成龐大壓力下，在 1982 年才得以全線改善完成，中間隔了十年。顯示公路與觀光建設在東部呈現了兩種不同的節奏，這也是這段時間東部發展的特殊過程。但回溯當初豐濱鄉 1951 年時要求公路建設，以發展繁榮的訴求而言，該地經歷到 1982 年的發展，轉變以觀光作為地方爭取國家經費的籌碼，國家在該地達到了發展觀光產業的經濟需求，地方也藉由該產業作為豐濱鄉邁進繁榮的目標，也以此做為日後該鄉發展的主題。甚至也確立東部以觀光作為爭取經費以繁榮地方的重要手段。

而 1975～1982 年這段時間花東公路的現代化工程狀況來看。花東民眾在這段時間持有的汽機車數量急速增加，原來的花東公路已不敷使用，所以要求拓寬公路，並截彎取直，以符合公路使用的趨勢。但是省政府方面，在所謂的輕重緩急的原則下，相對於西部公路的建設快速，花東公路的建設態度，只是一再的敷衍東部民眾，或者拓寬工程進度相當緩慢。而在此扮演重要角色的是屬於大砲型的省議員，不斷的督促再督促，壓著省政府及公路局早日完成花東公路改善，工程進行了十年之久，花東民眾的交通問題才得以解決。相較於不到十年便完成的國道一號，而且經費不到該路六分之一的花東公路拓寬工程，必須要十年才得以全線拓寬完成，顯示東部民眾的需求，在無法與國家需求符應，就是這麼艱辛。

　　但在 1975 年～1982 年這段時間，花東縱谷區域的觀光風景區規劃建設，一直都是相當積極的再持續發展，不管是地方人士、花東兩縣政府、省政府及中央政府。尤其是省政府及中央政府所代表的國家方面，在觀光建設積極的協助，以 1981 年行政院的 22 億及 1982 年 1,291 億的「東部區域開發計畫」為例，顯示出國家相當重視東部所保有的原始自然環境。以往國家總是在經濟原則的考量下，以「輕重緩急」及「經費不足」的理由來敷衍東部民眾公路建設及改善的要求，或者是推託拉的態度完成公路工程。相較之下，以自然觀光作為主題的東部觀光表現出的積極作為，突顯出極大的反差。這麼大的反差態度更顯示一向以經濟為前提的國家發展政策，是在針對東部在台灣中獨特有的自然景觀，背後隱藏龐大觀光商機。然而一向任何地方建設都需要倚賴國家經費支持的花東兩縣，也能藉由這樣的先天條件下，能夠迅速達成地方需要的建設經費，確立了跟能跟國家要求支援的關鍵籌碼，而非只能被國家駕馭的邊陲地區，善用先天條件與掌握此時代發展觀光事業的潮流以邁進繁榮的目標，花東獲得了自主發展的空間。

第五章　結　論

　　本論文試圖從國家與地方的論述如何影響公路發展這個層面，瞭解台灣東部，這塊一直被認為是邊陲區域，受國家宰制的空間。是否有取得自主發展的歷史面？自主發展的機制是什麼？三個時代會如何呈現不同自主機制？本論文認為，地方自主發展的目標在經濟繁榮，機制在於地方與國家中介的管道能夠對清代的伸彰主權、日治的經濟開發、戰後的觀光產業，不同時代的國家訴求，發揮多少的影響程度。

　　東部在歷史發展中，地方自主發展的目標，從 1874 年到 1926 年，尚是模糊。1926 年後因企業家及移民進入東部的目的及在地化，使得經濟繁榮為該地主要訴求，並延續至今。

　　自主發展的機制在於，地方與國家之間銜接的角色態度與國家的訴求演變。晚清是政府官員、日治是資本企業家、戰後至 1982 年為止，主要是省議員。晚清的官員主要對國家負責，縱貫路線是為宣彰清政府在台灣東部的主權，部分地方民眾得到該路線的邊際效益影響，使得在東部南北行走得更安全。1896～1926 年的企業家，需要發生強力關係的是國家，未能與在地佔大多數的原住民需求一同，針對國家需求而進行現代交通建設對地方來講是衝突的。但在 1926 年以後隨著移民佔東部人口多數，並且與企業家一同在地化，經濟繁榮為該地方主要訴求，現代道路與經濟繁榮的正面關係，成為地方的訴求之一，地方以企業家作為與國家爭取道路建設的管道。而隨著戰爭狀況發展，國家對資源的日益需求，地方爭取道路建設也越容易達成。而戰後，資本企業家成為省議員，依附的對象不再是國家，而是地方民眾。作為民意代言人，如何向國家爭取經費，促成地方繁榮，便是戰後省議員所扮演的角色。

地方在操作國家訴求方面，清代限制最深，清代政府對東部都是採忽略的態度，因為牡丹社事件才讓清朝政府不得不去正視東部的地位。後山路線的維持才能使清朝政府對外國宣稱，台灣後山是屬於清政府統治範圍，滿足主權伸張的政治目的，部分地方民眾被動的受到好處。

日治時期，地方藉著在地企業家與國家的依附關係，道路是一個可以被爭取的地方建設，所以經濟繁榮也是一個可以被爭取的目標，但促進繁榮目標的管道較單純，當時要求道路功能只在順利通車，而且若非戰爭影響，地方爭取的管道實在有限。

戰後，地方訴求國家經費的管道，變得更多元，主要是公路除了賦予運輸的功能外，而是可以針對國家訴求，再給予公路附加價值，成為地方可以去操作的地方，並成為該公路發展主題，已達到自我發展的機會。1950 年代，花東兩縣財政窮困，民眾希望國家投入經費發展建設，藉由公路的發展與經營，以達成地方繁榮的目標，但東部地方是如何爭取國家經費，實在是非常困難。是在幾個國家需求上，才能建設而成的。1960 年以前花東公路的促成，是建立在國民政府必需與中國共產黨的對抗狀況下，而產生出來的。而 1960 年代以後國家必須處理台灣人口問題，配合西部人口移民東部，開始建設或編列花東聯絡公路相關工程及預算。1970 年代以後，因國家正式體認到反攻大陸的不可能性。所以將國家發展目標建立在經濟上，投入在基礎建設的發展，如公路建設。但從 1960～1980 年代中，兩條花東連絡公路鋪設柏油、架設橋樑、拓寬工程，是達到符合國家需求，才得以動工，符合國家訴求後，又是一段漫長的等待公路改善過程。這段期間，國家總是在經濟原則的考量下，以「輕重緩急」及「經費不足」的理由來敷衍東部民眾公路建設及改善的要求，地方還需要眾省議員不斷通力合作形成龐大壓力，才能逼使國家訂出時間表限期完成。而且相較於西部縱貫公路交通狀況，東部縱貫公路實已落後二十年。以上，都一再顯示東部民眾的基本需求，在無法與國家需求符應下，任由國家擺布，地方達到繁榮的目標，國家成為最大阻礙。

但公路如何經營，是戰後公路發展的最大特點。已達到全線通車後的花東聯絡公路，國家重視東部的自然觀光價值，並展現積極態度，其目的是背後龐大的商機。此點是地方可以操作的地方，要達到地方繁榮的管道很多，但是東部民眾選擇國家展現出積極態度的項目，以自然觀光帶做為公路經營的主題，而且該經營內容是地方就決定好的，國家則是加以配合的角色。相

較於公路建設全部內容都為國家主導，地方可以在自然觀光帶的建立上，展
現自己的特色，利用該優勢，成為可以跟國家要求經費的籌碼，地方在該項
目成為了主導者，並非只是被國家駕馭的邊陲地區，減少被國家影響的成分，
地方也可較容易達到繁榮的目標。

　　綜合以上所述，地方要獲得自主發展的空間，是建立在國家重視其時代
價值的機會。分別是清代的主權伸張、日治時期的國家墾殖需求、戰後東部
的觀光價值。在這過程中，地方可以左右國家統治地方的態度，去實現自己
的需求。分別是清代，出現一條可以由南往北的花東路線；日治，滿足東部
資本家對東部貨物輸出的需求；戰後，地方要求國家補助地方建設經費，以
繁榮花東兩縣的目標。地方自主發展的機制，戰後最為明顯，國家忽視東部
現代公路建設的需求，但重視東部觀光產業的商業價值，並將該相關產業的
規劃措施交由地方主導，國家則配合給予大量的經費、人力支持及相關保護
法條、政策的訂立，使得國家居於一種配合的角色。而該地方認知到發展觀
光產業，可以輕易得到大量外援，所以順勢將繁榮花東兩縣的目標，建築在
國家該主要政策上，形成一種上下交相利的機制。但本論文要強調的，這就
是東部可以自主發展的有力籌碼。地方藉此來滿足繁榮的需求，形成可以自
主發展的架勢，並主導日後花東聯絡公路發展方向。

　　以往東部歷史研究中幾乎沒有探究，東部是如何掌握國家的需求以自主
發展的歷史面研究。而公路史方面，也缺乏了區域性意義探討。本論文著重
在爬梳東部地方民意史料，從中探討該區域與國家的互動中，是如何建構出
有力籌碼來取得自主發展的過程，絕非是被國家宰制的區域。對於此論文的
結論，筆者認為也可以試圖推論到台灣其他地區的發展過程。但是其他台九
線路段，如北宜公路、蘇花公路、南迴公路，或者中橫公路是否會更具特殊
的國家與地方交互意義，則是日後有待研究的方向。

參考資料

史　料

一、清代史料

1. 丁日昌,《台案彙錄壬集》,台灣文獻叢刊第 227 種。台北:台灣銀行經濟研究室,1964 年。

2. 不撰著者,《清穆宗實錄選輯》,台灣文獻叢刊第 190 種。台北:台灣銀行經濟研究室,1963 年。

3. 不撰著者,《清德宗實錄選輯》,台灣文獻叢刊第 193 種。台北:台灣銀行經濟研究室,1964 年。

4. 不著撰者,《清光緒朝中日交涉史料選輯》,台灣文獻叢刊第 128 種。台北:台灣銀行經濟研究室,1964 年。

5. 不撰著者,《清季申報台灣紀事輯錄》,台灣文獻叢刊第 247 種。台北:台灣銀行經濟研究室,1964 年。

6. 不撰著者,《光緒朝續錄選輯》,台灣文獻叢刊第 277 種。台北:台灣銀行經濟研究室,1964 年。

7. 不撰著者,《台灣關係文獻集》,台灣文獻叢刊第 309 種。台北:台灣銀行經濟研究室,1964 年。

8. 台灣銀行經濟研究室編,《道咸同光四朝奏議選輯》,文叢第 288 種。台北:台灣銀行經濟研究室,1971 年。

9. 沈葆楨,《福建台灣奏摺》,台灣文獻叢刊第 29 種。台北:台灣銀行經濟研究室,1964 年。

10. 吳贊誠,《吳光祿使閩奏稿選錄》,台灣文獻叢刊第 231 種。台北:台灣銀行經濟研究室,1966 年。

11. 胡傳,《台灣日記與稟啟》,台灣文獻叢刊第 71 種。台北:台灣銀行經濟研究室,1960 年。

12. 胡傳，《台東州采訪冊》，1894 年，台灣文獻叢刊第 81 種。台北：台灣銀行經濟研究室，1993 年。

13. 夏獻綸，《台灣輿圖》，台灣文獻叢刊第 45 種。台北：台灣銀行經濟研究室，1959 年。

14. 連橫，《台灣通史》，台灣文獻叢刊第 128 種。台北：台灣銀行經濟研究室，1964 年。

15. 黃叔璥，《台海使槎錄》，台灣文獻叢刊第 4 種。台北：台灣銀行經濟研究室，1964 年。

16. 劉銘傳，《劉壯肅公奏議》。南投：台灣省文獻委員會，1997 年。

17. 劉銘傳，《劉銘傳撫台前後檔案》，台灣文獻叢刊第 276 種。台北：台灣銀行經濟研究室，1964 年。

18. 羅大春，《台灣海防並開山日記》，台灣文獻叢刊第 308 種。台北：台灣銀行經濟研究室，1964 年。

19. 藍鼎元，《東征集》，台灣文獻叢刊第 12 種。台北：台灣銀行經濟研究室，1964 年。

二、日治史料

1. 不撰著者，《花蓮港地方巡視報告》〔1895〕；台北：成文翻印本，1985 年。

2. 毛利之俊，《東台灣展望》，台東：東台灣曉聲會〔1933〕；台北：成文翻印本，1985 年。

3. 太田猛編，《台灣大觀》，台南市：台南新報社，1935 年。

4. 田代安定，《台東殖民地豫察報文》，台北：台灣總督府民政部殖產課〔1900〕；台台東街庄役場編，《台東街勢一斑》，台東街庄役場〔1933〕。台北：成文翻印本，1985 年。

5. 台東廳編，《台東廳要覽》，台東：台東廳〔1931〕。台北：成文翻印本，1985 年。

6. 台灣旅行案内社，《台灣乘客自動車運賃表》，昭和 17（1942）年。

7. 台灣總督府交通局編，《台灣總督府道路港灣事業概要》，大正 14（1925）年。

8. 筒井太郎著，《東部台灣案内》，台北：成文書局影印本，1985 年。

9. 台灣總督府臨時台灣土地調查局，《台灣堡圖》，1904 年，台灣總督府。台北：遠流，1996 年。

10. 台灣總督府交通局編，《台灣の道路》，台北市：台灣總督府交通局道路港灣課，1930 年。

11. 台灣總督府交通局：《重要指定道路改修助成計畫說明書》，1929 年 6 月。

12. 台灣總督府交通局道路港灣課：《台灣指定道路圖》，1936 年～1941 年。

13. 台灣總督府交通局道路港灣課：《全島國道路線及國庫補助路線鋪裝計畫》，1936 年 6 月。

14. 台灣總督府殖產局移民課，《台灣總督府官營移民事業報告書》，台北：台灣總督府殖產局移民課，1919 年。

15. 羽生國彥，《台灣の交通を語る》，台北市：台灣交通問題調查研究會，1937 年。

16. 東台灣研究會，《東台灣研究叢書》，台北：東台灣研究會〔1924～1932〕；台北：成文翻印本，1985 年。

17. 花蓮港廳編，《花蓮港廳要覽》，花蓮港：花蓮港廳〔1938〕。台北：成文翻印本，1985 年。

18. 花蓮港廳編，《花蓮港廳勢》，花蓮港：花蓮港廳〔1921〕。台北：成文翻印本，1985 年。

19. 近藤泰夫，《台灣の道路》，東京：日本同業會道路部，昭和 14（1939）年。

20. 鹿子木小五郎，《台東廳管內視察復命書》，台北：台灣總督府民政部殖產課〔1895〕；台北：成文翻印本，1985 年。

21. 森重秋藏，《台灣交通小史》，台灣交通協會，昭和 18（1943）年 3 月。

22. 森重秋藏，《台灣交通常識講座》，台北市：台灣交通問題研究會，1933 年。

23. 橋本白水，《東台灣》，台北：南國出版協會〔1922〕；台北：成文翻印本，1985 年。

24. 鍾石若編著，《躍進東台灣》。台東：台灣公論社東部支社〔1938〕；台北：成文翻印本，1985 年。

三、戰後史料

1. 台灣省議會秘書處編，《台灣省第二屆臨時省議會第一次大會專輯》，1954 年。

2. 台灣省議會秘書處編，《台灣省第二屆臨時省議會第二次大會專輯》，1955 年。

3. 台灣省議會秘書處編，《台灣省第二屆臨時省議會第三次大會專輯》，1955 年。

4. 台灣省議會秘書處編，《台灣省第二屆臨時省議會第四次大會專輯》，1956 年。

5. 台灣省議會秘書處編，《台灣省第二屆臨時省議會第五次大會專輯》，1956 年。

6. 台灣省議會秘書處編，《台灣省第二屆臨時省議會第六次大會專輯》，1957年。

7. 台灣省議會秘書處編，《台灣省第三屆臨時省議會第一次大會專輯》，1957年。

8. 台灣省議會秘書處編，《台灣省第三屆臨時省議會第二次大會專輯》，1958年。

9. 台灣省議會秘書處編，《台灣省第三屆臨時省議會第三次大會專輯》，1958年。

10. 台灣省議會秘書處編，《台灣省第三屆臨時省議會第四次大會專輯》，1959年。

11. 台灣省議會秘書處編，《台灣省第一屆省議會第一次大會專輯》，1959年。

12. 台灣省議會秘書處編，《台灣省第一屆省議會第二次大會專輯》，1960年。

13. 台灣省議會秘書處編，《台灣省第二屆省議會第一次大會專輯》，1960年。

14. 台灣省議會秘書處編，《台灣省第二屆省議會第二次大會專輯》，1961年。

15. 台灣省議會秘書處編，《台灣省第二屆省議會第三次大會專輯》，1961年。

16. 台灣省議會秘書處編，《台灣省第二屆省議會第四次大會專輯》，1962年。

17. 台灣省議會秘書處編，《台灣省第二屆省議會第五次大會專輯》，1962年。

18. 台灣省議會秘書處編，《台灣省第二屆省議會第六次大會專輯》，1963年。

19. 台灣省議會秘書處編，《台灣省第三屆省議會第一次大會專輯》，1963年。

20. 台灣省議會秘書處編，《台灣省第三屆省議會第二次大會專輯》，1964年。

21. 台灣省議會秘書處編，《台灣省第三屆省議會第三次大會專輯》，1964年。

22. 台灣省議會秘書處編，《台灣省第三屆省議會第四次大會專輯》，1965年。

23. 台灣省議會秘書處編，《台灣省第三屆省議會第五次大會專輯》，1965年。

24. 台灣省議會秘書處編，《台灣省第三屆省議會第六次大會專輯》，1966年。

25. 台灣省議會秘書處編，《台灣省第三屆省議會第七次大會專輯》，1966年。

26. 台灣省議會秘書處編，《台灣省第三屆省議會第八次大會專輯》，1967年。

27. 台灣省議會秘書處編，《台灣省第三屆省議會第九次大會專輯》，1967年。

28. 台灣省議會秘書處編，《台灣省第三屆省議會第十次大會專輯》，1968年。

29. 台灣省議會秘書處編，《台灣省第四屆省議會第一次大會專輯》，1968年。

30. 台灣省議會秘書處編，《台灣省第四屆省議會第二次大會專輯》，1969年。

31. 台灣省議會秘書處編，《台灣省第四屆省議會第三次大會專輯》，1969年。

32. 台灣省議會秘書處編，《台灣省第四屆省議會第四次大會專輯》，1970年。

33. 台灣省議會秘書處編，《台灣省第四屆省議會第五次大會專輯》，1970年。

34. 台灣省議會秘書處編，《台灣省第四屆省議會第六次大會專輯》，1971 年。

35. 台灣省議會秘書處編，《台灣省第四屆省議會第七次大會專輯》，1971 年。

36. 台灣省議會秘書處編，《台灣省第四屆省議會第八次大會專輯》，1972 年。

37. 台灣省議會秘書處編，《台灣省第四屆省議會第九次大會專輯》，1972 年。

38. 台灣省議會秘書處編，《台灣省議會第五屆第一次大會議事錄》，1973 年。

39. 台灣省議會秘書處編，《台灣省議會第五屆第二次大會議事錄》，1973 年。

40. 台灣省議會秘書處編，《台灣省議會第五屆第三次大會議事錄》，1974 年。

41. 台灣省議會秘書處編，《台灣省議會第五屆第四次大會議事錄》，1974 年。

42. 台灣省議會秘書處編，《台灣省議會第五屆第五次大會議事錄》，1975 年。

43. 台灣省議會秘書處編，《台灣省議會第五屆第六次大會議事錄》，1975 年。

44. 台灣省議會秘書處編，《台灣省議會第五屆第七次大會議事錄》，1976 年。

45. 台灣省議會秘書處編，《台灣省議會第五屆第八次大會議事錄》，1976 年。

46. 台灣省議會秘書處編，《台灣省議會第五屆第九次大會議事錄》，1977 年。

47. 台灣省議會秘書處編，《台灣省議會第五屆第十次大會議事錄》，1978 年。

48. 台灣省議會秘書處編，《台灣省議會第六屆第一次大會議事錄》，1978 年。

49. 台灣省議會秘書處編，《台灣省議會第六屆第二次大會議事錄》，1978 年。

50. 台灣省議會秘書處編，《台灣省議會第六屆第三次大會議事錄》，1979 年。

51. 台灣省議會秘書處編，《台灣省議會第六屆第四次大會議事錄》，1979 年。

52. 台灣省議會秘書處編，《台灣省議會第六屆第五次大會議事錄》，1980 年。

53. 台灣省議會秘書處編，《台灣省議會第六屆第六次大會議事錄》，1980 年。

54. 台灣省議會秘書處編，《台灣省議會第六屆第七次大會議事錄》，1981 年。

55. 台灣省議會秘書處編，《台灣省議會第六屆第八次大會議事錄》，1981 年。

專　論

一、中文專書

1. 王志弘，《流動、空間與社會：1991～1997 論文選》，台北：田園城市，1998 年。

2. 中華民國交通史編纂執行小組，《中華民國交通史》，台北：華欣，1991 年。

3. 台東：史前博物館，2000 年。

4. 瓦歷斯・諾幹等著，《台灣原住民史泰雅族史篇》，南投：台灣文獻館，2002 年。

5. 民生報戶外組編，《觀光局台灣十大旅遊路線》，台北：民生報，1997 年。

6. 李宜憲等，《原住民部落重大歷史事件：大港口事件》，台北：原民會，2001 年。

7. 呂紹理，《水螺響起——日治時期台灣社會的生活作息》，台北：遠流，1998 年。

8. 呂紹理，《展示台灣——權力、空間與殖民統治的形象表述》，台北：麥田，2005 年。

9. 阮昌銳，《大港口的阿美族》，南港：中研院民族所，1969 年。

10. 林朝榮修，《台灣省通志稿》卷一《土地誌・地理篇》，台北：台灣省文獻委員會編纂，1957 年。

11. 周一士，《中華公路史》，台北：台灣商務，1984 年。

12. 吳翎君，《後山歷史與產業變遷》，花蓮：國立花蓮教育大學，鄉土文化學系，2008 年。

13. 後山文化工作協會，《台東耆老口述歷史篇》，台東縣：台東縣立文化局，1999 年。

14. 海樹兒・犮次拉菲，《布農族部落起源及部落遷移史》，台北：原民會，2006 年。夏黎明編，《族羣、歷史與空間——東台灣社會與文化的區域研究研討會論文集》，台東：史前博物館，2000 年。

15. 夏黎明等編撰，《台灣地名辭書卷三台東縣》，南投：國史館台灣文獻館，2005 年。

16. 夏鑄九、王志弘編譯，《空間的文化形式與社會理論讀本》，台北：明文書局，1996 年。

17. 許木柱等著，《台灣原住民史阿美族史篇》，南投：台灣文獻館，2002 年。

18. 張素玢，《台灣的農業移民——以官營移民爲中心（1905～1945）》，新店：國史館，2001 年。

19. 張振岳，《台灣後山風土誌》，台北：台原，1994 年。

20. 張振岳，《後山西拉雅人物誌》，台北：常民，1996 年。

21. 郭瓊雲編，《再生的土地》，台北：常民，1998 年。

22. 康培德，《帝國主義與殖民邊陲：花蓮地區原住民十七到十九世紀的歷史變遷》，台北：稻鄉，1999 年。

23. 陳正祥，《台灣地誌》，臺北市：敷明產業地理研究所，1959 年。

24. 陳俊編，《台灣道路發展史》，臺北市：交通部運輸研究所，1987 年。

25. 陳瑞隆編，《台灣鄉鎮地名源由》，台南：世峰，2000 年。

26. 黃應貴纂修，《台東縣史布農篇》，台東：台東縣政府，2001 年。

27. 葉家寧，《台灣原住民史布農族史篇》，南投：台灣文獻館，2002 年。

28. 廖守臣等編,《阿美族歷史》,台北:師大師苑,1998 年。

29. 潘文富等編撰,《台灣地名辭書卷二花蓮縣》,南投:國史館台灣文獻館,2005 年。

30. 潘繼道,《清代後山平埔族移民史》,台北:稻鄉,2001 年。

31. 劉克襄,《後山探險——十九世紀外國人在台灣東海岸的旅行》,台北:自立晚報,1992 年。

32. 劉斌雄等著,《秀姑巒阿美族的社會組織》,南港:中研院民族所,1965 年。

33. 蔡龍保,《殖民統治之基礎工程——日治時期臺灣道路事業之研究(1895〜1945)》,國立臺灣師範大學歷史學系專刊(33),台北:國立臺灣師範大學,2008 年。

34. 聯合報系文化基金會主編,《守望東台灣研討會論文集》,台北:聯合報系文化基金會,1998 年。

二、期刊論文

1. 王學新,〈日據時期東台灣地區原住民勞動力之利用〉,《東台灣研究》第四期,東台灣研究會,1999 年。

2. 朱景鵬,〈花蓮縣地方治理的轉型與機遇——邁向洄瀾夢土政策規劃〉,收錄於《花蓮學——第一屆學術研討會論文集》,2007 年。

3. 李宜憲,〈晚清後山開撫議論之流變〉,《台灣風物》50(1),板橋:台灣風物,2001 年。

4. 李思根等著,〈花蓮縣特殊地景之研究〉,收錄於《花蓮學——第一屆學術研討會論文集》,2007 年。

5. 李國祁,〈清季臺灣的政治近代化——開山撫番與建省(一八七五〜一八九四)〉,《中華文化復興月刊》8(12),臺北:中華文化復興運動推行委員會,1975 年。

6. 花蓮縣文獻委員會編,〈花蓮舊統稱考〉,《花蓮文獻》4,花蓮:花蓮縣文獻委員會,1955 年。

7. 邱坤良,〈日出東方——後山花蓮的現代意象〉,收錄於《花蓮學——第一屆學術研討會論文集》,2007 年。

8. 吳玉階,〈東線鐵路經始記略〉,《花蓮文獻》2,花蓮:花蓮縣文獻委員會,1953 年。

9. 吳玉階,〈東線鐵路今昔〉,《花蓮文獻》3,花蓮:花蓮縣文獻委員會,1954 年。

10. 施添福,〈國家、環境與臺灣內山地域社會——以清代臺灣中部罩蘭埔為例〉,「環境史研究國際研討會」,南港:中央研究院臺灣史籌備處,2002 年。

11. 施添福，〈日本殖民主義下的東部臺灣：第二臺灣的論述〉，「臺灣社會經濟史國際學術研討會——慶祝王世慶先生七五華誕」，南港：中央研究院臺灣史籌備處，2003。

12. 康培德，〈以地理學的區域概念試論東台灣的型態〉，《東台灣研究》5，花蓮：東台灣研究，2000 年。

13. 黃瑞祥，〈花蓮縣居民繁殖考〉，《花蓮文獻》4，花蓮：花蓮縣文獻委員會，1955 年。

14. 楊蔭清，〈花蓮農業演進史〉，《花蓮文獻》1，花蓮：花蓮縣文獻委員會，1953 年。

15. 廖鴻基，〈洄瀾潮汐——論花蓮的轉向定位與新遠景〉，收錄於《花蓮學——第一屆學術研討會論文集》，2007 年。

16. 管容德，〈本縣地名考〉，《花蓮文獻》1，花蓮：花蓮縣文獻委員會，1953 年。

17. 管容德，〈本縣道路〉，《花蓮文獻》2，花蓮：花蓮縣文獻委員會，1953 年。

18. 管容德，〈日人如何統治花蓮〉，《花蓮文獻》1，花蓮：花蓮縣文獻委員會，1953 年。

19. 潘繼道，〈清代大庄「舊人」台灣後山發展史〉，《台灣風物》50（1），板橋：台灣風物，2001 年。

20. 潘繼道，〈日治初期日本人紀錄與踏查下的奇萊地區原住民族概況（1896～1910）〉，收錄於《花蓮學——第一屆學術研討會論文集》，2007 年。

21. 蔡龍保，〈日治初期臺灣的道路事業 1895～1897〉，《國史館學術集刊》，第 7 期，臺北縣新店市：國史館，2006 年 3 月，頁 85～130。

22. 蔡龍保，〈日治時期花東線的興築與花蓮港廳的發展（1895～1936）〉，《台灣人文》第八號，台灣師範大學人文研究中心，2006 年。

23. 駱香林，〈花蓮開闢記〉，《花蓮文獻》1，花蓮：花蓮縣文獻委員會，1953 年。

24. 駱香林，〈花蓮清時治績考〉，《花蓮文獻》1，花蓮：花蓮縣文獻委員會，1953 年。

25. 駱香林，〈花蓮八景〉，《花蓮文獻》2，花蓮：花蓮縣文獻委員會，1953 年。

26. 顏崑陽，〈後山意識的結構及其再花蓮地方社會文化發展上的異向作用與調和〉，收錄於《花蓮學——第一屆學術研討會論文集》，2007 年。

三、學位論文

1. 江美瑤，《日治時代以來台灣東部移民與族群關係——以關山、鹿野地區為例》，國立臺灣師範大學地理學系碩士論文，1999 年。

2. 何玉雲，《池上平原的土地利用與農業經營》，國立師範大學地理學系碩士論文，1995 年。

3. 孟祥瀚，《台灣東部之拓墾與發展（1874～1945）》，國立臺灣師範大學歷史學系碩士論文，1988 年。

4. 林文龍，《日治時期台灣陸路交通建設之研究》，國立中央大學歷史學研究所碩士論文，2005 年。

5. 林聖欽，《花東縱谷中段的土地開發與聚落發展（1800～1945）》，國立師範大學地理學系碩士論文，1994 年。

6. 邱世宏，《花蓮地區人口遷移的時空變遷》，國立台灣大學地理學研究所碩士論文，1995 年。

7. 施雅軒，《花蓮平原於中央政策措施下的區域變遷：從清政府到國民政府，1895～1995》，國立台灣大學地理學研究所碩士論文，1995 年。

8. 張永楨，《清代台灣後山開發之研究》，東海大學歷史研究所碩士論文，1986 年。

9. 黃玉翎，《花東縱谷人口分布的區域變遷》，國立花蓮師範學院鄉土文化研究所碩士論文，2002 年。

10. 黃麗珍，《初鹿「卑南」人的家》，國立台灣大學人類學研究所碩士論文，2001 年。

四、地方志

1. 施添福（主修），《台東縣史卑南族篇》，台東：台東縣政府，2001 年。

2. 施添福（主修），《台東縣史阿美族篇》，台東：台東縣政府，2001 年。

3. 施添福（主修），《台東縣史開拓篇》，台東：台東縣政府，2001 年。

4. 施添福（主修），《台東縣史布農篇》，台東：台東縣政府，2001 年。

5. 康培德（主修），《續修花蓮縣志歷史篇（民國七十一年至民國九十年）》，花蓮：花蓮縣文化局，2006 年。

6. 康培德（主修），《續修花蓮縣志地理篇（民國七十一年至民國九十年）》，花蓮：花蓮縣文化局，2006 年。

7. 康培德（主修），《續修花蓮縣志族群篇（民國七十一年至民國九十年）》，花蓮：花蓮縣文化局，2006 年。

8. 黃新興（主修），《續修花蓮縣志》，卷十九：交通，花蓮縣政府，1982 年。

9. 駱香林（主修），《花蓮縣志》，卷一：疆域，花蓮縣文獻委員會，1974 年。

10. 駱香林（主修），《花蓮縣志》，卷十五：交通，花蓮縣文獻委員會，1974 年。

11. 駱香林（主修），《花蓮縣志》，卷三（上）：民族，花蓮縣文獻委員會，1974 年。

五、報章雜誌

1.《中國時報》，台北：中國時報社。

2.《台灣時報》，台北：台灣總督府。

3.《台灣日日新報》，台北：台灣日日新報社。

4.《民生報》，台北：聯合報社

5.《更生日報》，花蓮：更生日報社。

6.《東台灣新報》，花蓮：東台灣新報社。

7.《漢文台灣日日新報》，台北：台灣日日新報社。

六、網路資料

1. 花東縱谷風景管理處網站，http://www.erv-nsa.gov.tw/。

2. 東海岸國家風景區網站，http://www.eastcoast-nsa.gov.tw/。

3. 台灣省諮議會網頁，http://www.tpa.gov.tw/。

附　錄

花東連絡公路大事表

年　代	西　元	大事記略
康熙六十一年	1722 年	嚴禁人民逾越後山等番地
同治十三年	1874 年	沈葆楨建議開山撫番
同年七月二十日		羅大春北路，沿途設置碉堡
光緒元年	1875 年	北路開山已抵吳全城，南路已到卑南
光緒三年	1877 年	吳光亮開水尾到大港口道
光緒十二年	1886 年	張兆連北路達水尾
光緒十三年	1887 年	設台東直隸州
光緒十四年	1888 年	大庄事件西拉雅平埔族反抗
光緒二十年	1894 年	觀音山事件西拉雅平埔族反抗
明治二十八年	1895 年	日本治台時代開始
明治三十一年	1898 年	鐵道隊長山根武亮對東海岸及東西橫貫線的調查
明治三十二年	1899 年	賀田組至賀田村、壽、鳳林等處開墾
明治三十九年	1906 年	賀田組架設花蓮港至吳全城輕鐵
明治四十年	1907 年	長谷川謹介提出東部線路建設計劃
明治四十一年	1908 年	台東輕鐵動工
明治四十二年	1909 年	台東鐵道動工
明治四十三年	1910 年	荳蘭移民指導所
明治四十四年	1911 年	台東輕鐵完成

年　代	西　元	大事記略
大正三年	1914 年	台東拓殖與鹽水港株式會社於大和村設新製糖廠
大正四年	1915 年	台東鐵道營運
大正六年	1917 年	動工拓寬東海岸
大正七年	1918 年	太魯閣蕃族平林到西林移住開始
大正九年	1920 年	道路法實施（以汽車通過行駛考量）蔡龍保
昭和元年	1926 年	台東鐵路通車
昭和四年	1929 年	花蓮港台東道動工
昭和五年	1930 年	改修台東馬太鞍道架設花蓮台東道橋樑計畫
昭和八年	1933 年	紀念道路修築完成 道路協會成立
昭和九年	1934 年	花蓮港至瑞穗段完成
昭和十年	1935 年	三笠村（玉里）建立 台東廳事業架設台東馬太鞍橋樑 花蓮港廳事業改修花蓮港壽道計畫
昭和十五年	1940 年	花蓮港廳事業上大和台東道暗渠工程，瑞穗， 落合道暗渠工程計畫
昭和十七年	1942 年	改修台東花蓮港道路計畫
民國三十四年	1945 年	國民政府接收台灣
民國三十九年	1950 年	公路局探勘花東公路
民國四十六年	1957 年	新武呂溪、馬太鞍溪、萬里溪、清水溪、太平溪 鐵公路橋完成
民國四十七年	1958 年	仁壽橋鹿鳴橋完工
民國四十八年	1959 年	花東公路第一期工程完成
民國五十二年	1963 年	花東公路全線通車
民國五十八年	1968 年	海岸公路通車
民國六十五年	1976 年	馬太鞍溪、萬里溪、清水溪、太平溪公路橋完成
民國七十年	1981 年	新建木瓜溪橋